高职高专"十四五"物流类专业系列教材

物流系统规划与设计

主 编 魏 波 陈进军

西安交通大学出版社
XI'AN JIAOTONG UNIVERSITY PRESS

图书在版编目(CIP)数据

物流系统规划与设计 / 魏波,陈进军主编. — 西安：
西安交通大学出版社，2018.9(2025.1 重印)
ISBN 978 - 7 - 5693 - 0870 - 9

Ⅰ.①物…　Ⅱ.①魏…　②陈…　Ⅲ.①物流-系统工
程-高等职业教育-教材　Ⅳ.①F252

中国版本图书馆 CIP 数据核字(2018)第 211941 号

书　　名	物流系统规划与设计
主　　编	魏　波　陈进军
责任编辑	李逢国

出版发行	西安交通大学出版社
	(西安市兴庆南路 1 号　邮政编码 710048)
网　　址	http://www.xjtupress.com
电　　话	(029)82668357　82667874(市场营销中心)
	(029)82668315(总编办)
传　　真	(029)82668280
印　　刷	西安五星印刷有限公司

开　　本	787mm×1092mm　1/16　印张　14.25　字数　356 千字
版次印次	2018 年 11 月第 1 版　　2025 年 1 月第 5 次印刷
书　　号	ISBN 978 - 7 - 5693 - 0870 - 9
定　　价	39.80 元

如发现印装质量问题,请与本社市场营销中心联系。
订购热线：(029)82665248　82667874
投稿热线：(029)82668133
读者信箱：xj_rwjg@126.com

前　言

随着全球电子商务经济的蓬勃发展、科技的不断进步以及个性化需求的变化,市场的竞争已从企业之间的竞争上升到更高层次的供应链之间的竞争,同时竞争范围也逐步在全球范围内展开,这极大地促进了全球物流业的发展。在充分利用现代物流来降低运营成本和提高服务质量的同时,物流也逐渐从原来的运输、仓储管理这些比较单一的物流功能层面上升到以系统理论为指导的物流系统层次,呈现出现代物流的自动化、网络化、系统集成化、信息化、智能化等特征。物流系统是一个时空范围跨度很大的复杂系统,涉及众多领域,是包含诸多要素及其内在联系的有机整体。只有全面考虑物流系统整体性、集成性、全局性的要求,对物流系统进行统筹规划,使物流系统实现最优的整体效益,提高社会资源的配置效率,科学地、系统地、合理地进行物流系统规划与设计,才能促进我国物流业的又好又快发展。本书正是鉴于上述实际需求的迫切性来编写的。

系统理论和网络信息技术的发展,为物流系统规划和设计提供了重要的理论基础和技术支持。本书借鉴系统理论的分析方法,基于现代物流的发展实践和经验,在总体介绍物流系统的基本结构和物流活动功能的基础上,依据整个物流系统在规划设计中所涉及的系统分析、规划、设计、优化和评价等系统理论和分析方法,从物流系统基础理论、物流系统网络规划设计、物流节点选址规划设计、物流运输与配送路径优化设计、物流节点内部布置规划设计、物流数据 EIQ 统计分析以及系统评价方法等几大部分进行了阐述。全书侧重于规划、分析、设计的方法和技术的综合应用,注重理论与实务相结合、定量方法与计算机技术相结合,有选择性地重点介绍 Excel 软件的基本操作和应用,注重可操作性及实用性,有助于读者提高解决实际问题的能力。

本书由湖南现代物流职业技术学院组织编写,魏波、陈进军担任主编。本书第4、5、6 章由魏波编写,第1、3、7 章由陈进军编写,第2章由梁飞编写,第9章由袁世军编写,第8章由杨新风编写。全书由魏波统稿。本书在编写过程中得到了安吉智行物流有限公司和湖南大地国际货运有限公司的大力支持。

物流系统规划设计涉及相关工程、技术、信息、设备和实际运作等众多因素,在体系、内容、方法和工具等方面还有很大的探讨空间,由于编者自身知识和经验的限制,不足之处在所难免,敬请专家和读者批评指正。

编　者

2018 年 8 月

目　　录

第 1 章　物流系统

本章要点

- 系统思想与系统论的基本原理
- 各种系统方法论的特点
- 物流系统的概念与特点
- 物流系统的目标与构成要素
- 物流系统中的制约关系和目标冲突

1.1　系统论的基本原理

1.1.1　系统思想与系统的概念

系统一词,来源于古希腊语,是由部分构成整体的意思。通常把系统定义为:由若干要素以一定结构形式联结构成的具有某种功能的有机整体。在这个定义中包括了系统、要素、结构、功能四个概念,表明了要素与要素、要素与系统、系统与环境三方面的关系。

系统思想是中国传统思维方式的一个重要特点,这种传统的整体思维方式在中国古代哲学、管理、医学、农业等领域都有突出的表现。"天人合一"的整体宇宙观是中国传统文化观念的特点之一。这种宇宙观认为主体和客体是统一的,人是宇宙整体中的一部分,自然与人类有统一性。"太极"就体现了这种思维方式。所谓太极,也就是太一。这里的"一"是哲学意义上的"一",是整体的"一",太极的两仪象征万事万物由阴阳两气构成,两气相互调和、消长,形成万事万物。

早在中国殷商时代,人们就开始了系统思考与实践。3000 多年前的《周易》(公元前 11 世纪)中已经有了朴素系统的表述。首先,《周易》把世界看成一个由基本要素组成的系统整体,并提出了八卦,八卦重叠成 64 卦,形成了概括天地间万事万物的世界体系;其次,《周易》把世界看成是一个由基本矛盾关系所规定的整体,是一个动态的循环演化的系统整体。中医一直认为人体是一个整体,特别是把人看成是自然界的一个组成部分,并提出了"天人相应"的医疗原则。道家认为"道"是事物之本原,又是事物的法则,而且处于自发的不断变化之中。道家的系统思想,特别是关于系统自组织的思想受到了当代系统思想家的重视。

科学发展到 20 世纪以后,系统思想逐渐从潜意识变成系统的理论。美籍奥地利理论生物学家贝塔朗菲(L. Von. Bertalanffy)提出的一般系统论被认为是系统论创立的标志。20 世纪 20 年代,从批判当时生物学中流行的机械论和活力论观点出发,贝塔朗菲提出生物学的机体论概念,强调把有机体作为一个整体或系统来考察,这是一般系统论的萌芽。更进一步,他于

1937 年在美国芝加哥大学提出了一般系统论的概念,但因受到压力,直到 1945 年才得以正式发表。在 1968 年出版的《一般系统论的基础、发展和应用》一书中,贝塔朗菲更加全面地论述了动态开放系统的理论,此书也被公认为一般系统论的经典著作。

一般系统论有下列 3 个基本观点:

①整体观点。整体观点即指一切有机体都是一个整体,有机体是"相互作用的诸多要素的复合体",其性质取决于复合体内部特定的关系。

②动态观点。动态观点即指一切有机体本身都处于不断的运动状态。生命系统本质上都是有机体,与环境不断地进行物质与能量的交换,并在一定条件下保持其自身的动态稳定性。

③层次观点。层次观点即指各种有机体都按严格的等级组织起来。它们都具有一定的结构,这使有机体保持有序性,从而使有机体具有特定的功能。系统就是由结构和功能组成的统一体。

中国系统科学界对系统的通用定义是钱学森提出的:系统是由相互作用和相互依赖的若干组成部分结合成的具有特定功能的有机整体,而且这个"系统"本身又是它所从属的一个更大系统的组成部分。具体地说:系统由两个或两个以上要素组成;各要素间相互联系,使系统保持稳定;系统具有一定结构,保持系统的有序性,从而使系统具有特定的功能。系统总是在一定的环境中运行,环境是一种更高级、更复杂、更大的系统。

到目前为止,关于"系统"的定义,虽然人们对"系统"的理解基本上没有什么异议,但还没有一个统一的确切的定义,对系统的定义依照学科不同、使用方法不同和所要解决的问题不同而有所区别。

1.1.2 系统的特征

根据系统的定义,可以归纳出系统的如下特性。

1. 集成性

系统是由两个或两个以上要素组成的集合,系统并非其要素简单的堆积,而是要素间的复杂关系所构成的有机结合。系统的要素之间的关系服从于某些法则,从而使系统有序。只有一个要素的系统是没有意义的,这个要素本身就是一个系统。

2. 整体性

系统是一个整体,它追求的是整体最优,而不是每个要素最优。一个系统的整体效果并不等于其各个要素的效果的简单相加。如果要素间配合得好,一个系统的整体效果应大于其各要素的效果之和;反之,一个系统的各个子系统都达到了最优的目的,未必一定能使整个系统的效果达到最优。因此只有通过系统内部关系和外部关系相互协调,才能达到系统的整体功能,才能保证系统整体向最优方向发展。

3. 目的性

系统必须具有特定的功能,要素的结合是实现系统的功能,因此具有目的性。系统中各要素的地位和作用是不尽相同的,每个要素也有自己的目的,这些要素的目的有时并不是单一的、一致的,可能有冲突。系统就是通过协调各要素的目的,从而达到系统整体的目的。

4. 相关性

任何系统的要素之间、要素与整体之间以及整体与环境之间都是相互联系的,系统相关性使得系统的内部和外部形成一定的结构与秩序。将没有联系的要素放在一起不可能成为系统。系统的相关性可以看作是其中所有关系的集合。因为复杂的关系可以看作是二元关系的拓展，所以对系统中要素之间的关系也可以用简单的二元关系来描述。

5.层次性

系统与要素的概念是相对的，它们处于不同的等级，系统包含要素。一个系统总是隶属于包含它的更大的系统，前者就是后者的一个要素。要素也可称为子系统，子系统是隶属于系统的系统。系统的层次性表明系统的结构可以用树状结构来表示。

6.对环境的适应性

系统总是在一定的环境中运行。系统是在与环境进行物质或信息交换中不断进行自我调节，因此具有适应性。

环境是指存在于系统以外的事物（物质、能量、信息等）的总称，也就是说，系统的所有外部事物就是系统的环境。环境是一种更高级、更复杂、更大的系统。在某些情况下，环境会限制系统功能的发挥，是系统的限制条件，或称为约束条件。

环境的变化对系统有很大的影响，系统与环境是相互依存的，系统通过调节系统内各要素之间的相互关系以及系统与外部的关系，来达到对环境的适应，同时通过系统输出影响环境。能与外部环境保持最佳适应状态的系统是理想的系统，才能生存和壮大。不能适应环境变化的系统是难以存在的。

1.1.3 系统的模式

系统是相对于外部环境而言的，外部环境对系统的作用表现在对系统的输入，系统在特定环境下对输入进行必要的转化处理后，新产生了输出。把输入转变成输出，就是系统功能。因此系统可理解为把输入转换为输出的转换结构。输入、处理、输出是系统的三要素。外部环境因资源有限、需求波动、技术进步以及其他因素变化的影响，对系统加以约束或影响，称为环境对系统的限制或干扰。此外，输出的结果不一定是理想的，可能偏离预期目标，因此，要将输出结果的信息返回给输入，以便调整和修正系统的活动，这称为反馈。根据以上关系，系统的模式如图 1-1 所示。

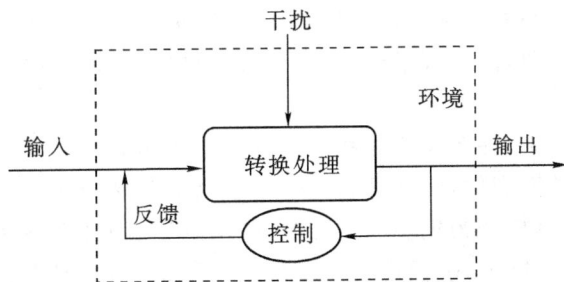

图 1-1 系统的一般模式

1.1.4 系统方法论

1. 系统工程方法论

系统工程(system engineering,SE)是系统科学的一个应用分支学科,它产生于 20 世纪 40 年代,在 20 世纪 60 年代形成了体系。运筹学、信息论、控制论等为系统工程的发展奠定了理论基础,电子计算机的出现和应用,为系统工程提供了强有力的运算工具和信息处理手段,成为实施系统工程的重要物质基础。进入 20 世纪 70 年代后,系统工程发展到解决大系统的最优化阶段,其应用范围已超出了传统工程的概念。

系统工程以系统为研究对象,从整体观念出发,使用科学的方法规划和组织人力、财力和物力,通过最优途径的选择,使整个系统在一定期限内达到最合理、最经济、最有效的效果。

系统工程的核心内容主要包括以下 3 个方面:

①系统管理理论。该理论认为任何一个研究对象都是一个为完成特定目标而由若干个要素有机结合的整体,应将这个整体看作是它所从属的更大系统的组成部分来考察和研究;对于研究对象的研究过程,也应作为一个整体来对待,从整体出发掌握各个工作环节之间的信息以及信息传递路线,分析它们的控制、反馈关系,建立系统研究全过程的模型,全面地看待和改善整个工作过程,以实现整体最优化。

②运筹学管理数学模型。这是系统工程的重要技术内容,为系统工程的发展和应用奠定了重要的技术基础。系统工程中运用的数学方法比以前的管理数学方法更加深化。它运用 20 世纪 40 年代后发展起来的运筹学作为主要的定量分析手段,建立了运筹学管理数学模型。

③综合应用方法。系统工程强调综合运用各个学科和各个技术领域内所获得的成就和方法,使得各种方法相互配合,达到系统整体最优化。系统工程对各种方法的综合应用,并不是将各种方法进行简单的堆砌叠加,而是从系统的总目标出发将各种相关的方法协调配合,互相渗透,互相融合,综合运用。由于系统工程研究的对象在规模、结构、层次、相互联系等方面高度复杂,综合应用日益广泛,其科学的现代化组织管理的重要性也显得日益突出。

系统工程方法论是指运用系统工程研究问题的一套程序化方法,亦即是为了达到系统的预期目标,运用系统工程的思想及其技术内容解决问题的工作步骤。具体地说,它是从系统思想和观点出发,将系统工程所要解决的问题放在系统形式中加以考察,始终围绕着系统的预期目的,从整体与部分、部分与部分和整体与外部环境的相互联系、相互作用、相互矛盾、相互制约的关系中综合地考察对象,以达到最优处理问题的效果。它是一种立足整体、统筹全局的科学方法体系。

自 20 世纪 60 年代以来,许多学者对系统工程的方法进行了大量的研究。但是系统工程的研究和管理对象是千差万别的,因此找到一个适合所有的传统的标准程序是不可能的。系统工程的实践证明,在将设想变为现实的过程中,即从制定规划到使系统达到最优目标的实施过程中,尽管不存在某个万能公式,但还是可以找到一种适应面较宽的、能供给不同系统参考程序的基本模型。

目前,认证比较全面又有较大影响的是美国贝尔研究所工程师系统工程学者霍尔(A. D. Hall)提出的系统工程三维结构。1969 年霍尔在《系统工程的三维形态》一文中把系统工程活动从规划到更新大略分为 7 个阶段,而每个阶段要完成 7 个步骤,构成了系统工程方法论的矩阵模型。霍尔三维结构体系是系统工程方法论的基础。

　　具体地说,系统工程的三维结构就是将系统工程的活动,分为前后紧密连接的 7 个阶段和 7 个步骤,同时又考虑到为完成各个阶段和步骤所需要的各种专业知识。这样就为解决规模较大、结构复杂、涉及因素众多的大系统提供了一个统一的思想方法。三维结构是由时间维、逻辑维和知识维组成的立体空间结构,如图 1-2 所示。

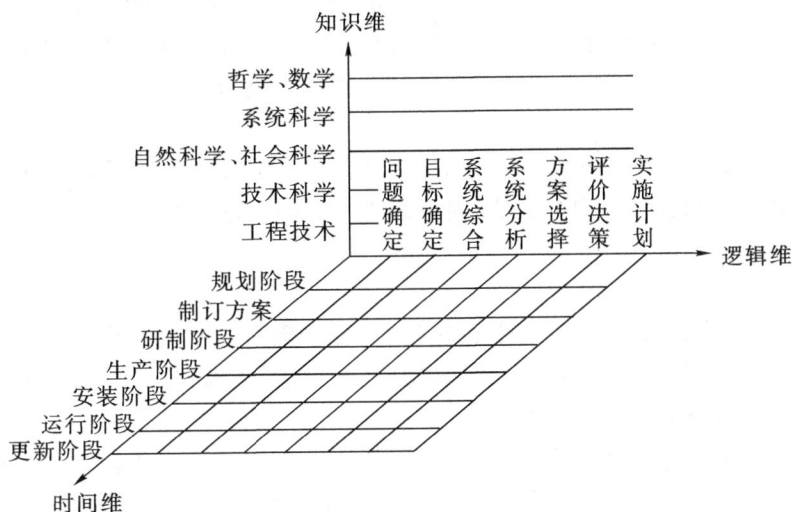

图 1-2　霍尔三维结构

　　(1)时间维

　　三维结构中的时间维,表示系统工程活动从规划阶段到更新阶段按时间排列顺序,可分为 7 个工作阶段。

　　①规划阶段,即谋求系统工程活动的规划和战略;

　　②计划阶段,即提出具体的计划方案;

　　③研制阶段,即实现系统的研制方案,并制订生产计划;

　　④生产阶段,即生产出系统的构件及整个系统,并提出装配计划;

　　⑤装配阶段,即将系统安装完毕,并完成系统的运行计划;

　　⑥运行阶段,即系统按照预期的用途服务;

　　⑦更新阶段,即取消旧系统代之以新系统或改进原系统,使之更有效地运行工作。

　　(2)逻辑维

　　三维结构中的逻辑维是对每一工作阶段在运用系统工程方法来思考和解决问题时的思维过程,可分为 7 个步骤。

　　①明确问题。通过系统调查尽量全面地收集和提供有关解决的问题的历史、现状及发展趋势的资料和数据,主要是研究系统的环境对系统的要求,弄清需要解决什么问题以及约束条件。

　　②目标设计。在弄清问题后,应该选择具体的评价系统的功能的指标或要达到的功能目标,以利于衡量所有供选择的系统方案。即提出所要达到的目标,并确定衡量的标准。

　　③方案综合。主要是按照问题的性质及总目标的要求,形成一组可供选择的系统方案,在方案中明确所选系统的结构和相应参数。

④系统分析,定量模型建立。对可能入选的所有方案,通过比较进行精简,并对精简后的方案进一步说明其性能和特点,以及与整个系统的相互关系。为了对众多的备选方案进行分析比较,往往通过形成一组定量模型,并把这些方案与系统的评价目标联系起来。

⑤最优化,系统选择。在一定的限制条件下,对各入选方案总希望选出最优的。在评价目标只有一个定量指标,而且备选的方案个数不多时,容易从中确定最优者。而当备选方案数很多,评价目标也有多个,并且彼此之间又有矛盾时,要选出一个对所有指标都为优的方案可能很困难。这时必须在各个指标间进行一定的协调,并反复进行①至④步骤,使入选方案尽可能均衡满足系统指标。

⑥决策。由决策者根据更全面的要求,最后选定一个或几个方案予以试行。

⑦实施计划。根据最后选定的方案,对系统进行具体实施,并提供实际执行的信息反馈到以上各阶段。

(3)知识维

三维结构中的知识维就是为完成上述各阶段、各步骤所需要的知识和各种专业技术。霍尔把这些知识分为工程、医学、商业、法律、管理、社会科学、艺术和教育等。这说明各种专业知识在系统工程中具有重要作用。

霍尔三维结构方法论的特点是强调明确目标,认为对任何现实系统的分析都必须满足其目标的需求。霍尔三维结构方法论的核心内容是模型化和定量化。霍尔认为,现实问题可以归结为工程问题,从而可以应用定量分析方法求得最优的系统方法。

除了霍尔三维结构方法论以外,切斯特纳特(Chestnut)、詹金斯(Jenkins)、德·纽夫维莱(DeNeufville)和斯塔福德(Stafford)、怀莫尔(Wymore)等学者都提出了一些新的、改进的系统工程方法论。

2.系统分析方法

另一个对实际工作能提供指导意义的方法论是与"系统工程"平行且有部分交叉的"系统分析"。系统分析(system analysis,SA)是一种既与在提出方案之前的决策又与方案实施的初期阶段有关的评价。

20世纪50年代在系统工程发展的同时,出现了系统分析的方法思想。系统分析的发展与兰德(RAND)公司有关。"兰德"一词是研究和发展(research and development)的缩写,它来源于"兰德计划"。"兰德计划"是始于1946年美国道格拉斯飞机制造公司与美国陆军航空部队的合作。由于经济原因,道格拉斯放弃了这份计划的大部分合同。其结果是1948年兰德公司从道格拉斯独立出来,建立了一个独立的、非营利的、从事咨询业务的公司,并在初期由福特基金会和旧金山银行提供资金。

国际应用系统分析学会(HASA)研究和发展起来的系统分析方法,无疑就是兰德式的分析方法。

兰德式的分析方法包括对为满足一个明确目标的所有不同方法的成本和效益进行广泛的经济评价。兰德公司的麦基恩(Mckean)认为:系统分析是在分析过程中更多地强调成本估计以面对现成的"需求方式"的无限制的扩张。政府工作的所有方面都需要一种正式的定量的成本/效益分析,因为政府的消费不像自由市场价格机制那样是以"自然的"机制来提高其效率。他着重讨论的问题是选择演绎标准、挑选可比较的侯选者、处理无形的和不确定的东西,把对效益和成本都很重要的时间因素考虑进去,并始终强调经济效益。

兰德公司的许多成员对系统分析方法论作过简要的描述。希契（Hitch）给出了一个与系统工程及运筹学有许多相似之处的系统分析方法论描述，其基本要点如下：

①一个或一组希望达到的目标；

②为达到目标所需要的一系列供选择的技术或手段（或系统）；

③每个系统所需的成本和资源；

④一个或一组数学模型，即表达目标、技术或手段、环境以及资源之间相互依赖关系的数学或逻辑构架或方程组；

⑤与目标、成本或资源相关，选择最佳方案的标准。

这些只是方法的要点，至于如何使用它们，靠使用者的经验，按希契的说法是"直觉的猜测和评判"。系统分析是"一个组织构架，允许无数领域的专家作出评判结合在一起"。

总的来说，系统分析是综合运用科学技术方法来处理问题的一种态度与观点。从广义上解释，系统分析可作为系统工程的同义词；从狭义上看，系统分析是系统工程的一个逻辑步骤，这个步骤是系统工程的重要部分，系统分析为系统工程实现优化提供了一个逻辑的途径，它贯穿于系统工程的全过程。

美国学者夸德（E. S. Quade）对系统分析作了这样的解释：所谓系统分析，是通过一系列的步骤来帮助决策者选择决策方案的一种系统方法。这些步骤包括研究决策者提出的整个问题，确定目标，建立方案，并且根据各个方案的预期结果使用适当的方法去比较各个方案，以便依靠专家的判断能力与经验去处理问题。

因此，系统分析的目的在于通过分析比较各种替代方案的有关技术经济指标，得出决策者形成正确判断所必需的资料和信息，以便获得最优系统方案。

在模型运用方面，系统分析为了达到目标，可以灵活运用任何一个学科中的方法。从这一方面也可看出系统分析不像运筹学那样是技术方法的集合，可能会运用一些软科学的评价方法。由于帮助决策者进行决策是系统分析的任务，所以对决策过程中人的行为的理解是对系统分析认识的关键。

3. 软系统方法论

在 20 世纪 60 年代期间，系统工程主要用来寻求各种战术问题的最优策略，或用来组织与管理大型工程建设项目，这最适合应用霍尔三维结构方法论。这是由于工程项目的任务一般比较明确，问题的结构一般是清楚的，属于结构性问题，可以充分运用自然科学和工程技术方面的知识和经验，有的项目甚至可以进行试验。因此属于这类性质的问题，都可以应用数学模型进行描述，用优化方法求出模型的最优解。

但是从 20 世纪 70 年代开始，系统工程面临的问题有 3 个特点：一是与人的因素越来越密切；二是与社会、政治、生态等众多复杂的因素混合在一起，属于非结构性问题；三是本身的定义并不清楚，难以有逻辑严谨的数学模型进行定理描述。因此，国内外不少系统工程学者对霍尔的三维结构方法论提出了修正意见，其中英国兰卡斯特大学的切克兰德（P. Checkland）提出的一种软系统方法论，受到了系统工程学界的重视。

切克兰德把运筹学、系统工程、系统分析和系统动力学的方法论称为"硬系统"的方法论，自己则提出一种软系统方法论（soft system methodology，SSM），将硬系统工程解决的问题称作"问题"（problem）；而将软系统工程所面对的问题称作"议题"（issue），即有争议的问题。切克兰德认为完全按照解决工程问题的思路来解决社会问题和软科学问题，将遇到很多困难。

至于什么是"最优",由于人们的立场、利益各异,判断价值观不同,就很难简单地取得一致的看法,因此,"可行""满意""非劣"的概念逐渐代替了"最优"的概念。还有一些问题只有通过概念模型或意识模型的讨论和分析后,才使得人们对问题的实质有进一步的认识,经过不断磋商,再经过不断反馈,逐步弄清问题,得出满意的可行解。

软系统方法相对于硬系统方法而言,对于结构模糊的问题或议题难以像硬系统方法那样用明确的数学模型描述,只能建立概念模型,求得的解往往只是可行的或满意的解。软系统方法论如图 1-3 所示。

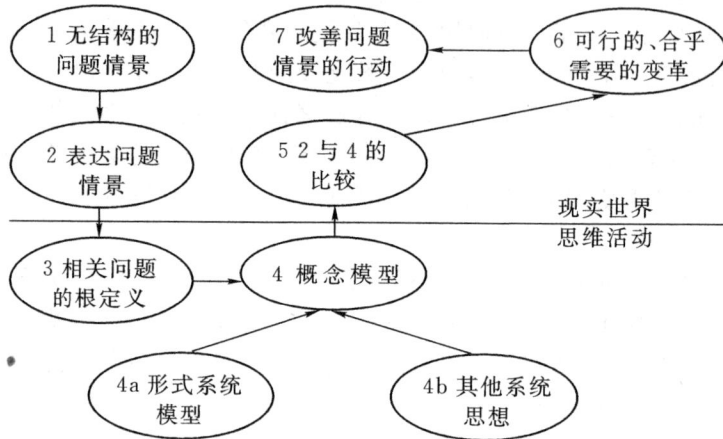

图 1-3 软系统方法论

软系统方法论的核心不是"最优化",而是进行"比较","比较"这一过程要组织讨论,听取各方面有关人员的意见,为了寻求可行的满意结果,不断地进行多次反馈,因此它是一个"学习"的过程。

1.2 物流系统概述

1.2.1 物流系统的概念

随着全球经济一体化和新技术,特别是信息技术迅猛发展,社会生产、物资流通、商品贸易及其管理方式等方面都发生了深刻的变革。物流业也从以运输、仓储管理等服务为主要功能的传统物流阶段,通过物流组织和管理体制的创新以及技术的应用,进入以自动化、网络化、集成化、信息化与智能化为特征的现代物流阶段。

物流是为了满足客户需求,货物从起始地到目的地流动的全过程。物流的这一活动过程是通过不同的物流环节,如运输、仓储、包装、装卸搬运、流通加工、配送、信息处理等多项功能所产生的空间功效与时间功效来共同实现的,即将正确的货物,在正确的时间以正确的顺序送到正确的地点。因此,也可以这么说,物流是通过适时、适地处理货物来创造价值的过程,物流创造的价值包括时间价值和空间价值。

对物流活动的管理就是为了满足客户的物流服务需求,应用管理的基本原理和科学方法,对物流活动进行计划、组织、协调、控制和监督，使物流活动的全过程达到最佳的协调与配合，以降低物流成本，提高物流效率。

从系统的角度理解，物流是一个系统，它具有系统的所有特征。根据系统的理论，物流系统是指在一定的时间和空间里，由能够完成运输、存储、装卸、包装、流通加工、配送、信息处理活动或功能的若干要素构成的具有特定物流服务功能的有机整体。

对于物流系统来说，首先要有明确的目的，即物流系统要实现的目标。物流系统的具体目标常见的有如下几个方面：

①将货物按照规定时间、规定的数量送达到目的地区；

②合理设置物流配送中心，维持适当的库存水平；

③实现装卸、保管、包装等物流作业的自动化、效率化；

④维持合适的服务水平与物流成本；

⑤实现物流活动全过程信息的顺畅流动等。

物流系统的目的是实现货物的空间效益和时间效益，在保证社会再生产顺利进行的前提条件下，实现各个物流环节的合理衔接，并取得最佳的经济效益。

用系统的观点来研究物流活动，是现代物流科学的核心问题。物流活动的诸要素能否组成物流系统，其关键是它们能否在一个共同的目标下经过权衡达到较优的配合，从而使系统整体达到最优。

1.2.2　物流系统的模式

与一般系统的模式一样，物流系统也具有输入、转换处理、输出、限制、反馈等功能，物流系统同时是社会经济大系统的一个子系统或组成部分，它受到社会经济大系统的影响，物流系统通过输入和输出使系统与社会环境进行交换。物流系统的一般模式如图1-4所示。

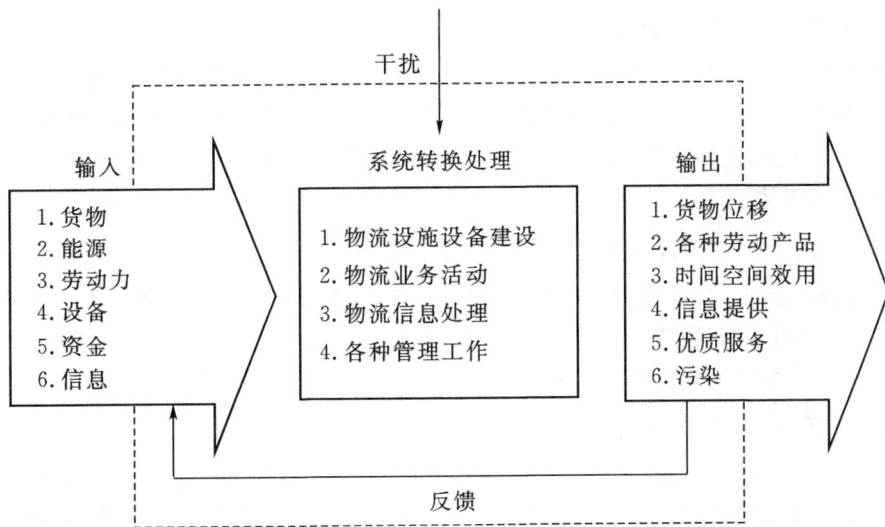

图1-4　物流系统的一般模式

1. 输入

输入是指外部环境对物流系统的输入，即通过提供货物、能源、劳动力、设备、奖金、信息等手段对物流系统发生作用。

2.转换处理

转换处理是指物流本身活动的过程。从输入到输出之间所进行的物流活动称为物流系统的处理或转换。具体内容有：物流设施设备建设；物流业务活动，包括运输、仓储、包装、流通加工、装卸与搬运等；信息处理及物流组织管理工作等。

3.输出

物流系统与其本身所具有的各种手段和功能对环境的输入进行各种处理后，所提供的物流服务是系统的输出。具体内容有货物位移、各种劳务产品（如合同的履约）、时间空间效用、信息提供及其他优质服务、污染等。

4.干扰（限制和制约）

外部环境通过对物流系统施加一定的限制和约束来干扰物流系统运行。具体有资源条件限制、能源限制、资金与生产运作能力的限制、价格影响、需求变化及政策变化等。

5.反馈

物流系统在转换处理过程中，由于受系统外部各种因素的干扰，有时不能按计划执行，得到预期的结果，这时需要根据输出结果调整输入方式与处理方式，即使按计划执行，也要把信息返回以对工作作出评价，这就是信息反馈。信息反馈的活动包括各种物流活动分析报告、各种统计报告数据、典型调查结果、国内外市场信息与有关动态等。

1.2.3 物流系统的特点

物流系统具有一般系统所共有的特点，如整体性、相关性、目的性、环境适应性等，同时还具有规模庞大、结构复杂、目标众多等大系统所具有的特征。

1.物流系统是一个"人机系统"

物流系统由人和形成劳动手段的设备、工具所组成，它具体表现为物流劳动者使用运输设备、装卸搬运机械、仓库、港口、车站等设施，作用于货物的一系列生产活动。在这一系列的物流活动中，人是系统的主体。因此，在研究物流系统的各个方面问题时，必须把人和物有机地结合起来，加以考察和分析。

2.物流系统是一个大跨度系统

在现代经济社会中，企业间物流经常会跨越不同的地域，国际物流的地域跨度更大。物流系统通常采用存储的方式解决产需之间的时间矛盾，这一过程的时间跨度往往也很大。

物流系统的跨度越大，其管理方面的难度则越大，对信息的依赖程度也就越高。

3.物流系统是一个可分系统

无论规模多大的物流系统，都可以分解成若干个相互联系的子系统。这些子系统的多少和层次的阶数，是随着人们对物流系统的认识和研究的深入而不断深入、不断扩充的。系统与子系统之间，子系统与子系统之间，存在着时间和空间上及资源利用方面的联系，也存在总目标、总费用及总运行结果等方面的相互联系，同时子系统又可以在物流管理目标与管理分工上自成体系，具有独立性。因此，物流系统不仅有多层次性，而且还具有多目标性。在对物流系统的分析与设计中，既要研究物流系统运行的全过程，也要对物流系统的某一环节（或称之为子系统)加以分析。

4.物流系统是一个动态系统

物流系统一般联系多个企业与用户,随着需求、供应、渠道、价格的变化,系统内部的要素及系统的运行也经常发生变化,物流系统常受到社会生产、需求的广泛制约,所以物流系统必须是具有适应环境能力的、随环境变化而变化的动态系统。

5.物流系统是一个复杂系统

物流系统的运行对象——"物",可以是全部社会物资资源,资源的多样性带来了物流系统的复杂化。物资资源品种成千上万,从事物流活动的人员队伍庞大,物流系统内的物资占用大量的流动资金,物流网点遍及城乡各地。这些人、财、物资源的组织和合理利用,是一个非常复杂的问题。

在物流活动的全过程中,伴随着大量的物流信息,物流系统要通过这些信息把各个子系统有机地联系起来。收集、处理物流信息,并使之指导物流活动,也是一项复杂的工作。因此,在分析与设计物流系统时,要充分认识到物流系统的复杂性。

6.物流系统是一个多目标系统

物流系统的总目标是实现其整体经济效益极大化。但物流系统各要素存在非常强烈的"悖反"现象,这常被称为"二律悖反"或"效益悖反"现象。因此,实际工作中要同时实现物流时间最短、服务质量最佳、物流成本最低这几个目标几乎是不可能的。例如,在储存子系统中,为保证供应、方便生产,人们会提出存储的物资高库存、多品种的办法,而为了加速资金周转减少资金占用,人们又会提出降低库存的要求。这些相互矛盾的问题在物流系统中广泛存在,而物流系统又恰恰要在这些矛盾中运行,并尽可能满足人们的要求。显然,在物流系统分析与设计中,必须建立多目标函数,并在多目标中求得系统的整体最佳效果。

1.2.4　物流系统的目标

物流系统是社会经济大系统中的一个子系统或组成部分,其目标是获得最大的宏观和微观经济效益。

物流的宏观经济效益是指物流系统作为一个子系统,对整个社会流通及国民经济效益的影响。如果一个物流系统的建立,破坏了母系统的功能及效益,那么这一物流系统尽管功能理想,但也是失败的。物流系统不但会对宏观的经济效益产生作用,而且还会对社会其他方面发生影响,如物流设施的建设还会给周边的环境带来影响等。

物流系统的微观经济效益是指该系统本身在运行活动中所获得的企业效益,其直接表现形式是这一物流系统通过组织"物"的流动,实现本身所消耗与所获得效益之合理的比例。在物流系统运行基本稳定后,物流系统的微观经济效益主要表现在企业通过物流活动所获得的利润,或为其他系统所提供的服务上。

在设计与运行物流系统时,要以宏观和微观两个效益为目的。具体来讲,物流系统要实现以下 5 个目标,简称为"5S"。

1.服务(service)

物流系统的本质要以用户为中心,树立用户第一的观念。在物流活动中要做到无缺货、无货物损伤和丢失等现象出现,并且费用要低,这些都要求物流系统对生产与消费者有很强的服务性。物流系统的这种服务性表现了其本身具有一定的从属性。物流系统采取的送货、配送等形式,就是其服务性的体现。近年来,在物流管理上出现的"准时供应""柔性供货"等方法,也是其服务性的表现。

2. 快速、及时(speed)

物流系统的快速、及时是其服务性的延伸。快速、及时既是用户的要求,也是社会发展进步的要求。随着社会化大生产的发展,对物流快速、及时的要求也更加强烈。在物流领域采用的诸如直达物流、多式联运、时间表系统等管理和技术,就是这一目标的体现。

3. 低成本(saving)

在物流领域中除了流通时间节约之外,由于流通过程消耗大但又基本上不增加或不提高商品的使用价值,所以依靠节约来降低投入,是提高相对产出的重要手段。在物流领域里,可以通过推行集约化经营方式,提高物流作业的能力,以及采取各种节约、省力、降耗等措施,来实现降低物流成本的目标。

4. 规模优化(scale optimization)

以物流规模作为物流系统的目标,是依此来追求"规模效益"。生产领域的规模生产是早已为社会所认同的。实际上,规模效益问题在流通领域也异常突出,只是由于物流系统比生产系统的稳定性差,因此难以形成标准的规模化模式,也难以获得规模效益。在物流领域是以分散或集中等不同方式建立物流系统,研究物流的集约化、机械化、自动化以及信息系统的利用等,这都是规模优化这一目标的体现。

5. 库存控制(stock control)

库存控制是及时性的延伸,也是物流系统本身的要求,涉及物流系统的效益。物流系统通过本身的库存,起到对众多生产企业与消费者的需求保证作用,从而创造一个良好的社会外部环境。库存过多则需要更多的保管场所,而且会产生库存资金积压,造成浪费。因此,必须按照生产与流通的需求变化对库存进行控制。同时物流系统又是国家进行资源配置的一环,系统的建立必须考虑到国家资源配置及宏观调控的需要。在物流领域中正确确定库存方式、库存数量、库存结构、库存分布就是这一目标的体现。

要发挥物流系统的效果,就要把从生产到消费过程的货物量作为一贯流动的物流量看待,依靠缩短物流路线、物流时间,使物流作业合理化、现代化,从而实现物流系统的目标。

1.2.5　物流系统的构成要素

与一般的管理系统一样,物流系统是由人、财、物、设备、信息和任务目标等要素组成的有机整体。基于物流系统的特点,物流系统的要素还可具体分为功能要素、支撑要素、物质基础要素、流动要素、网络要素等。

1. 物流系统的一般要素

①人是物流活动的关键要素,是物流系统的主体。它是保障物流系统得以顺利运行和提高管理水平的最重要的要素。提高人的素质,是构建一个合理化的物流系统并使它有效运转的根本。

②财是物流活动中必不可少的资金。资金是交换的基础和媒介,实现交换的物流过程实

际上也是资金流动的过程。物流系统的建设也是资金大投入的领域,特别是大型基础设施的建设。

③物是物流系统的运作对象物,包括各种货物、原材料、成品、半成品,也是物流活动中的物质条件,如能源、动力等,以及劳动工具、工作手段,如各种物流设施、工具、运输设备、各种消耗材料等。

物流系统的一般要素构成了外部环境对物流系统的"输入",从而对物流系统发生作用与影响。

2.物流系统的功能要素

物流系统的功能要素指的是物流系统所具有的基本能力,这些基本功能有效组合、联合在一起,以便能合理地、有效地达到物流系统的目标。

通常,物流系统的功能要素可包括运输、储存保管、包装、装卸搬运、流通加工、配送及物流信息。

如果从物流活动的实际工作环节来看,物流工作就是由上述 7 个具体功能要素组成的。也就是说,物流活动能实现以上 7 项功能。

上述功能要素中,运输及储存保管分别解决了供给者及需要者之间空间和时间的分离问题,分别是物流创造"空间效用"及"时间效用"的主要功能,因而在物流系统中处于主要功能要素的地位。

3.物流系统的支撑要素

物流系统处于复杂的社会经济系统中,物流系统的建立需要有许多支撑手段。物流系统的支撑要素主要包括体制、制度,法律、规章,行政命令和标准化系统等。

要确定物流系统的地位,以及协调其与其他系统的关系,这些支撑要素必不可少。

①体制、制度。物流系统的体制、制度决定了物流系统的结构、组织、领导、管理方式,决定了国家对其的控制与指挥。管理方式及系统的地位、范畴是物流系统的重要保障。有了这个支撑条件,物流系统才能确立在国民经济中的地位。

②法律、规章。物流系统的运行,不可避免地涉及企业或人的权益问题。法律、规章一方面限制和规范物流系统的活动,使之与更大系统协调;另一方面为物流系统的活动提供保障,如合同的执行、权益的划分、责任的确定等都需要靠相应的法律和规章来维系。

③行政命令。物流系统一般关系到国家军事、经济命脉,特别是社会物流系统,所以行政命令等手段也常常是支持物流系统正常运转的要素。

④标准化系统。实施标准化能保证物流各环节顺畅地协调运行,标准化系统是物流系统与其他系统在技术上实现无缝连接的重要支撑条件。

4.物流系统的物质基础要素

物流系统的建立和运行,需要有大量技术装备手段,这些手段有机联系,构成了物流系统的物质基础要素,这些要素对实现物流系统的运行具有决定性意义。

①物流设施。它包括物流站、货场、物流中心、仓库、公路、铁路、港口等。

②物流装备。它包括仓库货架、流通加工设备、运输设备、装卸搬运机械、分拣设备等。

③物流工具。它包括包装工具、维护保养工具、办公设备等。

④信息技术及网络。它根据所需信息水平的不同,包括通信设备及线路、传真设备、计算

机及网络设备等。

⑤组织及管理。组织是物流系统中的"软件",它连接、协调、指挥物流系统各要素,规范和协调物流业务活动及相关参与主体利益冲突的重要规制安排,从而保障物流系统目标的实现。一个有效果和有效率的物流组织是物流系统至关重要的组成部分。

5. 物流系统的流动要素

如果抽象掉物流对象的具体特征,从"流"的角度来分析物流系统的要素,那么,任何一个具体的物流业务可以分解为 7 个要素的结合,即流体、载体、流量、流向、流程、流速与流效。

①流体,就是物流的对象,即物流中的"物";

②载体,即承载"物"的设备,如运输设备和这些设备据以运作的设施,如道路、仓库、港口等;

③流向,即"物"转移的方向;

④流量,即物流的数量表现,或物流的数量、重量、体积等;

⑤流程,即物流路径的数量表现,或物流经过的里程;

⑥流速,即流体流动的速度;

⑦流效,即流体流动的效率和效益、成本与服务等。

物流的 7 个要素中的每一个要素都需要以物流系统为一个整体进行总体集成和优化,即任何一个要素的目标是由物流系统整体来确定的。

6. 物流系统的网络要素

从本质上讲,任何物流系统都是一个开放的网络,而网络要素是由节点和节点间的连线组成的。物流网络中的节点是指物流过程中供流动的商品储存、停留以便进行相关后续作业的场所,如工厂、商店、仓库、配送中心、车站、码头等。这些节点有的功能较单一,其物流业务也比较单一,比较适合进行专业化经营;有的节点具有两种以上的物流功能,是复合功能的节点,如周转型仓库、港口、车站、集装箱堆场等,具备配套的基础设施,一般处于物流过程的中间;而有的物流节点物流功能齐全,具备庞大、配套的基础设施及附属设施,具有庞大的吞吐能力,对整个物流网络起着决定性和战略性控制作用,成为枢纽节点。

枢纽节点一般处于物流过程的中间。从系统的角度来说,同样的节点和连线,因其连接方式不同,物流系统的功能也将有很大的差异。用系统的方法将节点、连线有机结合起来,形成一个物流网络,此网络是联系的、动态的。节点和连线之间的联系也是物流网络的要素之一。

1.3 物流系统冲突约束和优化原则

1.3.1 物流系统中的冲突约束关系

物流系统是一个复杂的社会经济系统,它的总目标是实现其整体经济效益最大化。但物流系统各要素都有各自的目标,这些目标各不相同,往往相互矛盾,存在非常强烈的"背反"现象,这常被称为"二律背反"或"效益背反"现象。而对这一矛盾处理不慎会出现整体恶化的结果。物流系统的要素之间、要素内部、要素外部都存在目标的冲突。具体如下:

1. 物流服务水平与物流成本间的制约关系

要提高物流系统的服务水平,物流的成本往往也要增加,有时物流成本增加的幅度要远远大于服务水平的提高幅度。为了提高物流系统的服务水平,比如要提高供货率即降低缺货率,可以通过增加库存量来达到,而增加库存量意味着要增加库存费用与保管费、搬运费等管理费用。为了不增加库存费用,就得增加运输批次,采用小批量及时运货制,而采用这种方式运货就会大幅增加运输费用。其相互制约关系如图 1-5 所示。

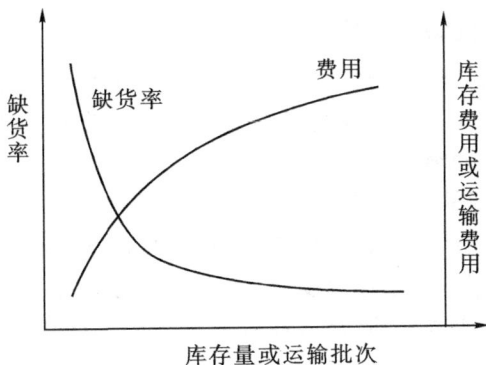

图 1-5　服务与成本的制约关系

物流服务能力的提高也同样需要成本的增加。任何物流系统要素的功能的增加和完善,都必须投入资金。如信息系统功能的增加,必须购置硬件和开发或购置软件;增加仓库的容量和提高进出库的速度,往往就要投资建设更大的库房并实现机械化、自动化,如自动仓库(AS/RS)的建设就必须投入大量资金。在实际工作中必须考虑改善物流系统的功能的技术经济性,进行成本效益分析。

2.物流系统各功能要素之间存在制约关系与目标冲突

在物流的各环节中,一个环节出现问题,将影响其他环节功能的正常发挥。如运输业的工人罢工,物流其他环节就会受到很大影响。同样各功能要素的能力不匹配,物流系统的整体能力也将受到影响,如港口作业中搬运装卸能力很强,但运输能力跟不上,会产生设备和人力的浪费。反之如果搬运装卸环节薄弱,货到车站、港口后不能及时卸货,也同样会带来经济损失。

物流系统中各功能要素独立存在时,各自的目标有互相冲突的地方。

比如,运输功能要素的目标一般是追求及时、准确、安全、经济。为达到这样一个目标,企业通常会采用最优的运输方案,但是在降低运输费用、提高运输效率的同时,可能会导致存储成本的增加。

从储存的角度来看,为了达到降低库存水平的目的,企业可能会降低每次收货的数量,增加收货次数,缩短收货周期;或者是宁可紧急订货,也不愿提前大批量订货。但这样就无法达到运输的经济规模,因运输次数增加而导致运输成本上升。

从上面的分析可清楚地看出,物流系统的运输要素的目标与储存要素的目标是冲突的。但是运输与储存是物流系统的两个重要组成部分,运输与储存的冲突是运输要素与储存要素的一种联系。在物流系统还没有形成的时候,它们都在追求着各自的目标。显然,它们的目标是无法简单地实现的,而必须通过物流系统集成来达成系统目标。

在包装与运输这两个要素之间也存在着目标冲突。物流包装的目的是保护商品在物流过程中避免损坏,同时要降低包装成本。因此,在包装材料的强度、内装容量的大小等方面就会考虑以能够确保商品安全为第一目标,但这常常会导致"过度包装",结果不仅增加了商品物流包装成本,同时由于物流包装过大、过重、过于结实,增加了无效运输的比重;并且在包装回收系统不健全的情况下,当收货人收到商品时,往往还要花费资源专门处理这些物流包装。如果能将物流包装要素的目标与运输要素的目标进行协调,就可以既实现包装的目标又实现运输目标,从而实现这两个要素目标的协同。

3. 物流系统的要素内部的目标冲突

物流系统的要素可作为系统来分析。物流系统的功能要素都是物流系统的子系统,如果将物流系统内部功能要素之间的目标冲突应用于任何一个功能要素的话,那么物流系统要素内部也将存在着类似的目标冲突。

以运输功能为例,各种运输方式都存在各自的优劣势。比如:采用铁路运输成本比较低,但不够灵活;采用公路运输灵活性强,可提供"门到门"的服务,但长距离运输运费相对昂贵,且易产生污染和发生事故;采用航空运输速度快,不受地形的限制,但成本昂贵。因此,如果追求速度快、灵活性强,就要付出成本高的代价,各目标之间必将存在冲突。由于任何运输方式有其特定目标和优势,各种运输方式的优势不能兼得,所以在选择运输方案时就要综合权衡。

4. 物流系统与外部系统之间存在冲突

当物流系统本身也是一个更大系统的低一层次的子系统时,物流系统就要与外部系统发生联系,而构成物流系统环境的就是这些与物流系统处在同一层次的子系统。与物流系统一样,环境中其他系统都有着特定的目标,这些目标之间的冲突也是普遍存在的,物流系统以这种方式同环境中的其他系统发生联系。但是,物流系统要素之间的目标冲突不能在要素这个层次得到协调,必须在比要素高一个层次的系统才能解决。

从一个制造企业来看,物流系统是与生产系统、销售系统等系统并列的一个系统,它们都是企业的经营系统中的要素或者子系统。生产系统、销售系统和物流系统都有很多各自的目标,这些子系统之间的目标冲突是普遍存在的,物流系统以这种方式同环境中其他系统发生联系,生产系统的目标和销售系统的目标还可能会对物流系统目标进行夹击。在传统的企业组织中,没有一个部门对全部物流活动承担管理责任,只是分别单独担负物流某一方面的责任。这样,物流的各种因素包含在销售、生产、财务会计等各种活动之中,各部门的管理人员有各自的利益目标,而且这些目标往往存在矛盾。例如:销售部门为了保证销售要增加在库商品量,而财务部门要减少在库品以降低成本;销售部门要以少量成品迅速发货并快速处理订单以满足客户的需求,而生产部门要批量发货以降低运费,财务部门要仔细审核订单,确保货款回收;销售部门希望在销售地设立仓库,而生产部门要在工厂建立仓库,财务部门要减少仓库数量和库存量。这些目标的冲突不能在物流或生产、销售、财务等单个系统的层次上解决,而必须在整个企业的层次上对冲突的目标加以协调和权衡,才能解决。

总之,物流系统要素之间、要素内部、系统与环境的冲突广泛存在,冲突是物流系统要素的重要联系。在物流系统合理化设计过程中,必须有系统的整体观念,并对物流系统中的相互制约关系给予高度重视,用系统的观点来解决这些冲突,对冲突的目标加以协调和权衡,从而达到物流系统的整体最优。

1.3.2 物流系统优化原则

对于大多数的企业来说,物流系统优化是其降低供应链运营总成本的最显著的商机所在。

但是,物流系统优化过程不仅要投入大量的资源,而且是一项需要付出巨大努力、克服困难和精心管理的过程。

美国领先的货运计划解决方案供应商 Velant 公司的总裁和 CEO Don Ratliff 博士集 30 余年为企业提供货运决策优化解决方案的经验,在 2002 年美国物流管理协会(CLM)年会上提出了"物流优化的 10 项基本原则",并认为通过物流决策和运营过程的优化,企业可以获得降低物流成本 10%～40% 的商业机会。这种成本的节约必然转化为企业投资回报率的提高。

1. 目标(objectives)

设定的目标必须是定量的和可测评的。

制定目标是确定我们预期愿望的一种方法。要优化某个事情或过程,就必须确定怎样才能知道目标对象已经被优化了。使用定量的目标,计算机就可以判断一个物流计划是否比另一个更好。企业管理层就可以知道优化的过程是否能够提供一个可接受的投资回报率(return on investment)。

2. 模型(models)

模型必须忠实地反映实际的物流过程。

建立模型是把物流运营要求和限制条件翻译成计算机能够理解和处理的某种东西的方法。例如,我们需要一个模型来反映货物是如何通过组合装上卡车的。一个非常简单的模型,不能充分地反映实际的物流情况。如果使用简单的重量或体积模型,许多计算机认为合适的载荷将无法实际装车,而实际上更好的装载方案会由于计算机认为不合适而被放弃。所以,如果模型不能忠实地反映装载的过程,则由优化系统给出的装车解决方案要么无法实际执行,要么在经济上不合算。

3. 数据(data)

数据必须准确、及时和全面。

数据驱动了物流系统的优化过程。如果数据不准确,或有关数据不能够及时地输入系统优化模型,则由此产生的物流方案就是值得怀疑的。对必须产生可操作的物流方案的物流优化过程来说,数据也必须全面和充分。例如,如果卡车的体积限制了载荷的话,使用每次发货的重量数据就是不充分的。

4. 集成(integration)

系统集成必须全面支持数据的自动传递。

因为对物流系统优化来说,要同时考虑大量的数据,所以,系统的集成是非常重要的。比如,要优化每天从仓库向门店送货的过程就需要考虑订货、客户、卡车、驾驶员和道路条件等数据。人工输入数据的方法,哪怕是只输入很少量的数据,也会由于太花时间和太容易出错而不能对系统优化形成支持。

5. 表述(delivery)

系统优化方案必须以一种便于执行、管理和控制的形式来表述。

由物流优化技术给出的解决方案,除非现场操作人员能够执行,管理人员能够确认预期的投资回报已经实现,否则就是不成功的。现场操作要求指令简单明了,要容易理解和执行。管理人员则要求有关优化方案及其实施效果在时间和资产利用等方面的关键标杆信息更综合、更集中。

6.算法(algorithms)

算法必须灵活地利用独特的问题结构。

不同物流优化技术之间最大的差别就在于算法的不同(借助于计算机的过程处理方法通常能够找到最佳物流方案)。关于物流问题的一个无可辩驳的事实是每一种物流优化技术都具有某种特点。为了在合理的时间段内给出物流优化解决方案就必须借助于优化的算法来进一步开发优化技术。因此,关键的问题是:①这些不同物流优化技术的特定的问题结构必须被每一个设计物流优化系统的分析人员认可和理解;②所使用的优化算法应该具有某种弹性,使得它们能够被"调整"到可以利用这些特定问题结构的状态。物流优化问题存在着大量的可能解决方案(如,对于 40 票零担货运的发货来说,存在着 1 万亿种可能的装载组合)。如果不能充分利用特定的问题结构来计算,则意味着要么算法将根据某些不可靠的近似计算给出一个方案,要么就是计算的时间极长(也许是无限长)。

7.计算(computing)

计算平台必须具有足够的容量在可接受的时间段内给出优化方案。

因为任何一个现实的物流问题都存在着大量可能的解决方案,所以,任何一个具有一定规模的问题都需要相当的计算能力支持。这样的计算能力应该使得优化技术既能够找到最佳物流方案,也能够在合理的时间内给出最佳方案。显然,对在日常执行环境中运行的优化技术来说,它必须在几分钟或几小时内给出物流优化方案(而不是花几天的计算时间)。采取动用众多计算机同时计算的强大的集群服务和并行结构的优化算法,可以比使用单体 PC 机或基于工作站技术的算法更快地给出更好的物流优化解决方案。

8.人员(people)

负责物流系统优化的人员必须具备支持建模、数据收集和优化方案所需的领导和技术专长。

优化技术是"火箭科学",希望火箭发射后能够良好地运行而没有"火箭科学家"来保持它的状态是不可能的。这些专家必须确保数据和模型的正确,必须确保技术系统在按照设计的状态工作。现实的情况是,如果缺乏具有适当技术专长和领导经验的人的组织管理,复杂的数据模型和软件系统要正常运行并获得必要的支持是不可能的。没有他们大量的工作,物流优化系统就难以达到预期的目标。

9.过程(process)

商务过程必须支持优化并具有持续的改进能力。

物流优化需要应对大量的在运营过程中出现的问题。物流目标、规则和过程的改变是系统的常态。所以,不仅要求系统化的数据监测方法、模型结构和算法等能够适应变化,而且要求他们能够捕捉机遇并促使系统变革。如果不能在实际的商务运行过程中对物流优化技术实施监测、支持和持续的改进,就必然导致优化技术的潜力不能获得充分的发挥,或者只能使其成为"摆设"。

10.回报(ROI)

投资回报必须是可以证实的,必须考虑技术、人员和操作的总成本。

要证实物流系统优化的投资回报率,必须把握两件事情:一是诚实地估计全部的优化成本;二是将优化技术给出的解决方案逐条与标杆替代方案进行比较。

在计算成本的时候,企业对使用物流优化技术的运营成本存在着强烈的低估现象,尤其是在企业购买的是"供业余爱好者自己开发使用"的基于 PC 的软件包的情况下。这时要求企业拥有一支训练有素的使用者团队和开发支持人员在实际运行的过程中调试技术系统。在这种情况下,有效使用物流优化技术的实际年度运营成本极少有低于技术采购初始成本的(如软件使用许可费、工具费等)。如果物流优化解决方案的总成本在第二年是下降的,则很可能该解决方案的质量也会成比例地下降。

在计算回报的时候,要确定物流优化技术系统的使用效果,必须做三件事:一是在实施优化方案之前根据关键绩效指标(key performance indicators)测定基准状态;二是将实施物流优化技术解决方案以后的结果与基准状态进行比较;三是对物流优化技术系统的绩效进行定期的评审。

要准确地计算投资回报率必须采用良好的方法来确定基准状态,必须对所投入的技术和人力成本有透彻的了解,必须测评实际改进的程度,还必须持续地监测系统的行为绩效。但是,因为绩效数据很少直接可得,而且监测过程需要不间断实施,所以,几乎没有哪个公司能够真正了解其物流优化解决方案的实际效果。

思考题

1. 简述系统的概念和系统的特征。

2. 试对几种系统方法论作比较分析。

3. 软系统方法的核心内容是什么?

4. 怎样从系统的观点出发理解物流系统?

5. 举例说明物流系统的主要特征。

6. 什么是物流系统的 5S 目标?

7. 简述物流系统的构成要素。

8. 物流系统各要素之间的冲突有哪些形式?如何解决这些冲突?

9. 亚里士多德曾经指出"整体大于它的各部分之和",请问这种说法能说明系统的整体与部分之间的真正关系吗?

10. 如何理解物流系统中的"效益背反"现象?

第 2 章　物流系统规划与设计方法

本章要点

- 物流系统规划的目标、作用
- 物流系统规划所涉及的主要内容与设计原则
- 物流系统规划设计的分类
- 物流系统规划设计的系统分析方法
- 物流系统规划与设计的步骤与主要任务

2.1　物流系统规划与设计目标

系统的思想是物流系统规划与设计的重要思想体系。系统方法论对于物流系统规划与设计工作具有指导意义。在实际工作中,面对影响物流系统规划与设计的复杂的因素,必须有意识地应用系统的方法论。

物流系统规划与设计是在一定系统范围内对整个物流系统建设与运行进行总体的战略部署。它以国家、地区的经济和社会发展的规划为指导或以企业的发展战略为指导,以物流系统内部的自然资源、社会资源和现有的技术经济构成为依据,考虑物流系统的发展潜力和优势,在掌握运输、仓储等基本要素的基础上,研究确定物流系统发展方向、规模和结构,经济、合理、有效地配置资源,统筹安排运输、仓储等物流设施,使物流系统可持续发展从而获得最佳经济效益、社会效益与生态效益,为物流运作创造最有利的环境。

由于物流系统的规划与设计的政策性与综合性强,因此要善于从宏观着眼,从微观入手,运用系统方法论解决问题的方法与步骤进行综合分析与认证,全面规划,统一布局,协调各方面的矛盾,使规划方案在经济上合理,在技术上先进与适用,在建设实施中现实与可行。

2.2　物流系统规划与设计作用

1.物流的涉及面非常广泛,需要有各方共同遵循的规划

物流涉及生产领域、流通领域及消费领域,涵盖了几乎全部产品在社会上与企业中的运动过程,是一个非常庞大且复杂的领域,如果每个领域都从局部利益考虑,再加上局部资源的有限性,往往不可避免地破坏了物流大系统的协调和系统整体性。如物流基础设施建设、物流信息标准化建设中,由于枢纽节点规划的不一致,信息标准的不统一,就会给互联互通、多式联运增加困难。

2.物流过程本身存在"背反"现象,需要有规划的协调

物流运作往往要经历很长的过程,这个过程通常由诸多环节组成,物流系统的一个重要特性就是这些环节之间往往存在"效益背反"现象,如果没有共同的规划可以制约,各个环节各自独立地去发展,就可能使"背反"现象强化。

3.物流领域容易出现严重的低水平重复建设现象,需要有规划的制约

物流领域进入的门槛比较低,而发展的门槛比较高,同时,物流领域的建设投资巨大,尤其是基础建设的投资规模巨大,需要有规划的引导。如果缺乏规划的引导和制约,任其发展,必然会导致资源配置的低水平,达不到现代物流的低成本、高效率的目标。

4.实现我国物流跨越式的发展,物流建设投资更需要有规划的指导

我国物流系统建设刚刚起步,与发达国家有几十年的差距,要迅速追赶,需要跨越发达国家几十年时间的发展。就我国目前的技术水平和管理水平而言,实现这一跨越是完全有可能的。但是,如果缺乏规划的引导和制约,一哄而上,就会出现重复建设、投资脱离实际需要、热衷于新项目建设等现象,从而浪费了宝贵的资源与时间以及良好的发展机遇。

因此,实际工作中,必须制订一个全面、系统、科学的规划来促进物流系统的协调、可持续性发展。

2.3　物流系统规划设计涉及的内容

物流系统规划与设计涉及三个层次的内容,即战略层、战术层与运作层。各层次规划的任务有:①战略层,主要是客户的服务水平确定、物流系统的发展方向、规模与网络结构设计、各级节点(供应商、制造商、零售商等)的选址决策、运输式选择等。②战术层,主要是整个系统以及每个节点的设施规划,多级库存管理(库存水平、库存分布、控制方法)。③运作层,主要是具体的运作管理,如运输路线选择、车辆调度、货物拼装、仓库管理、物料搬运等。

战略层规划是长期性的,一般时间的跨度是一年以上。它需要考虑内外环境的、趋势性的信息,经常是平均的、概括性的数据,最终的规划结果一般只要求得到一个在合理范围内接近最优的框架性方案。而运作层规划设计则要使用非常准确的、详细的数据,能根据大量数据计算得出合理的作业调度计划。

因此,物流系统规划设计主要以这四个方面内容为基础,即客户服务水平确定、网络节点选址决策、库存规划和运输规划。

1.客户服务水平确定

客户服务水平的确定是物流系统规划的核心,它比其他因素对系统设计的影响都要大。如果客户服务水平设置得较低,那么可能要在较少的存储节点中集中存货,利用较廉价的运输方式;如果客户服务水平要求较高,则需要更快速的运输和足够的库存保障。随着服务水平接近上限,要想继续提高它往往需要花费更多的代价。因此,物流系统规划设计的首要任务是权衡利益,确定适当的客户服务水平。客户服务水平可以包括产品的可得性、产品的交货周期、送货速度、订单履约的速度和准确性等。

2.网络节点选址决策

物流节点分布包括确定节点的数量、类型、地理位置、规模,并分配各节点所服务的市场范

围。物流节点、供应点与需求点的地理分布构成物流系统网络的基本框架,决定了产品到市场之间的线路。好的选址方案应考虑所有的货物移动过程及相关成本,包括从工厂、供应商或港口经中途储存点,然后到达客户所在地的产品移动过程及成本。通过选择不同的渠道来满足客户需求,如直接由工厂供货、供货商或港口供货,或经特定的储存点供货,选用渠道不同,分拨的费用也是不同的。因此,满足客户要求、寻求成本最低或利润最高的需求分配方案是选址战略的核心。

3. 库存规划

库存规划主要是在物流系统中建立适当的库存水准和库存补充策略,确定是推动式管理方式还是拉动式管理方式,特别对于多级分销网络要确定货物存放的节点类型、地理位置与库存水平。

4. 运输规划

运输规划所涉及的问题包括运输方式选择、运输批量、运输路线选择、车辆时间安排、货物拼装,这些决策受客户需求与物流节点分布、库存水平的影响。

2.4 物流系统规划设计的原则

一个物流系统由许多要素所组成,要素之间相互作用,物流系统与环境相互影响。这些问题涉及面广而又错综复杂,因此进行物流系统分析与设计时,应认真考虑以下一些基本原则。

1. 系统性原则

系统性原则是指在进行物流规划时,必须对物流系统中各种要素进行系统思考和系统设计。这是因为物流系统是一个由多种物流要素构成的复杂系统,而且各要素之间存在着大量的"效益背反"现象。物流本身的系统性特点就要求在进行物流系统规划时,首先必须对构成要素进行系统思考和系统设计。其次,物流系统是社会经济系统的子系统,两者相互联系、相互制约,因此,在进行物流规划时,必须将物流规划置于社会经济发展规划之中。另外,物流系统规划还要考虑物流系统中多主体的管理职能分工、管理权限与既得利益,以减少规划的实施障碍。

2. 可行性原则

可行性原则是指在进行物流规划时,必须使各种要素的定位、目标和措施适合既定的资源约束条件,具有可操作性。为了保证物流系统规划具有可行性,在进行物流规划时要注意以下几个问题:首先,规划要素的定位、目标和措施要与国内外可比区域的总体物流发展水平相适应;其次,规划要素的定位、目标与措施还要考虑到区域内一些弱势地区或部门的"落后性"和"跟随能力",不能超越弱势地区或部门实现的可能性。

3. 经济性原则

经济性原则是指在物流系统的功能和服务水平一定的前提下追求成本最低,并以此实现系统自身利益最大化。具体体现在以下几方面:

①规模化。通过一次性处理大量货物,提高设备设施的使用效率和劳动生产率,以达到降低物流成本的目的,如配送中心集中进货、库存集中化、将小批量运输合并为大批量运输等。

规模化还有利于采用先进的作业技术,实现自动化和省力化。

②连续与计划。通过有计划地组织物流活动,保证物流要素在系统中流动顺畅,消除无谓的停滞,保证整个过程的连续性,避免无谓的浪费,达到物流合理化的目的。

③短距离化。通过物品分离减少物流中间环节,以最短的线路完成商品的空间转移。

④共同化。通过物流业务的合作,提高单个企业的物流效率,如自有仓库加公共仓库、共同配送中心内的共同作业等。通过加强企业之间的协作,实施共同物流,是中小企业实现物流合理化的重要途径。物流共同化可以以货主企业为主体,也可以以物流企业为主体。

⑤标准化。标准化包括作业标准化、信息标准化以及工具标准化等。实现标准化是有效开展物流活动、实现物流效率化不可缺少的环节。物流涉及多个部门、多个环节,标准化是实施物流各个环节相互衔接、相互配合的基础条件,如集装箱的标准化、包装容器的标准化、托盘的标准化以及保管和装卸器具的标准化等。

4.战略性原则

战略性原则是指在进行物流规划时,必须对物流规划中的各类要素进行长期的、战略性的思考与设计。物流规划的战略性原则主要体现在三个方面:一是在进行物流规划时,对规划要素的评价与取舍要有战略视角,即从长期发展的角度进行评价并决定取舍;二是在进行物流规划时,对规划要素要有全局意识,而且是中长期的全局意识;三是要充分考虑到各种环境因素可能发生的变化,使物流规划具有一定的柔性,以适应环境的变化,减少调整成本。

5.社会效益原则

社会效益原则是指在规划设计时应该考虑环境污染、可持续发展、社会资源节约等因素。一个好的物流系统不仅经济上是优秀的,在社会效益方面也应是杰出的。物流的社会效益越来越受到政府和企业的重视。我国倡导的循环经济、绿色物流是其中的重要组成部分。另外,政府与法律、法规方面对物流系统的社会效益也做出了引导和规定。

为实现物流合理化目标,建立起高效率的物流系统,这些基本原则需要相互结合,统筹考虑,要做到如下几方面的要求:

(1)经济效益与社会效益相结合

在实际规划设计工作中,必须兼顾这两方面的效益,这样才能保证所规划的物流系统可持续发展。

(2)局部效益与整体效益相结合

在分析物流系统时常常会发现,物流子系统的效益与物流系统整体的效益并不总是一致的。有时从物流子系统的局部效益来看是经济的,但物流系统的整体效益是好的,这种方案是可取的。

(3)当前利益与长远利益相结合

在进行分析与设计时,既要考虑当前利益,又要考虑长远利益,如果所采用的方案,对当前和长远都有利,这样当然最为理想。但如果方案对当前不利,而对长远有利,此时要通过全面分析后再做结论,一般来说,只有兼顾当前利益和长远利益的物流系统才是好的物流系统。

(4)定量分析与定性分析相结合

物流系统分析不仅要进行定量分析,而且要进行定性分析。物流系统分析总是遵循"定性—定量—定性"这一循环往复的过程,不了解物流系统各个方面的性质,就不可能建立起探讨物流系统定量关系的数学模型,将定性与定量二者结合起来分析,才能达到优化的目标。

2.5 物流系统规划与设计的分类

物流系统规划与设计以一定区域或一定范围的物流系统建设布局为研究对象。由于观察与分析的对象不同,分析问题的视角不同,物流系统规划与设计的方法与内容也有所区别,因此常有不同的划分。从物流系统管理层次上看,物流系统规划可分为物流系统战略层、物流系统策略层(战术层)与物流系统运作层的规划;从规划所涉及的范围来看,物流系统规划设计又可分为宏观层面的物流系统规划与设计和微观层面的物流系统规划与设计。本节主要按宏观与微观这两个层面来分析物流系统,并以此为基础来研究探讨各类物流系统规划与设计的理论与方法。

宏观层面的物流系统规划设计是从社会再生产总体角度来认识和研究物流系统的活动。它研究的是一定区域经济社会的物流系统的总体构成,与社会发展的关系,以及如何建立与运作等。它是区域性的物流系统规划,因此也称为社会物流系统,或区域物流系统。

微观层面的物流系统规划主要是从一个企业物流经营的角度进行系统规划与优化,即如何利用各种社会资源,对整个物流活动中的局部或者某一个环节的具体物流活动进行设计与优化。它包括一般企业的物流活动与物流企业的活动。

2.5.1 社会物流系统规划设计

社会物流系统规划设计是通过对多种资源的整合,形成服务于一个城市、一个区域甚至一个国家或一个国家集团的社会基础服务体系,以提升全社会物流服务水平,降低物流成本。它通过将物流活动纳入整个社会活动加以调控。其目的在于协调社会资源配置与企业经济活动之间的关系,构建一种良好的投资环境和社会活动基础,使整个社会物流系统可持续发展。

社会物流系统是国民经济活动和区域经济发展的动脉,是联系生产与消费的纽带,是社会发展和人民生活水平提高的基础条件,也是衡量一个国家或区域现代化程度的重要标志之一。

世界各国都将构筑社会物流系统作为增强综合竞争能力的基础要素和重要战略措施。西方发达国家早在几十年前,就通过加大国家基础设施建设的投入、在税收等方面给予优惠等方式,促进社会化物流系统的形成和发展。

根据我国物流系统规划的实践,从物流系统服务的地域范围来看,主要有三种类型:国家级物流系统规划、省级物流系统规划、城市或地区级物流系统规划。另外,按照行业分类不同,还有军事物流、农业物流、医药物流、食品物流、汽车物流、石化物流、烟草物流、建材物流等行业物流系统规划。

1.国家级物流系统规划

国家级物流系统规划应当着重于以物流系统的基础设施和物流基础网络为内容的物流基础平台规划,应与国家的基础设施建设的国策相吻合。物流系统基础平台规划应包括铁路、公路和航空等主要干线的规划,不同干线的合理布局,综合物流枢纽节点的规划以及综合信息网络平台的规划。规划过程中要从现代物流系统的整体出发以便统筹协调、全面综合地规划,而不是从某个部门的利益出发。其重点在如何建立社会物流系统的中枢网络,核心是主枢纽城市的选择和联系主枢纽城市的主干线通道建设。

2.省、市或区域级物流系统规划

省、市或区域级物流系统规划应从区域经济发展的角度出发,研究区域物流系统对区域经济的促进和带动作用,着重于地区级物流节点以及综合物流园区的规模和布局的规划。在规划过程中,首先要解决在中枢网络的衔接,然后解决如何利用中枢网络发展各自区域的物流系统,发挥物流节点的集散功能,提高物流效率。

在区域物流平台上,将有大量的企业与经济事业单位进行物流运作,要使这些运作做到合理化和协调发展,需要有规划的指导。

2.5.2　企业物流系统规划设计

企业物流系统是从企业角度研究与之有关的物流活动,是具体的、微观的物流活动,它是指某一企业或部门为了满足一定的物流服务需求,实现具体的物流服务目标而构建的物流服务系统。

生产企业、销售企业、消费者个人等是物流服务的需求者,他们在生产经济或生活过程中产生了物流服务需求,这种物流服务需求的满足方式既可以采用"自给自足"的方式,也可以由专业物流服务提供商即第三方物流企业来承担。一个家电制造企业,如海尔,在其生产过程中,会产生原材料或家电零部件运输、仓储、配送等物流服务需求。为满足这种需求,需要构筑一个物流服务系统提供相应的物流服务,该物流系统可以由家电制造企业自己来构筑,也可以由供应商来构建,当然还可以由第三方物流企业来构建。

从企业的物流活动的范围与业务性质来看,物流系统的规划与设计应包括生产物流系统、供应物流系统、销售物流系统、回收物流系统、废弃物流系统的规划与设计,企业类型不同,其所包含的物流活动也不完全相同,规划设计的内容也有所区别。

因此,从企业类型来看,规划工作又分为工业制造企业的物流系统、商业企业的物流系统,以及第三方物流企业的物流系统的规划与设计。

工业企业的物流系统是要将传统的物流运行环节进行一体化综合,即以传统的仓库储存、保管以及仓库内的简单加工和长途运输为主,辅以物流配送、物流信息系统管理等功能,形成综合物流系统。通过物流系统的规划来降低成本和提高物流效率。目前物流系统规划设计工作主要在汽车制造、家电和电子制造、医药、烟草、石化工业品制造、建材制造等企业中进行。

而商业企业的物流系统是未来物流规划的主流,如果说工业物流系统的作用在于提高工业企业的利益,而商业物流系统则直接面对广大消费者,从物流系统中直接受益的是消费者和社会全体。商业物流系统对提高人民生活水平与生活质量,促进经济发展至关重要。

商业企业物流系统的规划是追求物流配送的准确性和及时性。它要做到既不缺货,又不能有过多的库存。商业企业物流系统涉及的品种多,而且是小批量、多批次,商业企业物流系统的成功依赖于销售数据的及时性与准确性。因此,商业物流系统需要建设具有高水平、高效率的物流信息系统。

大型商业企业集团有的组建自己的物流系统,为集团的连锁店和超市提供物流服务;也有的将部分或全部物流业务外包,由第三方物流企业来完成。如有的大型商业企业建立自己的配送中心,负责商品的运输、储存、分拨和配送等物流业务。同样,这些业务可以由第三方企业来承担,特别是负责商品到消费者手中的配送业务,为了降低成本,第三方物流企业都需要配备配送中心,采用共同配送的形式开展业务。为了与商业企业进行有效快速的沟通,物流企业需在共同配送中心里建立物流信息平台,在此信息平台上,配送中心与各商业企业保持及时准确的信息交换。

以航空运输为主要运输方式,以小件包裹配送或"门到门"的快速配送为主要模式的快递物流业务发展非常快,是第三方物流企业涉足的主要领域。在物流企业的规划设计中,这部分内容也需要重点考虑。

2.5.3　社会物流系统与企业物流系统的关系

社会物流系统和企业物流系统是完成各种物流活动不可缺少的资源,它们相互联系,相互衔接,相互补充,共同完成各种物流服务业务。但这两类系统是不同的系统,是有区别的,社会物流系统不能替代企业物流系统,反之亦然。

1.目标不同

建设社会物流系统的主要目标是为了满足整个社会经济发展需要,追求整个社会的综合社会经济效益和可持续发展;而规划企业物流系统的目标是为了满足某个具体企业的经营需要,追求这个具体企业的经济效益。

2.服务对象不同

社会物流系统将社会经济领域的所有经济实体作为服务对象,包括生产制造企业、商业销售企业、物流企业,它要面向整个社会经济活动,要抽象出整个经济社会物流服务需求的共性和普遍性,为整个社会构筑一个优化的物流服务体系;而企业物流系统不一样,企业构建物流系统的服务对象很明确,就是为自己或某一特定的客户群提供服务,服务的目标客户比较具体。

3.资源配置不同

社会物流系统是以整个社会对物流资源的需求,考虑配置社会物流资源,如铁路、公路、水路、航空、港站码头、公共物流园区、公共信息平台等公共物流资源。其目的是要解决在市场经济环境下,由单个企业难以实现的而又不可缺少的物流资源配置问题,需要由政府干预创建一个公共物流资源平台,以满足企业需要。而企业物流系统从自身需求考虑,配置企业内部资源及对社会资源的利用,要素的组成具有一定的个性化。系统的构建属于企业行为。

同时,社会物流系统与企业物流系统是相互联系、衔接与补充的关系。社会物流系统是企业物流系统的基础,企业物流系统是构建于这一物流基础平台之上的具体物流服务实体,社会物流系统的功效只有通过企业物流系统才能实现;同样,企业物流系统也离不开社会物流系统的支持,没有政府投资建设的交通基础设施,任何企业将难以开展物流服务。

社会物流系统直接制约企业物流系统的构筑,如企业物流或配送中心选址都受交通条件的限制。社会物流系统通过对企业物流系统的影响,引导物流资源优化配置。

同样道理,企业物流系统是影响社会物流系统建设的关键因素,社会物流系统的构筑需要满足企业物流系统构筑的需要,否则将导致社会物流系统资源闲置,如物流园区建设成败的关键是有没有企业进驻。企业物流系统通过对社会物流系统的资源选择,促进社会物流系统的优化。

2.6　物流系统规划设计的系统分析方法

　　物流系统规划设计的系统分析方法是指在进行规划设计工作时,要按照系统方法论中处理问题的基本方法,根据系统的概念、构成和性质,把规划对象作为一个系统进行充分了解和分析,再将分析结果加以综合,使之有效地实现系统的目标,并且将评价方法贯穿于分析与综合过程中。

1.分析方法的主要步骤

　　分析、综合、评价是物流系统规划设计中处理问题的基本方法。三者关系如图 2-1 所示。在实际规划设计工作中,分析、综合、评价的方法往往是同时综合运用,没有很明确的界限,并且要多次反复,直到满意为止。

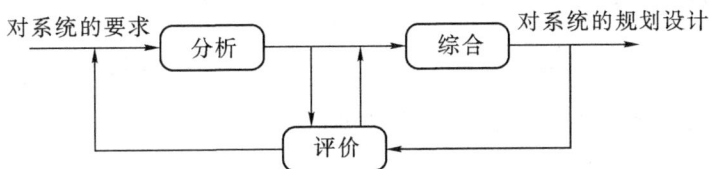

图 2-1　物流系统规划设计的系统分析方法

　　(1)分析过程

　　分析过程的主要任务是为研制系统搜集必要而足够的信息,并初步拟出能满足系统要求的多套替代方案,用各种手段和方法分析对象系统的要求、结构及功能等,弄清系统的特性,并考虑到环境、资源、状态等约束条件,建立各种替代方案所需的分析模型,根据评价准则对分析结果进行评价,以得到若干个较为满意的推荐方案。

　　此分析过程是以系统整体效益为目标,以寻求解决特定问题的最优策略为重点,运用定性与定量分析方法,给予决策者有价值的信息,以求得到有力的决策。

　　在分析进行过程中,需要考虑五个基本要素:目标、替代方案、模型、指标体系、评价准则。

　　①目标。

　　目标是决策的出发点,为了正确获取决策所需的各种有关信息。物流系统分析人员的首要任务就是充分了解建立物流系统的目的和要求,同时还应确定物流系统的构成和范围。

　　②替代方案。

　　一般情况下,为实现某一目标,总会有几种可采取的方案或手段,这些方案彼此之间可以相互替换。选择一种最合理的方案是物流系统要分析研究和解决的问题。

　　③模型。

　　模型是系统分析的基本方法,是对实体物流系统的抽象描述。它可以将复杂的问题化为易于处理的形式。在分析过程中,借助于模型来有效地求得物流系统规划设计所需要的参数,并据此确定各种制约条件,同时还可以利用模型来预测各替代方案的性能、成本与效益,有利于对各种替代方案进行分析和比较。

　　④指标体系。

　　指标是对替代方案进行分析的出发点和衡量总体目标的具体的可以测量的明细项。它是系统目标所涉及的各个方面。费用与效益是最重要的两个指标,它具体又可分为一些可测量的明细指标项。分析阶段就要根据系统的目标来确定具体的明细指标。

⑤评价标准。

评价标准是物流系统分析中确定各种替代方案优化顺序的依据,是评价方案优劣的尺度。评价标准根据具体情况而定,费用与效益的比较是评价各方案的基本手段。

(2)综合过程

系统综合是以分析过程中提出的各种推荐方案为基本,选定系统规划设计的方法,研讨系统分析的结果,收集整理设计数据,为系统分析的每个推荐方案给出总体框架结构、子系统详细设计及方案实现方法,以供评价决策。

(3)评价过程

系统评价过程是对分析或综合设计出来的可供选择的方案,用技术、经济和环境多视角来综合评价过程。特别是审核系统综合设计的合理性与实现综合设计方案的风险性,从而选择适当的可能实现的方案。

具体的工作任务包括设定评价方法,进行方案的费用评估、效益评估、风险评估,在单项评估的基础上进行综合评估,最后通过决策,选择可行的方案。

2. 分析常用理论方法

(1)数学规划法(运筹学)

它是一种对系统进行统筹规划,寻求最优方案的数学方法。其具体理论与方法包括线性规划、动态规划、排队论和库存论等。线性规划、动态规划和库存论等常用以解决物流系统中物料储存的时间与数量等相关问题。

(2)统筹法(网络分析法)

运用网络来统筹安排,合理规划系统的各个环节。它用网络图来描述活动流程的线路,把事件作为结点。在保证关键线路的前提下,安排其他活动,调整相互关系,以保证按期完成整个计划。

(3)系统优化法

在一定约束条件下,求出使目标函数最优的解。物流系统包括许多参数,这些参数相互制约、互为条件,同时受外界环境的影响。系统优化研究就是在不可控参数变化时,根据系统的目标来确定可控参数的值,使系统达到最优状态。

(4)系统仿真法

系统仿真是指利用模型对实际物流系统进行实验研究。上述方法各有特点,在实际中都得到了广泛的应用,其中系统仿真技术是近年来应用最为普遍的方法。系统仿真技术的发展及应用依赖于计算机软硬件技术的飞速发展。今天,随着计算机科学与技术的巨大发展,系统仿真技术的研究也在不断完善,应用也在不断扩大。

3. 分析常用软件

Microsoft Excel 是微软公司的办公软件 Microsoft Office 的组件之一,是由微软公司为 Windows 和 Apple Macintosh 操作系统编写和运行的一款试算表软件。Excel 可以进行各种数据的处理、统计分析和辅助决策操作,广泛地应用于管理、统计财经、金融等众多领域。目前,很多巨型国际企业都依靠 Excel 进行数据管理。

规划求解即是 Excel 一组命令的组成部分,这些命令有时也称作假设分析工具。借助"规划求解",可求得工作表上某个单元格(目标单元格)中公式的最优值。"规划求解"通过调整所指定的可更改的单元格(可变单元格)中的值,直接或间接与目标单元格中公式相关联的一组单元格中的数值进行调整,最终在目标单元格公式中求得期望的结果。

在 Excel 中,有一个规划求解的加载宏。加载该宏之后,就可以利用 Excel 的规划求解功能进行规划求解。在 Excel 2003 版本中,通过单击菜单"工具"→"加载宏",在打开的"加载宏"对话框中选择"规划求解"选项便可以加载该宏。在 Excel 2013 版本中,通过点击菜单"文件"→"选项",在打开的"Excel 选项"对话框中点击左侧"加载项",然后点击右侧"转到(G)"按钮,在弹出的"加载宏"对话框中勾选"规划求解加载项",如图 2-2 所示。则规划求解功能加载完成,使用时可在菜单"数据"中找到。

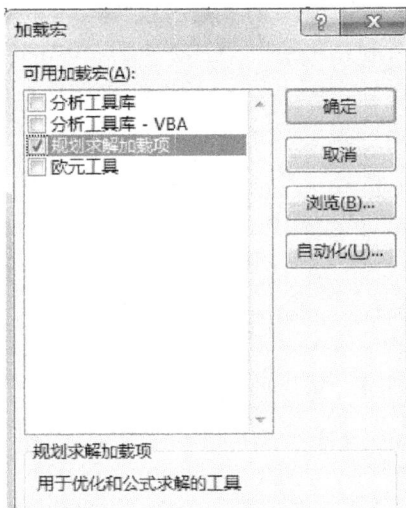

图 2-2　"加载宏"对话框

【例 2.1】　某厂生产 A、B 两类商品,销售单位 A、B 商品可获毛利分别为 2 与 3 个单位货币量。生产一个单位的 A 产品,需要消耗甲原料 4 个单位,乙原料 3 个单位,生产一个单位的 B 产品,需要消耗甲原料 3 个单位,乙原料 5 个单位,由于生产原料的限制,能够提供甲乙两种原料的最大量为 10 和 12 个单位。求 A、B 的产量为多少时,能够获得最多的销售利润。

解　根据题意,建立如下数学模型:

$$\max z = 2x + 3y$$
$$\text{s.t.} \quad 4x + 3y \leqslant 10$$
$$3x + 5y \leqslant 12$$
$$x, y \geqslant 0$$

首先,在 Excel 中输入表达式,通过单元格之间的联系来表达出变量、目标值之间的关系,如图 2-3 所示(其中,设置 x、y 的值均为空)

图 2-3　Excel 规划求解

点击菜单"数据"→"规划求解",打开"规划求解参数"对话框,设置目标函数的单元格位置及其目标(最大值、最小值或特定值),通过可变单元格、遵守约束等,如图 2-4 所示。

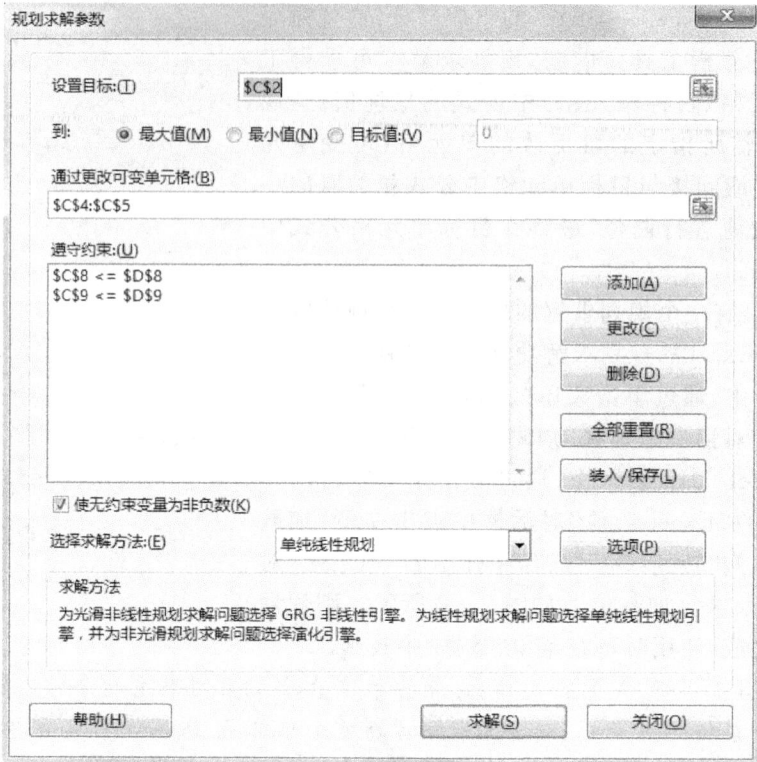

图 2-4　设置规划求解参数

点击“求解”按钮，可自动得出结果，如图 2-5 所示。

	A	B	C	D
1				
2	目标函数：	max z=	7.454545	
3				
4	变量：	x=	1.272727	
5		y=	1.636364	
6				
7				
8	约束条件：		10	10
9			12	12
10				

图 2-5　规划求解结果

从求解结果可以得知，在 A、B 两种产品分别生产 1.2727 和 1.6364 个单位时，能够获得销售额达到最大值。

2.7　物流系统规划与设计的步骤与主要任务

物流系统规划设计要根据物流系统的功能要求，以提高系统服务水平、运行效率和经济效益为目标，制订各要素的配置方案。

物流系统规划设计一是要以经济的方式将规定数量的货物按规定的时间、规定的要求送达规定的目的地;二是要合理配置物流节点,维持适当的库存;三是要实现装卸、保管、包装等物流作业的最有效率和效益;四是要在不影响物流各项功能发挥的前提下,尽可能地降低各种物流成本支出;五是要实现物流与信息流的有机结合,保证物流全过程的信息顺畅。

满足一定服务目标的物流系统往往由若干子系统(要素)组成,物流系统规划与设计时要根据系统的目标确定具体由哪些要素组成,并对每一个子系统或要素进行规划设计。每个子系统的规划设计需要与整体物流系统规划过程中的其他组成部件相互平衡、相互协调。因此首先要形成一个总体框架结构,然后在此框架的基础上采用系统分析的方法对整个系统的各要素进行规划与设计。

以规划工作的时间维为主线,把整个规划设计的流程或步骤分为四个主要阶段,这四个阶段是:①确定目标和约束条件;②现状调研、需求分析与方案拟订;③方案评价与选择;④方案实施与实效评价。物流系统规划与设计的一般流程或步骤如图 2-6 所示。

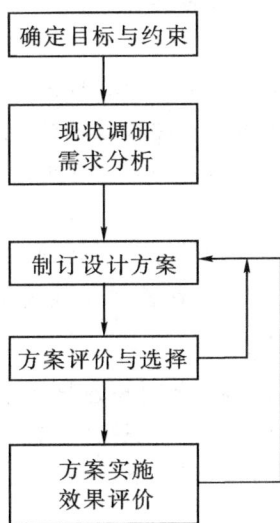

图 2-6 规划设计的一般流程

1.确定目标和约束条件

这一阶段的主要工作是确定整个规划设计工作的目标、组织机构与计划步骤。

(1)明确规划设计的目标、约束条件

在整个物流系统规划设计的过程中,首先最重要的是确定物流系统规划设计的目标。目标的定位直接决定物流系统的组成部分。例如,对于企业物流系统分析与设计来说,比较常用的目标有三种:总资金成本最小、运营成本最低以及顾客服务水平最高。总资金成本最小的目标旨在使物流系统中总投资最小,相对的物流系统设计方案往往是减少物流节点的配置数量,直接将货送到用户手中或选择公共仓库而不是企业自建仓库;运营成本最低的目标也往往需要利用物流节点实现整合运输;顾客服务水平最高的目标,又往往需要配置较多的物流节点、较好的信息系统等。

由于物流系统庞大而复杂,各子系统之间相互影响和相互制约也很多,而且系统受外部条件的限制也很多,如果存在系统制约就有必要加以说明。这是因为由于各种原因,系统中的有些因素无法被改变,而这些制约因素可能与既定的目的和目标有冲突。

(2)确定系统的边界,明确规划设计的内容

根据规划设计制订目标,确定物流系统的边界,并明确规划设计的主要内容。不同研究对象,它们所涉及的范围与内容有所不同,规划的方法也有区别,因此在规划工作的准备阶段,应对物流系统的边界加以界定,为分析阶段研究问题对象的要素间的相互关系和要素同环境的关系奠定基础。

另外,在设计新物流系统或改进现有物流系统时,一个重要的问题是考虑完整的系统还是考虑系统的各一部分。解决这个问题的依据是:资源的可得性、物流系统规模、物流系统各组成部分的相对重要性、系统费用、系统整合程度等方面指标。最好的方法当然是针对整个系统来分析设计,然而在某些条件下,系统输入条件的改变和系统的每个部分联系不大,而时间资源有限且物流系统太大无法把它作为整个系统来解决。这时,一个比较实际的方法是整体考虑,分步设计,最后再把各个独立部分结合起来。

(3)设立组织机构

物流系统规划与设计的组织机构应包括为做好规划工作而设立的领导小组、工作机构与专家组。鉴于物流系统规划设计工作的复杂性和系统性,规划工作必须有一个强有力的领导小组,同时考虑到规划设计工作的专业性,还要设立专家组,负责提供专业技术咨询服务。

(4)制订整个规划项目的计划表

规划工作本身就是一个系统工程。为了对整个规划项目进行有效管理,有必要引入项目管理的方法来进行统筹管理,制订项目的计划进度表,以控制整个项目按时保质地完成。

2.现状调研、需求分析与方案拟订

在确立物流系统规划与设计的目标后,要对拟建物流系统的现状进行调查,收集必要的资料与数据,并对这些数据进行分类、整理、分析,识别问题,寻找解决问题的方法,结合系统目标制订物流系统的初步方案。具体步骤与内容如下:

(1)现状调研

了解拟建物流系统的现状,作各种调查,收集相关资料数据。

(2)需求分析

对基本资料进行分析、预测未来的需求,依据需求,识别存在的问题,提出适当的解决问题的各种方法,拟订多套替代方案。

(3)方案的目标分析

确认方案的具体目标,并构思出物流系统方案必须达到的技术标准和经济效益标准。

(4)方案的总体规则

将创新引发的各构成部分的物流业务转为总体方案,并对物流系统进行总体功能设计与总体框架结构设计。

(5)子系统的功能设计

设计出总体框架结构中各子系统具体的功能、实施方法与步骤并加以说明。设计的内容要根据系统的目标与范围来确定。具体内容可分为物流运营网络子系统分析设计、物流管理子系统分析设计、物流管理子系统设计。对于具体的物流系统规划与设计的项目,可能是全部子系统的规划设计业务,也可能是其中一部分子系统。

①物流运营网络子系统分析设计。物流运营网络规划设计的主要任务是确定货物从供应

地到需求地整个流通渠道的结构,包括:决定物流节点的类型,确定物流节点的数量,确定物流节点的位置,分派各物流节点服务的客户群体,确定各物流节点间的运输方式、运输路线、车辆时间安排、货物拼装等,并对设施内部的功能布置、设备选择、作业方式做出抉择。

出于供应地和需求地顾客数量较大、物流节点可选地址太多、运输因素复杂等原因,即便最优的物流运营网络结构设计工作也必然是相当复杂和艰巨的。

②物流管理子系统分析设计。物流管理子系统分析设计的目的是对组成物流系统的人、物以及彼此的关系等要素进行有效的管理,规范和协调物流业务活动及相关参与主体利益冲突,并合理划分物流业务职能,从而实现物流资源的有效整合。

物流管理子系统涉及面比较广,渗透到物流系统各个方面。因此,物流管理子系统规划设计的内容也十分广泛,主要包括:物流系统与生产资料市场关系的处理、物流战略与战术计划制订、物流系统内部组织结构设计、人员配置、岗位职责与作业规范设计、绩效考核设计、物流系统的控制程序的建立,等等。

③物流信息管理子系统规划与设计。物流系统是由多个功能要素组成的复杂系统,物流信息系统成为各个要素之间沟通的关键,在物流活动中起着中枢神经系统的作用。多个功能要素通过货物实体的运动联系在一起,一个功能要素的输出就是另一个功能要素的输入,有效的物流信息管理使这些物流功能要素成为一个有机的整体,而不是各个孤立的部分。

物流信息管理子系统规划与设计的主要任务是:首先确立要建设的物流信息子系统的目标,物流信息子系统的目标要与整个物流系统规划的目标相一致,通过对现状的需求调查,把握要解决的问题;其次,在此基础上,进行新的物流信息子系统的需求分析,包括业务流程分析与数据流程分析;再次,建立物流信息子系统的功能模型和信息模型,设计物流信息子系统的总体结构和功能模块,进行物流信息子系统的软件、硬件、网络、组织机构配置及制订项目开发计划等;最后,对所需的资源、经费进行分析和描述,制订物流信息子系统建设的资源分配计划,形成物流信息子系统总体方案。

3. 方案评价与选择合适方案

物流系统方案评价是物流系统规划工作的一个必不可少的步骤和重要组成部分,它是对经分析和规划设计后形成的各种备选方案进行经济、技术与社会等多个层面的比较与评价,即要根据物流系统的评价标准,采用有效的方法,比较这些备选方案的优劣,从而辅助决策者选择最优或最满意的方案并付诸实施;另外还要研究方案实施的时间进度安排。

物流系统方案评价的目的是确定拟订的物流系统各备选方案是否达到了预定的各项性能指标,能否满足各种内外约束条件下实现物流系统的预定目标。同时,按预定的评价指标体系评出参评的各备选方案的优劣,为决策即最终的选择实施方案打下基础。

由于具体规划的物流系统的结构互不相同,规划的内容与目标也千差万别,因此,物流系统评价时研究的对象、考虑的因素、评价的标准、所采用的方法、评价过程与步骤也各不相同。一般应经过确定评价目标与评价内容、确定评价因素、建立评价指标体系、制定评价准则、选择确定评价方法、进行单项与综合评价等几个步骤。方案评价方法的选用应根据物流系统的具体情况而定,一般采用定量分析评价法、定性分析评价法以及两者集合的方法(如程序评价法、层次分析法、模糊评价法、目标设计法等)。

4. 方案实施与实效评估

实施规划好的物流系统方法也是一项相当复杂的系统工程。设计方案的科学性、合理性、效益性和实际可操作性,必须通过规划的实施以及实施的效果来检验。因此规划的目标能否实现,关键在于实施。

在方案实施过程中,可能会遇到各种各样的实际问题,有些是设计者并未事先预料到的,这时,实施人员要充分领会方案的整体目标、构思和设计理念,在遇到问题时最大限度地满足设计要求。如果确有无法满足的部分,需要对规划设计方案作必要的调整,但要保证不影响物流系统整体目标的实现;同时在实施过程中要遵循一些基本原则,如适度合理性原则、统一领导和指挥的原则、权变的原则等,还要注重领导的风格;并且还要对实施的方案进行追踪,分析实施前后的变化,对实施结果进行实效评价,提交实效评估的报告,作为方案修正的依据或今后物流系统规划设计的参考。

思考题

1. 论述社会物流系统与其他物流系统的关系。
2. 物流系统规划设计的基本原则有哪些?
3. 影响物流系统规划设计的主要因素有哪些?
4. 简述物流系统规划设计的步骤及其主要任务。

第3章 物流系统调研预测与战略分析

本章要点

- 物流系统调研的主要内容
- 调研工作的程序
- 调研资料的收集与分析方法
- 物流需求特征
- 物流需求预测的主要方法
- 物流系统环境分析内容
- 物流系统战略定位方法

3.1 物流系统调研概述

物流系统调研工作是指物流系统规划设计中对拟建物流系统的现状进行调查,并系统地收集、分类、整理分析和汇总有关规划与分析所必需的资料、数据和信息的活动。在物流系统规划设计中有大量的相关基础资料需要调查、收集、整理和分析,并作为系统初步方案设计的支撑依据和数据准备。一个物流系统规划设计方案的可行性与有效性完全依赖于调研中所获得的基础资料的充分性与正确性。为了更好地做好调研工作,必须明确调研的主要内容与工作步骤,掌握基础资料的收集、分类、整理与分析的方法。

3.1.1 物流系统调研的主要内容

物流系统调研工作是为物流系统规划方案设计工作提供服务,它的内容必须根据规划设计目标、研究对象来确定。对于宏观层面上的社会物流系统规划与微观层面上的企业物流系统规划,调研工作在内容与侧重面上有所不同,需要围绕着规划设计的目标制定调查研究的内容。

对于社会物流系统,规划设计时要根据本地区的实际情况,立足于经济可持续发展,结合国家产业结构调整的方针和区域经济发展的战略,以及城市综合发展规划、交通总体规划等,科学地做好物流的整体发展规划,统筹兼顾、协调发展。调查的内容有:区域物流的总体构成,物流与社会的关系及其在社会中的地位,物流与经济发展的关系,国家的产业政策和区域经济发展规划,交通总体规划,区域的自然资源、社会资源、经济资源、社会物流资源。而对于企业物流系统,不同系统的调研内容由于关注的角度不同也有所区别,如物流企业需要通过为物流市场提供相应的物流服务,满足物流市场需要,并从市场得到回报来维持企业的生存与发展。市场需要什么,如何满足市场的需要,都需要进行调研。因此,物流系统规划设计需要调研的内容一般包括以下几个方面,只是不同的物流系统侧重面有所不同。

1.物流服务需求调研

物流服务需求调研主要是调查特定范围内的物流需求结构与发展趋势,主要包括:①服务水平,如物流消费水平、物流消费观念、送货时间、物流服务费用、物流服务质量水平等;②物流需求的空间分布,如现有的和潜在的客户分布等;③物流服务对象的特征,如货物的尺寸、重量和特殊的搬运需求等;④需求特征,如客户的订单特征、需求的季节性变化,需求发展趋势等;⑤需求规模,如需求量、OD流量等;⑥需求的环境条件等。

2.物流资源状况调研

物流资源状况调研主要是掌握特定区域物流服务的提供能力、空间分布、结构分布、发展动向、发展趋势等,主要包括:①现有物流设施状况,如物流节点分布、规模、功能,交通网络,运输设备提供情况,仓储设备使用现状,信息系统运动情况等;②现有物流系统的运营状况,如物流服务企业组织管理体系、服务模式、营业状况、服务种类、作业方式、作业流程等;③限制现有物流资源发挥的制约因素。

3.物流服务的竞争状况调研

调研工作主要是了解竞争对手的物流服务水平、服务方式、理赔情况、物流资源配置、网络布局、发展动向、市场占有率、优势与劣势等。

4.社会经济发展状况调研

社会经济发展状况调研主要调查和分析物流服务区域内社会经济发展状况,如国家的产业政策和区域经济发展规划、区域经济规模、产业构成、空间布局、区域物流的总体构成。还包括自然资源状况,包括土地、水、气候、矿产等;社会资源状况,包括劳动力数量、年龄构成、技能、受教育水平、使用成本等;经济资源状况,包括工农业生产、交通运输、电力能源、城乡建设等状况。

5.物流技术状况调研

物流技术状况调研主要调查与分析目前物流市场上物流技术的应用情况、发展水平、技术结构、发展趋势以及新技术的开发能力与开发情况。

3.1.2 调研工作的程序

为了保证整个调研工作有序、有效地进行,必须对整个工作流程进行科学管理,一般来说,调研工作要经历以下五个阶段。

1.确定问题和调研目的阶段

在物流系统调研时,首先要界定清楚需要研究的问题,明确调研的目标。调研的问题与目标一般根据物流系统规划设计的总目标与规划设计要采用的具体方法、技术与模型来确定。不同规划设计的方法、技术与模型对基础资料内容要求都不尽相同,需要确定不同的调研目标。

2.制订调研计划阶段

物流系统调研的第二个阶段是制订调研计划阶段,这个阶段工作主要是在充分理解调研目标的基础上,经过规划设计人员共同讨论,形成调研计划。首先,明确调研范围、对象、具体内容;其次,设计调查大纲或调查表与调查问卷;最后,确定调查方法、调研进度、管理协调控制方式。

3.收集原始资料与现状信息阶段

接下来的工作就是收集信息,这是具体执行调研计划的过程,即按照调研计划的要求,具体开展对原始资料与现状信息的实际调查工作。这个阶段是整个调研过程中最花时间与精力的阶段,也是能否获得调研计划规定的数据资料、实现调研目的的关键。

4.分析原始资料与现状信息阶段

原始资料与现状信息收集上来以后,就要对其进行检查、确认、分类整理,保证原始资料与现状信息的完整性、真实性和可靠性,并进一步对原始资料与现状信息进行统计分析,以得到规划设计所需要的决策数据与信息,形成调研成果。

5.提交调研报告阶段

调研工作的最后阶段是提交调研报告。调研报告要全面系统地总结整个调研工作的过程,充分分析与说明调研成果,总结调研工作的经验和教训,提出调研结论和建议方案。

3.2　调研资料的收集与分析

3.2.1　调研资料收集的方法

调研的资料收集方法很多,不同的视角有不同的分类,如根据调研的媒介不同,可分为口头调研、电话调研、书面调研等;如按与调研对象的接触方式不同,可分为直接调研与间接调研;如按调研对象的范围不同,可分为普查、抽样调研,而抽样调研又可分为随机抽样、非随机抽样等。本书是按照资料获取的途径与方式不同来分,主要可分为以下几种:

1.访谈调查

这是一种通过问题交流讨论或座谈的方式进行的调查。调查人员根据调研目标的要求,明确调研所需要解决的问题,准备好要访谈的内容与调查大纲,做到心中有数,以提高访谈调查的效率和质量;然后与调查对象进行面对面的询问调查,询问过程中,在敏捷地捕捉信息、快速记录信息的同时,调查人员要能够根据调查对象的陈述,及时补充完善调查内容。

2.发问卷或调查表调查

这是一种由调查对象来填写预先设计好的问卷或调查表的方式来进行的调查,调查人员根据调研目标的要求,事先设计制作问卷或调查表;然后运用各种方式将问卷或调查表分发给调查对象,由调查对象根据问卷或调查表的要求填写问卷或调查表;最后调查对象将填写好的问卷或调查表再返回给调查人员。这种调查方式的特点是调查对象自主填写、自主提供调查内容,有比较充足的时间进行思考与琢磨,这样保证了调查内容的可靠性。对问卷与调查表的发放与回收方式主要有邮寄、电子邮件、派专人分发或回收、电子商务网站等。

3.查找历史资料

这是一种从第二手资料中收集信息与数据的调查方法。调查人员根据调研目标要求,查找、收集由其他人收集、记录、整理所积累的可直接利用的相关历史数据与统计资料,从这些历史数据与统计资料中抽取所需信息。这些历史数据与统计资料主要包括：政府相关部门的统计资料与年鉴、企业经营的历史数据、各种学术文献、各类报纸杂志的信息等。利用计算机网络资源和互联网资源来查找历史资料是目前常见的资料收集方式，它通过搜索引擎进行网上搜索查找或通过查询软件进行数据库查找与下载。

4. 现场调查

这是一种由调查人员直接进入现场进行实地调查的方法。调查人员根据调研目标要求，提前准备好本次调查所需要解决的问题，设计制作调查表格、问卷，然后调查人员进入现场进行统计并直接填写表格，或询问相关人员填写问卷。这种调查方式由于是调查人员直接收集统计资料与问卷，因此所收集的资料与信息有较强的真实性、针对性与实用性。不足之处是投入的人力较多、时间较长、费用较高等。

3.2.2 调研资料的整理

1. 调研资料准确性分析

由于收集上来的调研资料可能在完整性和正确性上还存在着问题，因此需要对统计调查所获得的原始资料进行科学的整理。整理工作的首要任务是对调查上来的资料的准确性进行审核并加以确认。

①要检查是否存在异常数据，即非正常数据代表的数据点，如偶然出现的一次软泡货物运输或某一特殊的高费率运输等都不能代表正常数据，对于这些异常数据的处理，要根据调研的具体目标展开原因分析，根据具体情况作剔除处理或提供关注信息。

②要对调研资料的误差进行检查。产生误差通常是不可避免的，其原因一般有两种：一种是抽样误差，即由于抽样调查是用结果推算全体，因此推算的结果与原来的全体之间必然有一定的误差。这类误差要加以测定。另一类误差是非抽样误差，如统计计算错误，调查表内容设计不到位，谈话记录不够完整，询问人员的偏见，调查对象回答不认真或前后矛盾等都可能造成误差，这类误差应设法修正或删除。

③对完整性进行检查，即检查是否有空缺与遗漏，并对丢失的数据进行处理。由于各种原因，收集来的调查数据会出现数据丢失现象，例如时间序列的数据少了某点时间的数据，对于丢失的数据要具体分析，考虑是否能重新收集或作估计补充，如采用估计方法一般可以用内插法、专家法进行估计。如果丢失的数据和未来信息有关，则可以通过预测的方法进行估计。

④要对调研资料进行总体评定，以保证收集来的资料既满足调研的目标与内容要求，又做到真实性、正确性和完整性。

在资料准确性分析过程中应本着实事求是的原则，对被确认的资料不允许作任意窜改。

2. 调研资料的分类汇总

为了便于统计分析、发现规律，对调研资料和数据要按空间结构、时间结构来进行分类汇总。按空间结构进行分类汇总就是要把所有的调查对象，按不同地区、不同性质类别、不同行业、不同层次分别进行分类归并，并把它们的资料数据归类到相应的分类结构中去，形成空间结构序列。而按时间结构分类汇总是对所有调查对象的资料与数据按时间顺序进行汇总排列，形成时间序列数据。例如，对于物流需求数据的调查，可以得到许多调查对象的资料数据，它们具有不同的特点,不能混在一起分析,只有对它们按不同地区、不同性质进行分类汇总,才能进行统计分析,找出规律,为需求预测与物流规划设计提供数据支持。对调研资料的分类汇总可按照经验或常识来分类,也可利用多元统计理论来分类,如聚类分析方法。

3.3　物流需求预测

3.3.1　物流需求预测的重要性与困难性

预测是根据对象的现状和过去发展变化的情况,找出规律,根据这个发展变化规律来推测出对象未来的发展变化趋势,它是人们对某一部确定的或未知事件的表述,目的是使这个未知事件发生不确定性极小化。因此,在预测过程中要注意以下几点:第一,要正确掌握变化的原因;第二,要了解变化的状态;第三,要从量的变化中找出因果关系;第四,在上述基础上,找出规律性的东西,对未来进行判断。

在物流系统规划设计中需要准确地估计物流系统所要处理的物流量,而对物流量的估计主要采用预测和推算的方式来进行,特别是对中长期物流需求量的估计都是采用预测的方式。物流需求预测在规划设计中非常重要,具体表现在:

1. 物流需求预测是制定物流发展战略目标的依据

通过预测,可以揭示和描述物流市场的变化趋势,明确未来物流发展的方向,并对物流发展中可能出现的各种情形,如利弊得失、成功的机会和失败的风险,进行全面、系统的分析与预见,从而为系统规划设计中制定物流发展战略目标提供依据,以有效地避免物流系统规划决策的片面性与局限性。

2. 物流需求预测是设计物流管理策略的重要手段

在物流系统规划设计中,需要制定物流管理的具体策略,如果能通过预测了解和把握物流市场的未来需求变化,就能采取有效的战术策略。如果预测到下一季度某类产品的市场需求量将有明显下降,则可预先调整库存水平与运输节奏,以避免库存积压,增加库存成本。

但物流需求预测是物流系统规划设计中的一个难题,其原因主要在于需求的不确定性,而物流的需求还往往呈现为一种潜在的需求,即要在市场的运作中具体实现,因此,物流需求表现出更多的不确定性;预测的困难性还在于物流的需求不仅表现在量的多少,还表现在空间分布、时间分布的特征,显得更加复杂;另外,准确的预测需要有大量基础数据信息支持,而现在往往是基础统计资料不足,而且统计口径存在缺陷,由于历史的原因,对物流的范畴的定义不统一,物流量的数据的计算会出现重复与交叉现象,影响了预测的准确性。

为了提高预测的准确性,除了掌握大量基础资料和标准化数据以外,更多的是从改变预测的方法入手,采取一些措施,如降低预测的细节程度。预测的细节程度、详细程度越低,预测越准确;反之,预测的误差就越大。因此,对某个类别产品的需求预测的误差往往小于对某个型号产品的需求预测误差。另外就是要缩短预测周期。同样的细节程度条件下,预测周期越长,预测的误差就越大,预测下周可能会发生的变化要比预测一年后会发生更容易些。因此,将降低预测的细节程度与缩短预测周期这两种措施结合起来处理需求预测问题能大大提高预测的精度。中长期预测要在降低预测精细程度的条件下进行,而短期预测则可把预测的精细程度提高。

3.3.2 物流需求的特征

物流需求预测是物流系统规划设计的至关重要的基础工作,物流需求的大小、范围和需求的时间对确定物流系统的规模、运作能力、资金需求和经营的总体框架有着重要的影响。物流的需求预测涉及物流需求的时间和空间特征、需求波动的幅度和随机程度。

1.物流需求的时间和空间特征

物流需求的时间特征表现在物流需求随时间的变化而发生波动现象。这是物流需求预测中经常会遇到的现象。需求随时间变化归因于销售的增长或下降、需求模式的季节变化和多种因素影响导致的一般性波动。多数预测方法都会处理物流需求这种随时间变化的波动,这种称为时间序列预测方法。

在物流活动中,物流需求除了有时间特征这一维度外,还有空间特征这一维度。在物流系统规划设计过程中,不但要确定物流需求在何时发生、需求量是多少,而且还要知道这些需求量是在何处发生的。规划仓库位置、平衡物流系统网络中的库存水平和按地理位置分配运输资源等都需要知道物流需求的空间位置,所需的预测技术必须反映需求模式的地理性差异。

2.规律性需求

物流系统需要处理各种各样的产品、物料。管理者将这些产品和物料进行分组,或仅仅对它们实行区别管理,以确定不同的服务水平。这些不同的产品、物料都会随时间形成不同的需求模式。如果需求是"规律性的",就可以用图3-1中的某个一般性的需求模式表示。需求模式一般可分为趋势(trend)、季节性(seasonal)和随机性(random)。如果随机波动只占时间序列其余变化部分的很小比例,那么,利用常用的预测方法就可以得到较好的预测结果。

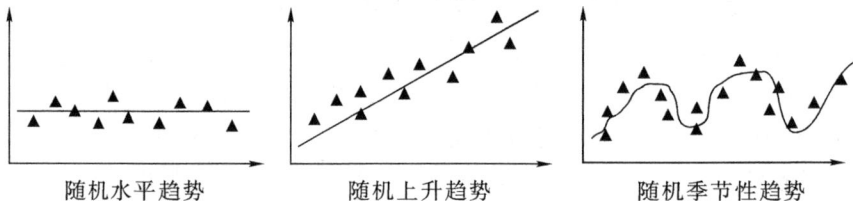

| 随机水平趋势 | 随机上升趋势 | 随机季节性趋势 |

图3-1 一般性的需求模式

3.不规律性需求

物流需求并不是在所有阶段都显示出规律性需求模式,如果某些产品或物料的总体需求量偏低或需求时间和需求水平非常不确定,那么需求就是间歇式的,这样的时间序列就被称为"不平整的"(lumpy)或不规律性的(irregular),如图3-2所示。另外,刚刚进入产品线的新产品,或将要退出生产的产品也会出现这种模式的需求,这是因为这时只有少量的需求出现,需求量极不稳定,而且分散在不同的地区。这样就会造成每个储存点上的需求量不平整。而这一类需求模式利用通常的预测方法是难以进行预测的,需要采用特殊的预测技术或组合预测技术来预测。

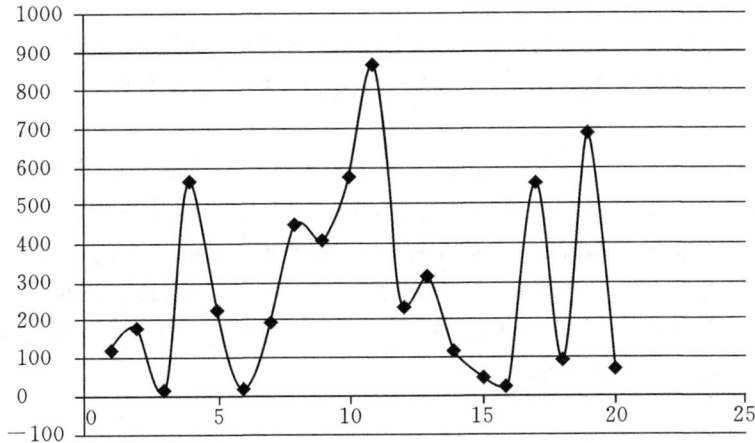

图 3-2

4.派生性需求与独立需求

如果物流的需求是随着某种需求的发生而发生的,具有从属性,则这种物流需求模式就称为派生性需求。派生性需求模式会有很强的倾向性,而且不显示随机性。我们一般采用推导的方法来计算。如采购物流需求就依赖于生产物流需求和物料的库存情况。在另一种情况下,物流需求的产生是随机的,影响物流需求变化的因素也众多,甚至不可获知,这样的需求模式被称为独立需求。对于这类独立需求,可采用一些预测模型来进行预测。多数短期物流需求预测模型都要求需求是独立的,并且是随机的。

3.3.3 物流需求预测的方法

需求预测可使用的预测方法很多,一般可分为三类:专家判断预测法、时间序列分析法和因果分析法。每一类方法对中长期和短期预测的相对准确性不同,分析的复杂程度也不同,同时,每一类方法的逻辑基础不同,主要看是依赖于历史数据,还是依赖于专家意见做出预测。

1.专家判断预测法

专家判断预测法主要是一种定性预测的方法,它是在一种有组织的形式下,利用专家的直觉判断、综合分析对未来做出定性估计方法,它通过收集专家对分析过程所作的定性估计,然后即兴预测。这类预测的方法一般在历史数据缺乏,相关信息模糊又难以做出量化分析时使用。专家判断预测法的预测结果准确性未必不好,当影响需求的某些因素(如某项物流新技术的发展和应用前景、未来政府的产业政策变化等)难以预料时,专家判断预测法可能是唯一的方法。具体的专家判断预测法可分为以下几种:

(1)市场调查法

市场调查法是主要通过各种不同的市场调查方法(如问卷、面谈)收集对未来发展的趋势估计,依据调查结果,确定预测的定性判断。这种方法适合于中长期预测。

(2)小组意见法

小组意见法是指用会议的方式组织一批专家相互沟通、自由讨论,发表各自意见,然后综合各专家意见做出判断。这种方法的基本思路是认为群体讨论将得出比任何个人所能得到的更好的预测结果。这种方法也适合于中长期预测。

（3）历史类比方法

历史类比方法是通过未来与历史进行对比分析，发现相似的模式，利用相似模式的历史数据进行预测。历史往往有惊人的相似。这种方法适合于中长短期预测。

（4）德尔菲法

德尔菲法（Delphi method）实际上也是一种专家意见法。它是以匿名的方式，轮番向所选取的多个专家投送预测调查问卷或预测调查表，在收到专家匿名反馈的意见后，进行析同辨异的统计分析。对于分期较大的观点，在补充材料后编制进一步的调查问卷或调查表，再发送给专家征询。这样经过多次的轮番征询，使专家意见大致趋于一致，最后得出统一的预测值。这种方法由于接受了新的信息，对该组专家而言也是一个学习的过程，而且不存在群体压力或有支配权力的个体对整个群体的影响。

（5）综合估测法

综合估测法是一种定性与定量相结合的方法。它主要用于对事物未来发展速度的大致估计，这种估计不能得到一个确切的数值，但可以得到一个大致的范围，例如最高值是多少，最低值是多少，最可能值是多少，取值范围是多少等；又例如，可以用它来预测某地区物流市场明年的物流需求量是多少，物流提供能力是多少等。根据这些数据进行综合分析，可以求得一个统一的综合估测值。此方法的步骤如下：

①选择专家，可以是各种类型的专家，每种类型的专家选择若干名，并为每种类型、每个专家设定权重值；

②分别收集各类型每个专家的估测值（包括最高值、最低值、最有可能值）及发生的概率；

③对他们的估测值进行统计分析，得出一个统一的综合估测值。

【例 3.1】 某物流公司对两位主管经理、两位业务部门经理、三位业务员进行调查，征询他们对公司下一季度物流业务量的估计。试用综合估测法对公司下一季度的物流业务量进行预测。估计值、权重值与预测结果如表 3-1 所示。

表 3-1 物流业务量估计值、权重值与预测结果

专家类		专家名		最高值		最低值		最可能值		期望值	类别期望值
类	权	人	权	估测值	概率	估测值	概率	估测值	概率		
主管经理	0.5	甲	0.6	155	0.3	115	0.2	140	0.5	139.5	142.3
		乙	0.4	165	0.3	110	0.2	150	0.5	146.5	
部门经理	0.3	甲	0.52	163	0.3	120	0.2	149	0.5	147.4	140.68
		乙	0.48	158	0.3	105	0.2	130	0.5	133.4	
业务员	0.2	甲	0.33	135	0.3	100	0.2	125	0.5	123	129.75
		乙	0.33	140	0.3	105	0.2	130	0.5	128	
		丙	0.34	150	0.3	115	0.2	140	0.5	138	
综合预测值											139.3

其中表 3-1 中每位专家的期望值由各估测值乘以相应概率并相加得出，而类别期望值是各位专家的期望值乘以相应的权重值并相加得出，综合预测值是由各专家类别的期望值乘以

相应的权重值并相加得出。

2.时间序列分析法

时间序列是分析数据按照时间先后顺序依次排列的数列。时间序列分析预测法是最常用的一大类预测方法，它是根据所预测对象的纵向历史数据资料，按时间进程组成的动态数列进行分析，预测未来的方法。时间序列分析预测法是基于历史继承性这一原则而进行的预测，即短期内某个事情的发展趋势是其过去历史的延伸。它注重研究事情发展变化的内容。这类预测方法通常用于在外界影响比较稳定的条件下作短期预测。它主要内容包括简单平均法、加权平均法、加权移动平均法、指数平滑法等方法。

（1）简单平均法

简单平均法是取前几个时段（如：日、周、月、季、年等）的数值的平均值，作为后一时段的预测值。这种方法主要适用于那些变化比较稳定的预测对象，预测对象在各个时间段的发生值大体差不多，总体都围绕一个固定值上下随机波动，无趋势和季节性变化。

（2）加权平均法

加权平均法是对于时间序列的数值，根据它们各自对于预测值的重要程度分别设置重要度权数，然后将它们加权平均来求得预测值的预测方法。

（3）移动平均法

移动平均法是从时间序列的第一项数据开始，按一定的项数（或称为组距）逐项向后移动，按相同的项数求平均值，这些平均值构成了一个新的时间序列，也称为移动平均数列。这个移动平均数列对原数据的随机性加以修正，变化趋于平滑，更显现长期变动趋势，然后将这组移动平均数列的最后一个数值直接作为下一期预测值，或求这组移动平均数列的平均值作为下一期预测值。

（4）加权移动平均法

加权移动平均法是在各个时间序列中对每一项数值设置一个权重，再按一定的项数计算加权平均值，与移动平均法一样向后逐项移动形成加权移动平均数列，然后再进行预测。

（5）指数平滑法

指数平滑法也是一种加权移动平均法。此方法的预测思路是根据上一期实际值和上一期预测值导出下一期预测值。在预测中引入一个平滑系数 α，$0 \leqslant \alpha \leqslant 1$，其预测计算的表达式为：

$$下一期预测值 = \alpha \times (前一期实际值) + (1-\alpha) \times (前一期的预测值) \tag{3.1}$$

为方便起见，可将式（3.1）写成：

$$S_{t+1} = \alpha A_t + (1-\alpha)S_t \tag{3.2}$$

式中：t——本期时间；

α——指数平滑系数；

A_t——第 t 期的实际需求量；

S_t——第 t 期的预测值；

S_{t+1}：第 $t+1$ 期或下一期的预测值，也可写成：

$$S_{t+1} = S_t + \alpha(A_t - S_t) \tag{3.3}$$

从式（3.3）可看出：下一期的预测值是上一期预测值加上一个修正的上一期预测的误差。在这里，平滑系数的大小决定了下一期预测对前一期预测的修正程度。在选择平滑系数 α 时，需要一定程度的主观判断。α 值越大，对近期实际需求情况给的权重值越大，模型就越快地对时间序列的变化做出反应。但 α 过大可能使预测过于敏感,会随时间序列的随机波动而波动,而不是根本性变化。A 越小,实际值的分量越轻,预测值的分量越重,数据平滑均匀的程度越大,预测值越不受时间序列的随机因素的干扰而波动,而对时间序列的根本性变化需要的时滞就越长。因此,要根据时间序列变化程度和对预测值要求程度决定 α 取值的大小。

【例 3.2】 表 3-2 中给出了某物流公司近三年来各季度的实际货物配送量,试用指数平滑法预测 2018 年第三季度的货物配送量,在这里分别取 $\alpha=0.03,0.1,0.3,0.9$ 来预测货物配送量,并对不同的平滑系数进行误差比较。

表 3-2 用指数平滑预测需求量

年份	季度	时期	实际值	预测值			
				$\alpha=0.03$	$\alpha=0.1$	$\alpha=0.3$	$\alpha=0.9$
2015	4	1	390.00				
2016	1	2	275.00	390.00	390.00	390.00	390.00
	2	3	420.00	386.55	378.50	355.50	286.50
	3	4	210.00	387.55	382.65	374.85	406.65
	4	5	413.00	382.23	365.39	328.40	229.67
2017	1	6	287.00	383.15	370.15	351.68	394.67
	2	7	426.00	380.27	361.83	332.27	297.77
	3	8	236.00	381.64	368.25	360.39	413.18
	4	9	428.00	377.27	355.02	323.07	253.72
2018	1	10	293.00	378.79	362.32	354.55	410.57
	2	11	432.00	376.22	355.39	336.09	304.76
	3	12		377.89	363.05	364.86	419.28

解 表 3-2 中是利用式(3.2)或式(3.3)来计算预测值的结果,在计算时平滑系数 α 分别取 0.03,0.1,0.3,0.9。第二期预测值取第一期的实际值。同时在表 3-3 中计算出各平滑系数情况下预测的误差。

表 3-3 指数平滑法预测误差比较

平滑系数	误差		绝对误差		误差平方	
	总计	平均	总计	平均	总计	平均
$\alpha=0.03$	−403.7	−40.4	836.6	93.7	92408.4	9240.8
$\alpha=0.1$	−269.5	−26.9	875.2	87.5	91543.3	9154.3
$\alpha=0.3$	−83.8	−8.4	977.1	97.7	104673.9	10467.4
$\alpha=0.9$	32.5	3.3	1460.7	146.1	223145.8	22314.6

从表 3-3 可以看出,当 α 取 0.1 时误差的平均和较小,预测效果较好。对于时间序列数值波动较大时则平滑系数尽量较小值。

(6)带有需求趋势校正的指数平滑法(Holt 模型)

从物流需求的特征分析可知,物流需求包含系统期望需求部分与随机特征的需求部分,而系统需求部分在一般形式下又包含需求水平、需求趋势和季节性需求。系统需求计算可以有以下几种形式:

复合型:系统需求＝需求水平×需求趋势×季节性需求

附加型:系统需要＝需求水平＋需求趋势＋季节性需求

混合型:系统需求＝(需求水平＋需求趋势)×季节性需求

在预测系统需求时运用哪一种具体形式取决于需求的性质。

对于趋势和季节性变化不很显著的时间序列,用指数平滑法来预测可以获得很好的效果。但时间序列中有趋势和季节性特征时用指数平滑法来预测将会造成很大的误差。如果序列中趋势和季节性因素明显有别于随机特征,则可对指数平滑法作一些修正后再进行预测。

当假设系统需要有需求水平和需求趋势而没有季节性变动时,选用带有需求趋势校正的指数平滑法即 Holt 模型较为合适。本节中选用下列公式来预测带有需求趋势的未来系统需求:

$$系统需求＝需求水平＋需求趋势$$

Holt 模型只有在指数平滑法的基本模型基础上进行简单的修改,在观察完 t 期的实际需求后,整个预测模型作如下修正:

$$S_{t+1}=\alpha A_t+(1-\alpha)(S_t+T_t) \tag{3.4}$$

$$T_{t+1}=\beta(S_{t+1}-S_t)+(1-\beta)T_t \tag{3.5}$$

$$F_{t+1}=S_{t+1}+T_{t+1} \tag{3.6}$$

式中:α——需求水平的平滑系数,$0<\alpha<1$;

β——需求趋势的平滑系数,$0<F_{t+1}=S_{t+1}+T_{t+1}<1$;

A_t——第 t 期的实际需求量;

S_t——第 t 期的需求水平预测值;

S_{t+1}——第 $t+1$ 期的需求水平预测值;

T_t——第 t 期的趋势预测值;

F_{t+1}——第 $t+1$ 期趋势校正后的预测值。

【例 3.3】　以例 3.2 的数据为例,仍然预测 2018 年第三季的货物配送量,只是在这里增加了对趋势的修正。假设需求水平的平滑系数 $\alpha=0.1$,需求趋势的平滑系数 $\beta=0.3$,又令需求水平的初始值为 $S_2=390$,同时需求趋势的初始值 $T_2=0$。

解　现从第 3 期(即 2016 年第二季度)开始预测。按式(3.4)、(3.5)、(3.6)要求根据第 2 期预测结果计算:$S_3=0.1\times275+0.9\times(390+0)=378.5$,$T_3=0.3\times(378.5-390)+0.7\times0=-3.45$,$F_3=S_3+T_3=378.5-3.45=375.05$。其他期依次计算,其结果如表 3-4 所示。

从表 3-4 中可得出预测的误差和为 90.474,绝对误差和为 899.505,而误差平方和为 94738.052。

（7）带有需求趋势和季节性需求校正的指数平滑法（Winter 模型）

当需求的时间序列中可观察到既有趋势变动特征又有季节性波动的特征时，使用带有需求趋势和季节性需求校正的指数平滑法较合适。在这里，用如下等式来校正预测：

系统需求＝（需求水平＋需求趋势）×季节性需求

表 3－4　需求趋势校正后的指数平滑法预测结果

年份	季度	时期	实际值	需求水平	需求趋势	系统需求	预测误差	绝对误差	误差平方
2015	4	1	390						
2016	1	2	275	390.000	0.000	390.000	115.000	115.000	13225.000
	2	3	420	378.500	−3.450	375.050	−44.950	44.950	2020.503
	3	4	210	379.454	−2.101	377.444	167.444	167.444	28037.326
	4	5	413	360.699	−7.125	353.574	−59.426	59.426	3531.408
2017	1	6	287	359.517	−5.342	354.175	67.175	67.175	4512.646
	2	7	426	347.457	−7.357	340.100	85.900	85.900	7378.792
	3	8	236	348.690	−4.780	343.910	107.910	107.910	11644.527
	4	9	428	333.119	−8.018	325.101	−102.899	102.899	10588.153
2018	1	10	293	335.391	−4.931	330.461	37.461	37.461	1403.290
	2	11	432	326.714	−6.054	320.660	−111.340	111.340	12396.590
	3	12		331.794	−2.714	329.080			

在应用此模型之前，有两个条件要满足：

①需求模型的季节性波动的高峰与低谷产生的原因必须已知，这些峰谷值必须在每个周期的同一时间出现；

②季节性变化要比随机波动大。

如果季节性需求不平稳，不明显，无法与随机变化区分开来，那么很难开发出准确预测下一期需求走势的模型。如果情况如此，基本的指数平滑模型配以合适的平滑系统就可以降低时滞的影响，可以比更复杂的模型效果更好。因此，在选择模型时要非常慎重。

现假定需求的周期数为 L，在 t 期，已给定实际值 A_t、初始需求水平 S_t、初始需求趋势 T_t 以及一个周期的初始季节性需求 $I, I_{t+1}, \cdots, I_{t+L-1}$ 的预测，则第 $t+1$ 期对需求水平、需求趋势、季节性需求以及总的需求预测作如下校正：

$$S_{t+1} = \alpha(A_t/I_t) + (1-\alpha)(S_t + T_t) \tag{3.7}$$

$$T_{t+1} = \beta(S_{t+1} - S_t) + (1-\beta)T_t \tag{3.8}$$

$$I_{t+1} = \gamma(A_t/S_t) + (1-\gamma)I_t \tag{3.9}$$

$$F_{t+1} = (S_{t+1} + T_{t+1})I_{t+1} \tag{3.10}$$

式中：L——季节性需求的周期；

I_t——第 t 期的季节性需求预测值。

（8）趋势外推预测法

趋势外推预测法可以用于当时间序列无明显的随周期变动的特征时的预测,这种时间序列是随时间的推移而呈现某种上升或下降的趋势,用时间变量的函数来反映这种变势,并延伸至未来,通过计算未来时间的函数值来预测。预测模型主要包括线性预测模型、幂函数曲线预测模型、对数曲线预测模型、指数曲线预测模型、修正指数曲线预测模型、龚珀兹曲线预测模型、逻辑曲线预测模型等。此预测方法比较适应于中长期预测。

3. 因果关系分析法

因果关系分析法是一类对预测对象与其制约因素的相互联系进行分析,从而建立预测对象与其所能观察到的相关因素间因果关系的预测模型来进行预测的方法。这类方法首先要研究影响预测对象的变化的外部制约因素的作用,寻找有因果关系的外部因素,即预测变量的变化取决于其他有因果关系变量的变化水平。用此方法预测时,必须掌握大量的纵向与横向数据,并对此作因果关系的逻辑分析和相关度计算,然后再建立预测模型。

在物流需求的预测中,也有很多因果关系,例如,物流量的增长与经济发展水平呈因果关系,经济发展水平(如 GDP)的增长会导致物流量的增长,除了经济发展水平之外,物流量的增长还与交通基础建设投资、流通范围的大小有关,因此,物流量的增长与 GDP、交通基础建设投资、流通范围的大小等因素就构成了一元的或多元的因果关系。通过观察相关因素的变化量来对预测对象的变化量进行预测,这类预测法的常用方法有以下几种:

（1）回归分析预测法

回归分析预测法是根据预测对象与影响预测对象的因素之间的关系来建立回归模型,并通过回归模型进行预测。根据考虑因素的多少,回归模型可分为一元回归或多元回归模型。预测对象与影响预测对象的因素之间的相关关系往往存在着非确定性关系,即不能用精确的函数关系式来表达,但在统计学意义上,它们之间的相关关系可以通过统计的方法给出某种函数表达方式,这种处理变量关系的方法就是回归分析法。回归分析预测法是通过大量统计数据,在分析变量间非确定性关系的基础上,找出变量间的统计规律性,并用统计意义上的函数关系式来表达变量间的统计规律,并通过此函数关系式进行预测。

①一元线性回归预测法。

一元线性回归预测法是当预测对象(也称为因变量)只受一个主要因素(也称为自变量)影响,并且它们之间存在着明显的线性相关关系时所采用的回归预测方法。

假设自变量 x 与因变量 y 之间有明显的线性相关关系,且当 x 确定之后,y 有某种不确定性,通过调查获得 n 组观察数据 (X_1,Y_1),(X_2,Y_2),(X_n,Y_n),则相关方程为:

$$y=a+bx+u \tag{3.11}$$

其中:a,b 为回归系数,u 是随机干扰项,与 x 无关,它反映了 y 被 x 解释的不确定性。采用最小二乘法得到 a 和 b 的计算公式:

$$b=\frac{\sum x_i y_i - n\bar{x}\,\bar{y}}{\sum x_i^2 - n\bar{x}^2} \tag{3.12}$$

$$\bar{x}=\frac{1}{n}\sum x_i, \bar{y}=\frac{1}{n}\sum xy_i \tag{3.13}$$

在建立相关方程前,必须进行相关性检验,即检验两个变量 x 和 y 之间是否存在明显的线性相关关系。相关性检验主要是对这两个变量的 n 组观察值通过数理统计分析中的 F 检验和 R 检验来进行的。F 检验是已解释方差与未解释方差之比,F 越大,回归效果越好。R 检验是已解释方差与总体方差之比,它反映出总体回归效果,越接近于 1 越好。

【例3.4】 表3-5是我国2010—2016年国内生产总值与全国私营企业人均工资数据,试对其进行相关分析,求出线性相关方程,并作显著性检验。

表3-5 国内生产总值与全国私营企业人均工资

年份	国内生产总值(亿元)	全国私营企业人均工资(元)
2010	413030.3	20759
2011	489300.6	24556
2012	540367.4	28752
2013	595244.4	32706
2014	643974.0	36390
2015	685505.8	39589
2016	741140.4	42833

数据来源:中国统计年鉴。

解 可以利用 SPSS、SAS、Excel 等软件来进行回归分析,如用 Excel 软件,回归分析的结果如下:

相关系数 $R^2 = 0.996 > 0.8$,F 检验值 $= 1257.167$,$a = -8817.46$,$b = 0.0699$,则相关方程为

$$Y = -8817.46 + 0.0699X \tag{3.14}$$

检验结果表明,国内生产总值与全国私营企业人均工资之间具有很强的线性相关关系。当国内生产总值达到80万亿元时,全国私营企业人均工资将达到47103元。

②多元线性回归预测法。

在物流系统中,不仅存在预测对象只受一个主要因素影响的情况,而且多个因素同时作用于这个预测对象的情况也很常见。对于后一种情形,一般可以用多元回归分析方法来进行预测。

多元线性回归预测法是对各个自变量和因变量的 n 组观察数据,在明确因变量与各个自变量间存在线性相关关系的基础上,给出适当的多元回归方程,并据此做出关于因变量的发展变化趋势的预测。建立一个多元回归模型需要复杂的统计方法,可以利用计算机的统计软件包来建立多元线性回归方程。

(2)投入产出模型

投入产出分析是研究经济系统各个部分间表现为投入与产出的相互依存关系的数量经济分析方法,是在投入与产出的相互关系模型的技术上通过观察投入量的变化来预测产出量的变化。

(3)先行指标法

在预测对象与其制约因素的相互联系时,有时出现某些因素先发生可观察的变化,而后预

测对象也发生变化的现象。先行指标法就是统计那些与所预测的序列同方向变动,但其变动发生在所预测的序列变动之前的变量数据,再利用这些先行变量来进行预测。

随着计算机技术的快速发展,出现了很多利用计算机技术来进行预测的方法,如动态模拟预测法、神经网络预测法等。由于这些方法涉及较多的数学知识,是比较复杂的预测方法,在进行需求预测时,要把定性预测与定量预测结合起来进行多种方法的组合预测,以此提高需求预测的质量,为后续的规划设计决策提供可靠的依据。

3.4　物流系统战略分析与决策

3.4.1　物流系统战略的类型

物流系统的战略规划是更大系统(如区域经济系统或企业系统)的战略规划的组成部分,其战略目标应与区域经济发展目标或企业的发展战略相匹配。物流系统发展战略的制定对物流系统具体方案设计与选择有重要的指导作用,是物流系统规划中各种专项策略制定的基本依据。物流系统战略规划的总目标是在保证物流服务水平的前提下,使物流成本最低化,实现最佳的经济效益、社会效益与生态效益,使物流系统可以持续性发展。具体到某一物流系统,由于所处的竞争环境不同、环节不同或发展阶段不同,具有不同的发展战略。物流系统的战略类型主要有:成本最优战略、基于客户服务的物流战略、基于时间的物流战略、横向协同物流战略、纵向一体化物流战略、第三方物流战略、竞合物流战略、绿色物流战略等。

3.4.2　物流系统的环境分析

规划一个物流系统的目的是要立足于物流服务市场,配置各种物流要素,形成一定的物流生产能力,使物流系统能实现既定的目标。只有通过考察分析影响物流系统绩效的内在和外在因素,才能做出合理的规划与设计方案。

影响物流系统战略定位的环境因素通常有以下几个:

1.物流服务需求

由于竞争对手、物流服务市场在不断发生变化,为了适应变化的环境,必须不断地改进物流服务条件,以寻求有力的物流系统,支持市场发展前景良好的物流服务项目。

物流服务需求包括服务水平、服务地点、服务时间、产品特征等多项因素,这些因素是物流系统战略定位的基础依据。

短的交货周期,意味着需要采用快捷的运输方式灵活配置更多的仓库,服务地点和服务时间直接决定物流系统的物流网络配置以及运输方案设计,产品特征影响仓储设备、搬运设备、运输设备等选择,同时也对选择快速响应的敏捷物流系统还是低成本的精益物流系统产生影响。

2.行业竞争力

为了成为有效的市场参与者,应对竞争对手的物流竞争力,如竞争对手的服务水平、物流资源配置情况、服务方式及理赔情况等作详细分析,从而掌握行业基本服务受平,寻求自己的物流市场定位,以发展自身的核心竞争力,构筑合理的物流系统。

3. 区域市场特征

物流系统中物流网络结构直接同顾客及供应商的位置有关。地理区位条件、区位人口密度、交通状况、物流基础设施、市场渠道结构、物流运作效率等因素都会影响物流系统战略定位的效果。

4. 物流技术发展

在技术领域中对物流系统最具影响力的是信息、运输、包装、装卸搬运、管理技术等多种技术,其中物流信息采集与识别技术、物流信息交换与传输技术、物流信息存储与处理技术的应用对物流的发展具有革命性的影响。及时、快捷、准确的信息交换有助于随时掌握物流动态,因而不但可以用来改进物流系统的实时管理控制与决策,而且还可以为实现物流作业一体化,提高物流效率奠定基础。

多式联运、集装箱技术、优化运输路线选择等,提高了运输衔接能力和运输效率。机器人、自动化仓储系统、自动导向车系统、自动分拣等系统的使用,提高了物流节点的生产力,增加了物流节点的物流输入和输出能力。

包装的创新,提高了物流操作效率,便于物流的运输、搬运、分析,增加了货物安全保护能力,同时,提高了包装货物识别跟踪和管理的能力。

5. 社会经济发展

经济发展水平、居民消费水平、产业结构直接影响着物流服务需求的内容、数量、质量。为了满足用户需要,物流业的内容也在不断拓展、丰富,运输、配送、中转、仓储保管、装卸、包装、流通加工和信息服务等构成了现代物流活动的主要内容。为此,物流系统应适合物流服务需求的变化,不断拓展其功能,以满足经济发展的需要。

6. 人力资源条件

人力资源包括物流从业人员的数量、素质与结构。物流系统的建设与运营管理都需要足够的高素质人才,同时需要对物流人力资源进行合理配置和开发利用。人力资源条件会影响物流系统战略规划方案的选择,发展现代物流需要从战略高度重视人才建设。

7. 政府与政策支持

物流运输法规、税收政策、通关效率、物流技术标准等都将影响物流系统的规划。在规划设计时,要考虑政策性的因素,如政府的物流政策、税收政策以及法律、法规和发展规划等方面的要求,还要考虑环保因素,如废物排放量、污染程度、生态环境平衡等要求,同时,要遵循国家标准与行业标准。

3.4.3 物流系统的战略定位方法——SWOT 分析方法

物流系统战略定位的制定方法主要有 SWOT(优势、劣势、机会、挑战)分析法、战略地位与评价(SPACE)方法、波士顿(BCG)矩阵、大战略矩阵等,其中 SWOT 分析法是较为常用的方法之一。

1. SWOT 分析方法

所谓 SWOT 分析,即基于内外部竞争环境和竞争条件下的态势分析,就是将与研究对象密切相关的各种主要内部优势、劣势和外部的机会和威胁等，通过调查列举出来，并依照矩阵形式排列，然后用系统分析的思想，把各种因素相互匹配起来加以分析，从中得出一系列相应的结论，而结论通常带有一定的决策性。

运用这种方法，可以对研究对象所处的情景进行全面、系统、准确的研究，从而根据研究结果制定相应的发展战略、计划以及对策等。

S(strengths)是优势、W(weaknesses)是劣势，O(opportunities)是机会、T(threats)是威胁。按照企业竞争战略的完整概念，战略应是一个企业"能够做的"(即组织的强项和弱项)和"可能做的"(即环境的机会和威胁)之间的有机组合。

2. 特点

SWOT 分析方法从某种意义上来说隶属于企业内部分析方法，即根据企业自身的条件进行分析。SWOT 分析有其形成的基础。著名的竞争战略专家迈克尔·波特提出的竞争理论从产业结构入手对一个企业"可能做的"方面进行了透彻的分析和说明，而能力学派管理学家则运用价值链解构企业的价值创造过程，注重对公司的资源和能力的分析。

SWOT 分析，就是在综合了前面两者的基础上，以资源学派学者为代表，将公司的内部分析(即 20 世纪 80 年代中期管理学界权威们所关注的研究取向)，与以能力学派为代表的产业竞争环境的外部分析(即更早期战略研究所关注的中心主题，以安德鲁斯与迈克尔·波特为代表)结合起来，形成了自己结构化的平衡系统分析体系。与其他的分析方法相比较，SWOT 分析从一开始就具有显著的结构化和系统性的特征。就结构化而言，首先在形式上，SWOT 分析法表现为构造 SWOT 结构矩阵，并对矩阵的不同区域赋予了不同分析意义。其次内容上，SWOT 分析法的主要理论基础也强调从结构分析入手对企业的外部环境和内部资源进行分析。

3. 分析方法

优劣势分析主要是着眼于企业自身的实力及其与竞争对手的比较，而机会和威胁分析将注意力放在外部环境的变化及对企业的可能影响上。在分析时，应把所有的内部因素(即优劣势)集中在一起，然后用外部的力量来对这些因素进行评估。

(1)机会与威胁分析(OT)

随着经济、社会、科技等诸多方面的迅速发展，特别是世界经济全球化、一体化过程的加快，全球信息网络的建立和消费需求的多样化，企业所处的环境更为开放和动荡。这种变化几乎对所有企业都产生了深刻的影响。正因为如此，环境分析成为一种日益重要的企业职能。

环境发展趋势分为两大类：一类表示环境威胁，另一类表示环境机会。环境威胁指的是环境中一种不利的发展趋势所形成的挑战，如果不采取果断的战略行为，这种不利趋势将导致公司的竞争地位受到削弱。环境机会就是对公司行为富有吸引力的领域，在这一领域中，该公司将拥有竞争优势。

对环境的分析也可以有不同的角度。比如，一种简明扼要的方法就是 PEST 分析，另外一种比较常见的方法就是波特的五力分析。

(2)优势与劣势分析(SW)

识别环境中有吸引力的机会是一回事，拥有在机会中成功所必需的竞争能力是另一回事。每个企业都要定期检查自己的优势与劣势，这可通过"企业经营管理检核表"的方式进行。企业或企业外的咨询机构都可利用这一格式检查企业的营销、财务、制造和组织能力。每一要素都要按照特强、稍强、中等、稍弱或特弱划分等级。

当两个企业处在同一市场或者说它们都有能力向同一顾客群体提供产品和服务时，如果其中一个企业有更高的赢利率或赢利潜力，那么，我们就认为这个企业比另外一个企业更具有竞争优势。换句话说，所谓竞争优势是指一个企业超越其竞争对手的能力，这种能力有助于实现企业的主要目标——赢利。但值得注意的是：竞争优势并不一定完全体现在较高的赢利率上，因为有时企业更希望增加市场份额，或者多奖励管理人员或雇员。

竞争优势可以指消费者眼中一个企业或它的产品有别于其竞争对手的任何优越的东西，它可以是产品线的宽度，产品的大小、质量、可靠性、适用性、风格和形象以及服务的及时、态度的热情等。虽然竞争优势实际上指的是一个企业比其竞争对手有较强的综合优势，但是明确企业究竟在哪一个方面具有优势更有意义，因为只有这样，才可以扬长避短，或者以实击虚。

由于企业是一个整体，而且竞争性优势来源十分广泛，所以，在做优劣势分析时必须从整个价值链的每个环节上，将企业与竞争对手做详细的对比。如产品是否新颖，制造工艺是否复杂，销售渠道是否畅通，以及价格是否具有竞争性等。如果一个企业在某一方面或几个方面的优势正是该行业企业应具备的关键成功要素，那么，该企业的综合竞争优势也许就强一些。需要指出的是，衡量一个企业及其产品是否具有竞争优势，只能站在现有潜在用户角度上，而不是站在企业的角度上。

企业在维持竞争优势过程中，必须深刻认识自身的资源和能力，采取适当的措施。因为一个企业一旦在某一方面具有了竞争优势，势必会吸引到竞争对手的注意。一般地说，企业经过一段时期的努力，建立起了某种竞争优势；然后就处于维持这种竞争优势的态势，竞争对手开始逐渐做出反应；最后，如果竞争对手直接进攻企业的优势所在，或采取其他更为有力的策略，就会使这种优势受到削弱。

4. 分析步骤

对企业发展中的优势（strengths）、劣势（weaknesses）、机会（opportunities）和威胁（threats）进行罗列分析，并按照一定的次序和矩阵形式排列起来，从控制或减弱不利因素影响、发挥自身优势出发，把各种因素相互匹配起来加以分析，进而得出一系列理论。优势、劣势主要是自身的实力和与竞争对手的比较，机会和威胁分析主要着眼于外部环境对企业的影响，从而将企业的战略与企业资源、外部环境有机结合。因此，明确企业的资源优势和缺陷，了解企业所面临的机会和挑战，对于制定企业未来发展战略有着至关重要的意义。

利用 SWOT 分析的主要步骤如下：

①对企业的内外部环境进行分析，罗列企业的优势和劣势、可能的机会和威胁。进行分析时不仅要考虑到企业的历史与现状，而且要考虑企业的未来发展。

②优势、劣势与机会、威胁相结合，组成相应的战略。这些策略包括 SO 战略（运用优势、利用机会的战略）、ST 战略（利用优势、避免威胁的战略）、WO 战略（克服劣势、利用机会的战略）和 WT 战略（使劣势降到最低和避免威胁的战略）。

③对 SO、ST、WO、WT 策略进行甄别和选择，确定企业目前应该采取的具体战略与策略。

某物流企业内外环境条件战略因素 SWOT 分析如表 3-6 所示。

表 3-6　某物流企业 SWOT 分析

优势(strengths)	劣势(weaknesses)
1.原有国际物流操作优势(也就是在国际物流的基础操作,如报关、清关、空运、海运、陆运、储存方面的操作优势) 2.物流成功案例与经验 3.全国领先的网络系统 4.强有力的集约化管理系统 5.与海关空运等系统的良好关系	1.与一些超大型企业比,在资产与资金方面有不小的差距 2.与海运、铁路相关联的大批量货物物流基础不强 3.国际网络不很强,有网点,但要建立全球性网络,独自开展全球性物流是远远不够的
机会(opportunities)	威胁(threats)
1.物流与电子商务高速增长 2.国内外大型企业需要高水平物流服务 3.加入 WTO 后跨国物流公司需要国内网络的配合	1.海陆空大运输企业与大商业公司大力扩展物流业务,正在稳步推进 2.加入 WTO 后跨国物流公司大量进入 3.国内大批"翻牌"物流企业涌现,在零部件领域形成恶性竞争,导致利润率不断下降

思考题

1.物流系统规划调研内容一般有哪几方面?

2.调研工作要经过哪几个阶段?

3.举例说明物流需求的空间特征和时间特征。

4.在物流需求预测中有何困难? 如何来提高预测的准确性?

5.派生性需求与独立需求有何区别?

6.物流需求预测主要有哪些预测方法?

7.表 3-7 包含了过去 10 个月来的物流需求数量。

表 3-7　10 个月的物流需求数量

月份	实际需求	月份	实际需求
1	29	6	35
2	32	7	39
3	30	8	41
4	34	9	40
5	36	10	43

(1)试用指数平滑法预测下一个月的物流需求量。设 $\alpha=0.3$,初始预测值为 29。

(2)试用带有需求趋势校正的指数平滑法预测下一个月的物流需求量。在这里,假设需求水平的平滑系数 $\alpha=0.3$,需求趋势的平滑系数 $\beta=0.3$,又令需求水平的初始预测值为 $S_2=28$,同时需求趋势的初始值 $T_2=1$。

(3)分别对上述两种预测方法的误差进行分析,并比较哪种方法更好。

8.你认为简单移动平均、加权移动平均、指数平滑法、线性回归分析这些预测方法中哪一种预测技术最为精确？为什么？

案 例

7-11 便利店的物流战略

7-11便利店是现今全球最大的零售网络商,被公认为世界便利店的楷模。7-11便利店取得的辉煌业绩,除了其先进的经营方式与独特的品牌营销外,支撑其快速发展的另一重要因素就是强大的后方物流支持系统。

作为全球最大的便利店企业之一,7-11便利店能取得今日的辉煌,与其物流体系构建的影响是分不开的。7-11便利店以区域集中化建店战略和信息灵活应用作为实现特许经营的基本策略之一,以综合考虑生产厂家、批发商、配送中心、总部、加盟店和消费者的整体结构为思考模式,发展成为一个不建立完全属于自己公司的物流和配送中心,而是凭着企业的知名度和经营实力,借用其他行业公司的物流、配送中心,采取集约配送、共同配送的方式,实现自己的特许经营战略。7-11便利店总部的战略经营目标是使7-11便利店所有加盟单店成为周围居民信赖的店铺。这里所说的忠诚度,是通过7-11便利店所特有的三个要素来实现的:首先,只有在7-11便利店能够买到的独特商品;其次,刚制作的新鲜商品;第三,零缺货,即令顾客永不失望的供货。7-11便利店为了确保实现忠诚度所需的三个要素的顺利施行,建立了先进、高效的物流系统,并确定了多个物流战略体系。

1.区域集中化战略

区域集中化战略是指在一定区域内相对集中地开出更多店铺,待这一区域的店铺达到一定数量后,再逐步扩展建店的地区。利用这种办法,不断增加建店地区内的连锁店数,以缩短商店间的距离,缩短每次配送行走的距离及时间,确保高效的运载量,从而形成提高物流效率的基础,使配送地区合理化、配送中心分散及中小规模化。

2.共同配送中心

由于特许经营企业的单店都由特许经营总部进行统一领导、授权、管理、培训,同时对各单店的经营进行协调,并作为信息中心为各单店提供后台支持,因此,建立由特许经营总部指导下进行管理的共同配送中心,为不同的特许经营单店进行集约配送与共同配送不但成为可能,更是特许经营便利店的一大优势。7-11便利店在建立其全球零售网络时正是利用了这种优势,几乎所有由7-11便利店总部制定的具体物流战略都必须依靠共同配送中心来实现。

7-11便利店按照不同的地区和商品群划分,组成共同配送中心,由该中心统一集货,再向各店铺配送。地域划分一般是在中心城市商圈附近35公里,其他地方市场为方圆60公里,各地区设立一个共同配送中心,以实现高频度、多品种、小单位配送。为每个单店有效率地供应商品是配送环节的工作重点。配送中心首先要从批发商或直接从制造商那里购进各种商品,然后按需求配送到每个单店。

7-11便利店的物流体系并非独自完成,而是由合作的生产商和经销商根据7-11便利店的网点扩张,根据其独特的业务流程与技术而量身打造的。根据7-11便利店与各生产商、批发商达成的协议,生产商和批发商对各自所在地区内的闲置土地、设施或运转率较低的设施,投资设立共同配送中心,由参加投资的公司共同经营。生产商和批发商将配送业务和管理权委托给共同配送中心,7-11便利店与参加共同经营的生产商、批发商密切协作,以地区集中建店和信息网络为基础,创造独自的系统。

3.不同温度带物流战略

7-11便利店目前已经实现了全球范围内的不同温度带物流配送体系,针对不同种类的商品设定了不同的配送温度,并使用与汽车生产厂家共同开发的专用运输车进行配送,如蔬菜的配送温度为5℃,牛奶为5℃,加工肉类为5℃,杂货、加工食品为常温,冷冻食品为－20℃,冰激凌为－20℃,盒饭、饭团等米饭类食品为20℃恒温配送。7-11便利店总部根据商品品质对温度的不同要求,一般情况下会建立三个配送中心系统,即冷冻配送中心系统、冷藏配送中心系统和常温商品配送中心系统。对于不同的配送中心系统,单店都会有不同的订货,这种做法也是为了尽可能地提高商品的新鲜度。

冷藏供货商运作方式有所不同,为保证商品新鲜度,配送中心没有库存,也不打印配送单据。由单店直接向供货商发送订货信息,然后由供货商打印送货单据,并根据订货信息安排生产。单店的订货原则同样也是每天上午10点结束。供货商会在当天下午4点前将货物与送货单据送至配送中心,接着配送中心再按不同单店的订货需求分装好货物并送至店铺。单店验收完货物后,再在配送单据上签字并盖章,配送过程结束。

案例讨论:

1.基于行业竞争,企业物流战略有哪三种基本类型? 依据三种基本物流战略方案的内涵,你认为7-11便利店主要采取的是哪两种类型的战略方案? 其主要意图是什么?

2.7-11便利店总部的战略经营目标是什么? 为实施其战略方案,7-11便利店采取了哪些措施与办法?

3.对7-11便利店的物流战略进行SWOT分析。

第4章 物流网络规划设计

本章要点

- 物流系统网络的含义与组成要素
- 物流网络基本形式
- 物流网络主要结构模式及其特点
- 物流网络各种结构模式的组织方式
- 物流网络规划设计原则与影响因素

4.1 物流系统网络的含义与组成要素

4.1.1 物流系统网络的含义

物流系统网络是物流系统的空间网络结构,是物流活动的载体。它是指货物从供应地到需求地的整个流通渠道的结构,包括物流节点的类型、数量与位置,节点所服务的相应客户群体,节点的连接方式以及货物在节点之间空间转移的运输方式等。

从图论的角度,可以把物流系统的网络结构抽象成由点与线以及它们之间相互关系所构成的因素。物流节点是物流系统网络中连接物流线路的连接点。

物流的过程,如果按其运动的程度即相对位移的大小来观察,又可看作是由多次的运动—停顿—运动—停顿所组成的。与这种运动形式相对应,物流系统网络结构也是由执行运动使命的各种运输方式和执行停顿的节点两种基本元素组成。各种运输方式与节点相互联系、相互匹配,通过不同的连接方式与结构组成,形成不同的物流系统网络。物流系统网络辐射能力的大小、功能的强弱、结构的合理与否直接取决于网络中这两个基本元素的匹配程度与方式。

4.1.2 物流系统网络的组成要素

物流系统网络主要由物流系统的节点与节点的连接方式(运输线路与运输方式选择)构成。在一个物流网络系统中,不同层级、不同类型的节点之间的连接必须通过运输有效地连接起来,这包括运输线路和运输方式的选择。物流节点与运输线路构成了物流网络的主要框架结构,在这基础上选择不同物流处理方式完成物流系统的功能要求,达到物流系统的目标。

1.运输方式

在物流系统网络规划与设计中通常综合运用如下几种运输方式:①铁路运输;②公路运输;③水路运输;④航空运输;⑤管道运输;⑥多式联运。

2.物流节点

(1)物流节点的概念

物流节点是指物流系统中货物从供应地到需求地的流动过程中经过停靠的地方,如制造商、供应商、零售商、物流企业的仓库、配送中心与物流中心,以及物流终点和起点等。物流系统中的所有活动都是在运输线路和物流节点上进行的,运输线路上所进行的运输活动是物流的主要功能要素,而物流功能要素中的其他要素,如仓储、配货、包装、装卸、分货、集货、流通加工等,则都是在物流节点上完成的。因此,物流节点是物流系统的重要组成部分,物流系统效率的发挥有赖于物流节点的位置和功能配置。在物流系统网络规划设计中,必须根据不同物流节点的功能和规模,来确定合适的物流节点配置,为物流网络功能的实现提供支撑。物流中心和配送中心是物流网络系统的重要节点。

(2)物流节点的功能

物流网络中物流节点对优化整个物流网络起着重要作用,现代物流中的物流节点不仅执行一般的物流职能,而且还越来越多地执行协调管理、调度和信息等职能。因此,根据节点在物流系统中的地位与层次作用不同,有时物流节点被称为物流中枢或物流枢纽等。

①物流处理功能。物流节点是物流系统的重要组成部分,是仓储保管、物流集疏、流通加工、配送、包装等物流活动的载体,是完成各种物流功能、提供物流服务的重要场所。

②衔接功能。物流节点不仅将各条运输线路连接成一个系统,使各运输线路通过物流节点形成相互贯通、错综复杂的物流网络,而且将各种物流活动有效地联系起来,使各种物流活动通过物流节点的整合实现无缝链接。物流节点的衔接效率将影响整个物流系统的效率。如沃尔玛成功地运用货物对接的衔接技术,不仅减少物流节点中的库存量,而且没有引起运输成本增高,从而提高了整个物流系统的效率与效益。

物流节点的衔接作用主要表现如下:

a.通过物流节点将不同运输方式或同一运输方式连接起来,通过多式联运,实现集疏运输与干线运输、干线运输与干线运输的衔接。

b.通过物流节点将运输、仓储、加工、搬运、包装等物流功能有效地联系起来,实现物流作业一体化。

③信息功能。物流节点是整个物流系统物流信息收集、处理和传播扩散的集中地。在现代物流系统中,每一个物流节点都是一个物流信息节点,若干个这种类型的信息点和物流信息中心结合起来,便形成了指挥、调控、管理、调度整个物流系统的信息网络。物流系统网络规划设计过程其实也是物流信息系统网络规划设计的过程。

④管理功能。物流系统中的管理设施和机构基本集中设置于物流节点之中,从现代物流系统的观点来看,物流节点是集管理、调度、信息和物流处理为一体的物流综合设施。整个物流系统的运转是否有序化、合理化和效率化都取决于物流节点的管理水平。网络规划也是物流组织结构与管理方式的规划。

(3)物流节点的种类

在物流系统发展过程中产生了若干类型的物流节点,它们在物流活动中起着不同的作用。按不同的功能物流节点主要可分为以下三类。需要说明的是,在这里对物流节点的分类主要以物流节点的主要功能来进行分类,这并不意味着这些物流节点除了承担其主要功能以外不能承担其他物流功能。例如,转运型物流节点也可具有储存功能,只是转运是其主要功能。

①转运型物流节点。转运型物流节点是以连接不同运输方式或相同运输方式为主要功能的物流节点,是处于运输线路上的中转节点,如铁路货站(或货场)和编组站、水运港口码头、航空港和公路货站等。一般来说,由于转运型物流节点处于运输线路上,以转换不同运输方式或同一运输方式为主,所以货物在这种节点上的停留时间较短。随着物流服务的快速、准时、低成本的发展,转运型物流节点已成为物流服务目标实现与否的关键因素。转运型物流节点具备搬运、装卸、存储、配载以及一定的流通加工和信息服务功能,在这个意义上,它同物流中心、配送中心有一定的共性,但其主要功能体现在交换运输上。因为物流系统的运作是以综合运输体系为依托的,而多种交通方式之间的转换往往是在转运型物流节点中进行的。转运型物流节点主要有以下几种。

a.公路货运站。公路货运站是公路运输线上衔接公路运输进行中转换载的设施。

b.铁路货运站。铁路货运站是铁路运输上衔接两段或多段铁路线进行铁路运输货物中转或换载的设施。

c.公铁联运站。公铁联运站是衔接公路、铁路两种不同运输方式的中转点。这种中转站一般有两种中转方式:汽车实行集货,由铁路完成大量运输;铁路运输到站后,由汽车完成小批量配送。

d.港口。港口是衔接两种水路运输方式或同一种水路运输方式,对水运货物进行重组的转运站,有海运-内河航运中转运输、海运-海运中转运输及内河航运-内河航运中转运输三种转运方式。其实现方法有三种:利用码头卸货、重组再重新装船,实现转运;在港湾中两船直接靠接转运;利用港湾船从一船卸货再装至另一船或另几船转运。

e.水陆联运站。水陆联运站是衔接水运及陆运的转运站。货物转运通过码头进行装卸和货物重组,实现陆运与水运的转换。水陆联运站也是港口的另一种衔接形式。

f.空运转运站。空运转运站是衔接两种空中航线或衔接空运与其他运输方式的转运站,以后者为主要形式,一般称为空港。

g.综合转运站。综合转运站是衔接两种以上运输方式,且结构复杂、功能完善的转运站。

②储存型物流节点。储存型物流节点是以存放货物为主要职能的物流节点,货物在这种节点停滞时间较长。在物流系统中,储备仓库、营业仓库、货栈等都是属于这种类型的节点。

尽管不少发达国家仓库职能发生了很大的变化,一大部分仓库转化成不以储备为主要职能的流通仓库甚至流通中心。但是任何一个国家,为了保证社会经济的正常运行,保证企业经营的正常开展,保证市场的流转,仓库的储备职能仍将长期存在。

仓库可按照不同的分类方法进行分类。

A.按照仓库的使用对象和权限分类,可分为以下几种类型:

a.自有仓库。自有仓库是附属于各类企业的,为了储存企业自有物资(如:原料、半成品、成品)而建设的仓库。

b.营业仓库。营业仓库是社会化的一种仓库,面向社会,以经营为手段,以营利为目的。

c.公共仓库。公共仓库是为公用事业配套服务的仓库,如铁路站库、港口站库等。

B.按照仓库结构和构造分类,可分为以下几种类型:

a.平房仓库。平房仓库是有效高度一般不超过5~6米的单层仓库。

b.楼房仓库(楼库)。楼房仓库的各层间依靠垂直运输机械联系。

c.高层货架仓库。高层货架仓库也称立体仓库、自动化仓库或无人仓库,内部设施层数很多,自动化程度较高,存货能力较强,主要使用电脑控制,用自动化的装卸设备运转,货物自动进出仓库,实现仓库运作的机械化与自动化。

d.罐式仓库。罐式仓库是以各种罐体为储存库的大型容器型仓库,如球罐库、柱罐库等。

e.散装仓库。散装仓库是指专门用来保管散粒状或粉状物资(如谷物、饲料、水泥等)的容器式仓库。

C.按照仓库的技术处理方式和保管方式分类,可分为以下几种类型:

a.普通仓库。普通仓库一般指常温保管、自然通风、无特殊功能的仓库。

b.冷藏仓库。冷藏仓库是指有制冷设备,并有良好的保温隔热性能以保持较低温度(从−20℃以下至10℃之间分四个等级)的仓库。

c.恒温仓库。恒温仓库是指具有保持一定温度和湿度功能的仓库。

e.危险品仓库。危险品仓库是指能保管危险品并能对危险品起一定防护作用的仓库。

③流通型物流节点。流通型物流节点是以组织物流快速流转为主要职能的物流节点。

A.流通型仓库。流通型仓库是指除了储存功能以外,还具有更强的组织货物流通能力的仓库。它和一般仓库的主要不同之处在于:

a.仓库的位置不同。普通仓库往往位于地价较低的偏远地区,而流通型仓库则为了实现货物的快速流转,往往选址于交通条件较好的地区。

b.仓库相对的吞吐能力不同。普通仓库中货物往往长期存放,周转速度较慢,而流通型仓库中货物的周转速度较快,货物相对停滞的时间较短。

c.仓库内部构造及机械装备不同。普通仓库内部规划是以存货场地为主,作业机械较少,而流通型仓库中进出货物及理货工作所占面积相对较大,库内机械设备数量较多,运行频率高,通道面积比例大。

B.集货中心。集货中心是将一定范围内分散的、小批量的,但总数量较大的货物集中起来,以便进行大批量处理或大批量运输的物流节点。

C.分货中心。分货中心是将集中到达的大批量货物进行处理,以满足小批量、多频次物流需求的场所。

D.加工中心。顾名思义,加工中心的主要职能是进行流通加工。这类物流节点一般集加工工厂和仓库的两种职能于一身,将商品的加工业务和仓储业务结合在一起。

E.配送中心。配送中心是一类以组织配送性销售或供应、执行实物配送为主要职能的物流节点。其业务范围包括拣选、配货、检验、分类等作业,并具有多品种、小批量、多批次等收货配送功能以及附加标签、重新包装等流通加工功能。由于其能实现货物的迅速配送,因而日益受到人们的重视,在物流系统中占据重要地位。

F.物流中心。物流中心通常是指综合性的物流场所,它既具备配送中心的功能,又具有货物运输中转的功能。

G.物流园区。物流园区是指多个物流(配送)中心在空间上集中布局的场所,或指社会中各类物流企业共同使用的物流空间场所,是具有较大规模和综合物流服务功能的物流集节点,是社会化的公共园区,是多种运输方式汇集、物流产业积聚发展的大型物流转运枢纽。

4.2　物流网络结构模式

4.2.1　物流网络基本形式

不同的物流系统因功能目标不同,需要有不同的物流网络结构。但综合来看,将货物从供应地运送到需求地的连接形式一般都可采用三种基本的物流网络形式:一种是直送模式,一种是经过物流枢纽节点中转模式,还有一种是回路运输模式,而物流网络的其他形式都可看作这三种基本形式的混合或变形。物流网络的三种典型结构如图4-1所示。

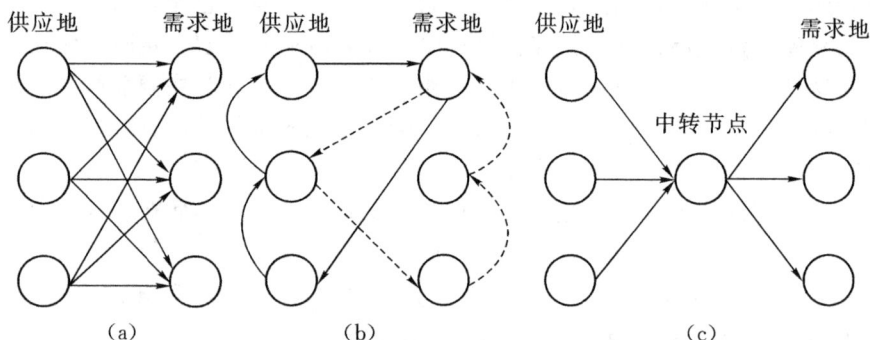

图4-1　物流网络的三种典型结构

图4-1中,(a)为物流直送模式示意图,即一个或多个供应地直送到一个或多个需求地。(b)为回路运输模式示意图,即从一个供应地提取的货物连续运送到多个需求地,或从多个供应地连续收集货物后送至一个需求地。这种运送的线路是一种旅行商问题(TSP)的线路结构,也称为"送奶路线"(milk run)网络结构。(c)是多个供应地通过物流枢纽节点处理后配送到多个需求地的示意图。图中只是一般形式,多个供应地可以用直送方式运到物流枢纽节点,也可用"送奶路线"方式集货到物流枢纽节点,同样配送也是如此,这种物流网络形式是一种可以普遍应用于经济活动的集运物流模式。

4.2.2　直送网络结构模式

在直送网络结构中,所有货物都直接从供应地运达货物需求地。每一次运输的线路是指定的,管理人员只需决定运输的数量并选择运输方式。要进行这样的决策,物流管理人员必须在运输费用和库存费用之间进行权衡。

直送网络的主要优势在于环节少,无须中转节点,可减少物流枢纽节点的建设运营成本,而且在操作和协调上简单易行,效率可能比较高。由于这种运输的规划是局部的,一次运输决策不影响别的货物的运输。同时,由于每次货物的运输都是直接的,因此,总的来说,从供应地到需求地的运输时间较短。

如果需求地的需求足够大,每次运输的规模都与整车的最大装载量相接近,那么,直送网络还是行之有效的。但如果各个需求地的运输需求量过小,没有达到满载的话,则直送网络的成本会过高。

随着物流系统业务范围扩大，"一对一"的直送方式将变成"多对多"的直送方式，这种直送方式的效率将大幅下降，从而无法满足业务增长的需要。另外，"一对一"或者"多对多"直送方式辐射的范围非常有限，区域物流系统根本无法使用这种方式。

4.2.3　利用"送奶路线"的直送网络结构模式

这种网络结构模式是通过一辆卡车（或其他运输工具）把一个供应地的货物直接向多个需求地运送，或者由一辆卡车从多个供应地装载一个需求地的货物，再直接运送。一旦选择这种物流网络模式，管理者就必须对每条"送奶路线"进行规划，如图 4-2 所示。

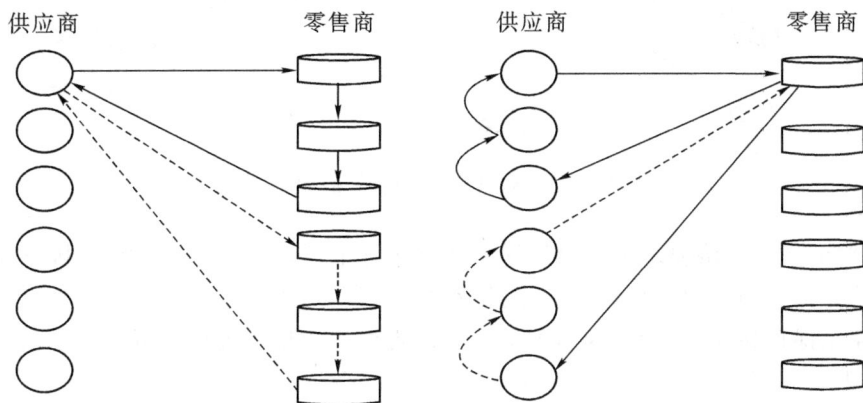

图 4-2　利用"送奶路线"的直送网络结构模式

直接运送具有无须中转仓库的好处，而"送奶路线"通过多个供应商或零售商的货物装载在一辆卡车上的联合运输降低了运输成本。例如，由于每家零售店的库存补给规模较小，这就要求使用非满载方式进行直接运送，而"送奶路线"使多家零售店的货物运送可以装载于同一辆卡车上进行，从而更好地利用车辆的装载能力，降低了运输成本。如果有规律地进行经常性、小规模的运送，而且多个供应商或零售店在空间上非常接近，"送奶路线"的使用将显著地降低成本。如丰田公司利用"送奶路线"运输来维持其在美国和日本的 JIT 制造系统。在日本，丰田公司的许多装配厂在空间上很接近，因而可以使用"送奶路线"从单个供应商运送零配件到多个工厂。而在美国，丰田公司利用"送奶路线"将多个供应商的零配件运往位于肯塔基州的一家汽车装配厂。

4.2.4　通过配送中心中转的物流网络模式

在这种物流网络结构模式中，供应地的货物不是直接运送到需求地，而是先运到配送中心中转后，再运到需求地。如在零售供应物流网络中，可依据零售店的空间位置将零售店划分成几个区域，并在每个区域建立一个配送中心。供应商将货物送至相应的配送中心，然后由中心进行分拣后选择合适的运输方式，再将货物送到零售店，如图 4-3 所示。

这种物流网络模式的核心集中表现在：收集（collection）、交换（exchange）和发送（delivery），简称 CED 模式。配送中心是供应地与需求地之间运输的中间环节，它发挥两种不同的作用：一方面进行货物库存保管与分拣，另一方面则起着各种运输方式转换与货物交换的作用。利用这些特点，配送中心有利于降低整个物流网络的成本耗费。

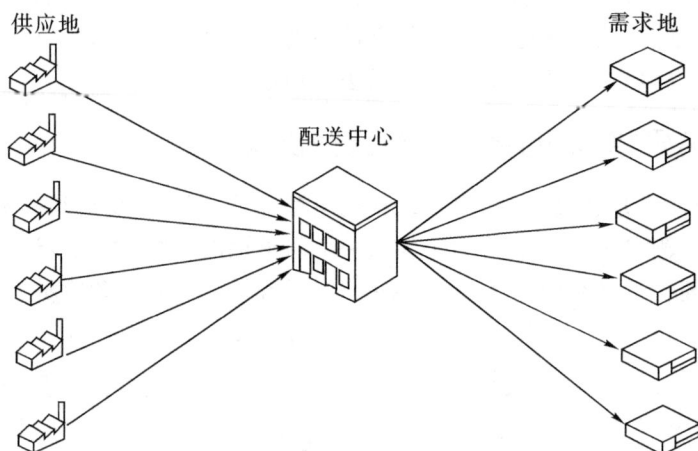

图 4-3 通过配送中心的运送模式

如果运输的规模经济要求大批量地进货而需求地的需求量又偏少，那么，配送中心就保有这些库存，并为需求地的库存更新进行小批量送货。例如，沃尔玛商店在从海外供应商处进货的同时，把商品保存在配送中心，因为配送中心的批量进货规模远比附近的沃尔玛零售店的进货规模来得大。

如果需求地对某一供应地的产品需求规模大到足以获取进货的规模经济效益，这样配送中心就没有必要为需求地保有库存了。在这种情形下，配送中心把进货分拣成运送到每一个需求地的较小份额，并与来自不同供应地的产品进行对接。这种方式称为对接仓储或货物对接（cross-docking）。当配送中心进行货物对接时，每一辆进货卡车上装有来自同一个供应地并将运送到多个需求地的货物，而每一辆送货卡车上则装有来自不同供应地并将被运送至同一个需求地的货物。

货物对接的主要优势在于无须库存，并加快了物流网络中产品的流通速度。货物对接也减少了物流处理成本，这是因为它不需要从仓库中搬进搬出，但成功的货物对换常常需要高度的协调和进出货物的节奏高度一致。货物对换适用于大规模的可预测商品，要求建立配送中心，以便在进、出货物两个方面的运输都能获得规模经济。

沃尔玛已成功地运用货物对接，减少了物流网络中在途库存量，而且也没有引起运输成本增高。沃尔玛在某一区域内建立许多由一个配送中心支持的商店，因此，在进货方面，所有商店从供应商处的进货能装满卡车并获得规模经济；同样，在送货方面，为了获取规模经济，他们把从不同供应商运往同一零售店的货物装在一辆卡车中。

4.2.5 通过配送中心使用"送奶路线"配送与集货的物流网络模式

以配送为例，如果每个需求地的要货规模较小，配送中心就要使用"送奶路线"向需求地送货。"送奶路线"通过拼装小批量运送量来减少送货成本，如图 4-4 所示。

例如，日本的 7-11 公司将来自新鲜食品供应商的货物在配送中心进行货物对接，并通过"送奶路线"向连锁商店送货。因为单个商店向所有供应商的进货还不足以装满一辆卡车，货物对接和"送奶路线"的使用使该公司在向每一家连锁店提供库存商品时降低了成本。同时使

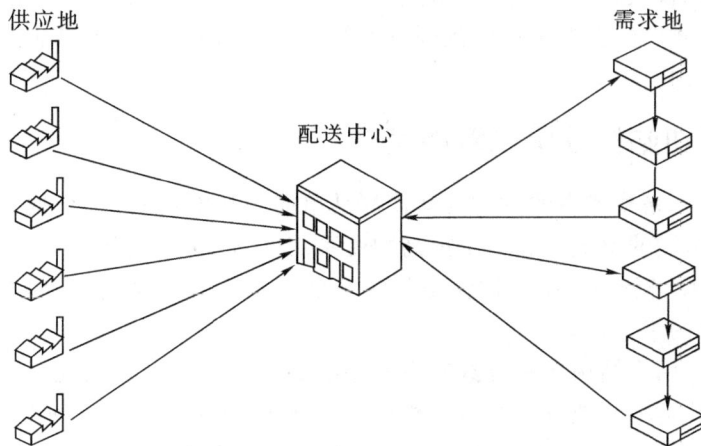

图 4 - 4　配送中心使用"送奶路线"配送的物流网络

用货物对接和送奶路线要求高度的协调以及对配送线路的合理规划与安排。

在 B2C 网上交易中,像京东、苏宁这样的网上商店在向客户送货时,也是从配送中心使用"送奶路线"送货,以便减少小规模的送货上门的运输成本。

4.2.6　多枢纽节点的 LD - CED 网络模式

这种网络模式是由通过配送中心中转的物流网络模式演变而来的一种网络模式,即采用"物流中心＋配送中心"的模式,也就是"Logistics Center＋Distribution Center"(简称 LD)。

在这种物流网络结构中存在两类枢纽节点,即物流中心与配送中心。物流中心更多地侧重于为上游供应厂商方面提供服务与货物中转业务,而配送中心则更多地侧重于为下游客户提供服务。物流中心和配送中心不但是物流活动的核心,而且大量的物流也汇集到核心节点,并进行进一步的有效传递,这种网络模式如图 4 - 5 所示。

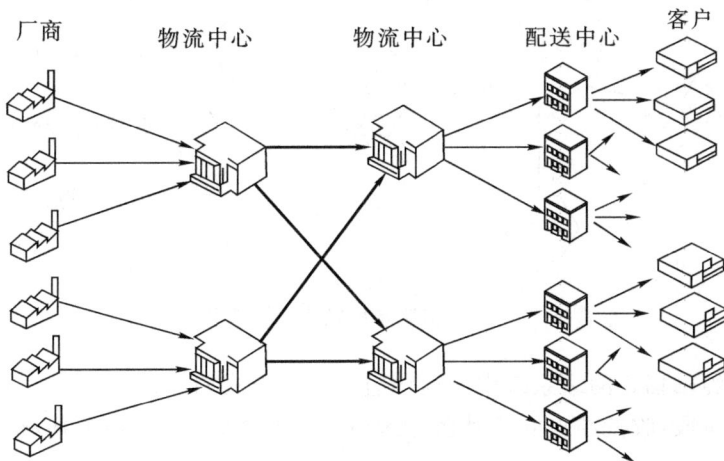

图 4 - 5　多枢纽节点的 LD - CED 网络

LD-CED 网络模式通过多级枢纽节点进行货物运送,实现物流规模化处理,降低物流总成本。这种网络模式广泛存在于一些范围较大的经济区域内,一些大型企业的销售网络也是通过这种模式实现的。

4.2.7 单一枢纽站纯轴辐式网络模式

上述各种物流网络模式中的货物的运输都是单向的运输,即从一个地方运送到另一个地方,而没考虑车辆返回的空载率。为了提高物流系统的效率,必须建立一种双向运输的网络。hub-and-spoke(轮辐、辐条)网络结构就是其中一个有名的网络模式,这种网络结构也称为轴辐式或中枢辐射式网络结构。

hub-and-spoke 网络结构是一类具有规模经济的重要网络。它是通过中转进行双向运输的网络结构,是干线运输与地方支线运输相结合的网络,这是相对于点到点直运网络结构的一个概念。这类网络在实际工作中有广泛应用,如航空运输管理、第三方物流运输管理、邮政包裹业务、供应链管理等,另外还可应用于通信网络的信息传输。

这类网络由一些节点组成,每对节点之间双向都具有一定运输量,形成两条 OD 流(origin-destination,即从起点到终点的运输流),网络规划问题是如何选择中枢节点,使得每条 OD 流通过一个或两个枢纽节点(hub)后到达目的地。由于中枢节点之间干线运输的规模效应,虽然运输距离与运输时间有所增加,但总的运输成本下降了。

单一枢纽站纯轴辐式网络由若干站点(depots)和一个枢纽站点组成。其中这些站点覆盖了由相关集货和递送点所组成的区域;同时,这些站点又与枢纽站点或转运中心相连。站与站之间的物流货物必须通过站点到转运中心再到站点的运输实现。单一枢纽站纯轴辐式网络结构模式如图 4-6 所示。

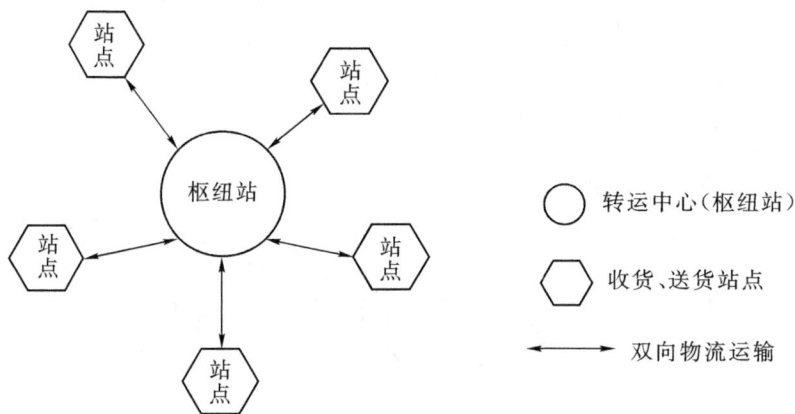

图 4-6 单一枢纽站纯轴辐式网络结构模式

单一枢纽站纯轴辐式网络系统中的运输组织工作方式如下:

第一个运输阶段:收货站点收集其服务区内货主的货物(这一过程简称集货)并把货物运送到相应的站点。

第二个运输阶段:不同的站点将收集的目的地不是本站服务区的货物选择合适的运输方式运到转运中心转运。

第三个运输阶段：将来自于不同站点的货物按照去向的不同在转运中心进行分类组合。在工作时间内，选择合适的运输方式将货物运送至相应的送货站点。

第四个运输阶段：送货站点把货物递送至收货客户，从而完成整个货物的运输过程。一般来讲，集货与递送货物的工作往往合二为一，收货站点与送货站点也合二为一。

在这样的网络系统中，货物的整个移动过程可分成两个部分，即干线运输和本地运输（包括集货和递送）。具体内容如下：

①干线运输通常是在送货站点与转运功能的枢纽站间和枢纽站与收货站点间的长途运输，一般采用大运量运输方式（公路运输使用的车辆一般也是大型卡车）。

②本地运输则在收货站点或送货站点的服务覆盖区域内采用小型车辆的短途公路（城市道路）运输方式来实现。

具体的组织方式如图 4-7 所示。

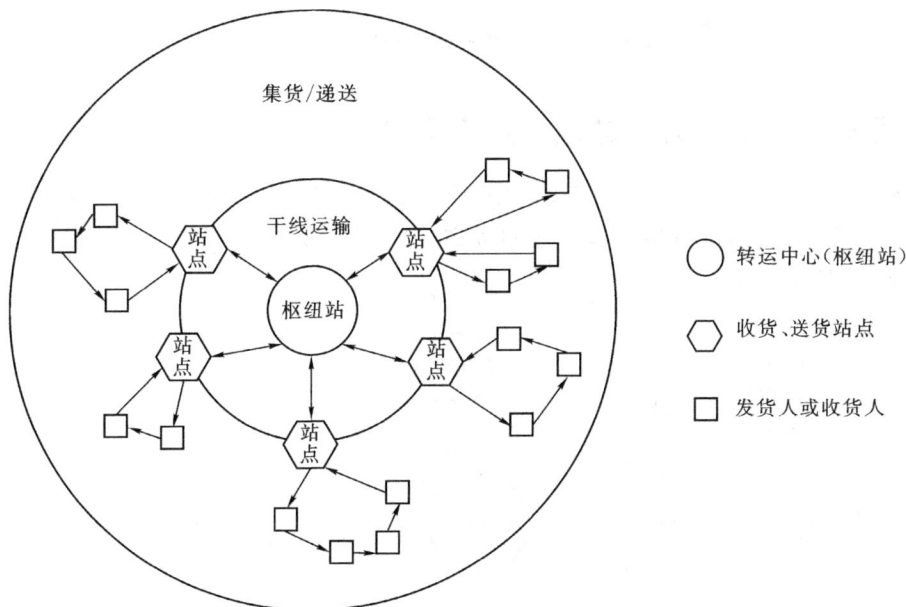

图 4-7　单一枢纽站纯轴辐式网络货物组织方式

从图 4-7 中可以看出，单一枢纽站纯轴辐式网络像一个车轮的轮辐，因此，把这种网络命名为 hub-and-spoke 网。单一枢纽站纯轴辐式网络的网络辐射能力较弱，辐射范围小，一般适用于区域性运输服务网络。

4.2.8　单一枢纽站复合轴辐式网络模式

在单一枢纽站复合轴辐式网络模式中，货物的运输也可以直接由发送点运至收货站点，而不通过转运中心或枢纽站的转运，特别是当发送到收货站点的货物是整车时。这种网络可以有效地缩短运输时间，降低运输成本。单一枢纽站复合轴辐式网络模式如图 4-8 所示。

单一枢纽站复合轴辐式网络是纯轴辐式网络的扩展。复合轴辐式网络与纯轴辐式网络在服务能力、服务范围上基本相同，也同样适用于区域性运输服务网络。但复合轴辐式网络在构成和运输组织上,与纯轴辐式网络存在较大的差异,其运输组织更加复杂灵活。

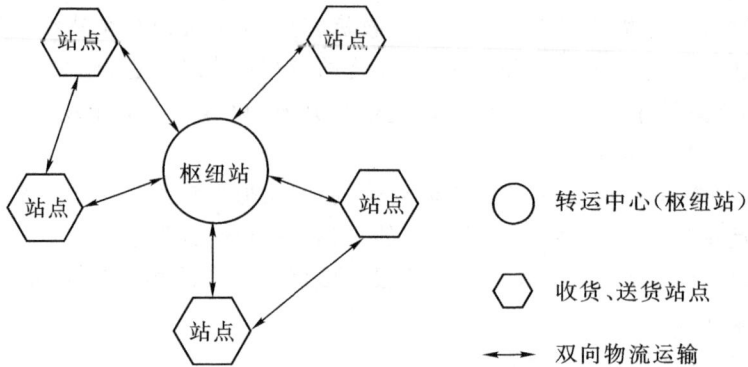

图 4-8 单一枢纽站复合轴辐式网络模式

4.2.9 多枢纽站单一分派轴辐式网络模式

在多枢纽站单一分派轴辐式网络模式中,收、发货站点与纯轴辐式网络一样,必须唯一地与其中一个枢纽站连接,所有出发和到达的货物,也必须在其所对应的枢纽站进行处理。网络结构如图 4-9 所示。

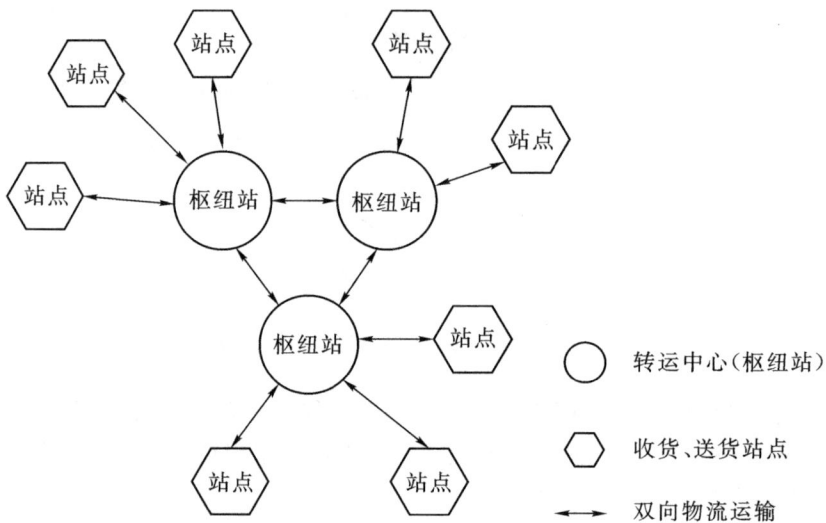

图 4-9 多枢纽站单一分派轴辐式网络结构模式

多枢纽站单一分派轴辐式网络系统中的货物流转的组织方式如下:

第一个运输阶段:收货站点收集其服务区内货主的货物,并把货物运送到相应的站点。这是集货过程。

第二个运输阶段:不同的站点将收集的目的地不是本站服务区的货物选择合适的运输方式运到相对应的唯一分派的枢纽站。

　　第三个运输阶段:将来自于不同站点(本服务区域内)和其他枢纽站的货物按照去向的不同在枢纽站进行分类组合。如果货物是其他枢纽站服务区域内的,则选择合适的运输方式将其在枢纽站间转运。

　　第四个运输阶段:对本枢纽站服务区域内的货物,也选择合适的运输方式将其运送至相应的送货站点。

　　第五个运输阶段:送货站点把货物递送至收货客户,从而完成整个货物的运输过程。一般来讲,集货与递送货物的工作往往合二为一,收货站点与送货站点也合二为一。

　　在这种物流网络模式下,货物的整个移动过程可以划分为主要干线运输、干线运输和本地运输(包括集货与递送)。

　　①主要干线运输:在枢纽站与枢纽站间的长途运输,一般采用大运量运输方式。

　　②干线运输:在收货站点与枢纽站间和枢纽站与送货站点间的长途运输,一般采用较大运量运输方式。

　　③本地运输:在收货站点或送货站点服务区域内采用小型车辆的短途公路(或城市道路)运输来实现。

　　多枢纽站单一分派轴辐式网络系统的具体组织方式如图 4 - 10 所示。

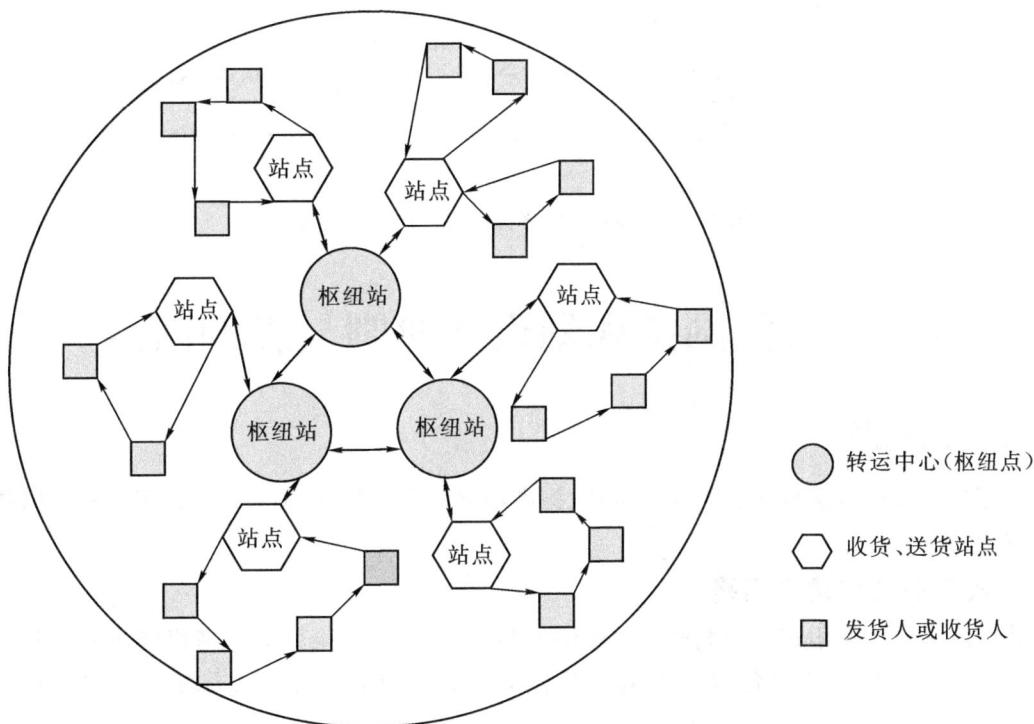

图 4 - 10　多枢纽站单一分派轴辐式网络的物流组织方式

　　多枢纽站单一分派轴辐式网络的网络辐射能力强,辐射范围广,适用于跨区域多式联运运输服务网络。

4.2.10 多枢纽站多分派轴辐式网络模式

多枢纽站多分派轴辐式网络模式允许收货站点或发货站点与多个枢纽站相连,收、发货站点可以根据实际情况(如枢纽站拥挤、交货期要求)选择与其连接的枢纽站,从而提高整个网络的转运效率,缩短运输时间,降低物流成本。当然,收发货站点的这种选择也要从全局出发来进行规划与设计。多枢纽站多分派轴辐式网络模式如图 4 - 11 所示。

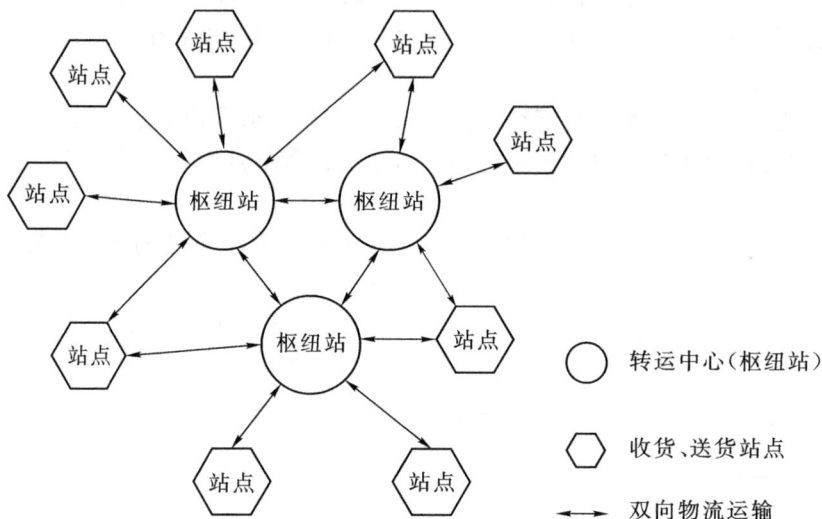

图 4 - 11 多枢纽站多分派轴辐式网络模式

4.3 物流网络规划设计原则与影响因素

4.3.1 设计原则

为了达到物流网络系统节约社会资源、提高物流效率的目标,在进行物流网络构建时要遵循一些原则。

1.按经济区域建立网络

物流网络系统的构建必须既要考虑经济效益,也要考虑社会效益。考虑经济效益就是要通过建立物流网络降低综合物流成本。考虑社会效益是指物流网络系统要有利于资源的节约。

在一个经济区域内,各个地区或企业之间经济上的关联性和互补性往往会比较大,经济活动比较频繁,物流规模总量较大,物流成本占整个经济成本的比重大,物流改善潜力巨大。因此,在经济关联性较大的经济区域建立物流网络非常必要,要从整个经济区域的发展来考虑构建区域物流网络。

2.以城市为中心布局网络

作为厂商和客户的集聚点,其基础节点建设和相关配套支持比较完备,可以作为物流网络布局的重点,可有效地发挥节省投资和提高效益的作用。因此,在宏观上进行物流网络布局时,要考虑物流网络覆盖经济区域的城市,把它们作为重要的物流节点;在微观上进行物流网络布局时,要考虑把中心城市作为依托,充分发挥中心城市现有的物流功能。

3.以厂商集聚形成网络

集聚经济是现代经济发展的重要特征,厂商集聚不仅能降低运营成本,而且将形成巨大的物流市场。物流作为一种实体经济活动,显然与商流存在明显区别。物流活动对地域、基础节点等依赖性很强,因此,很多企业把其生产基地设立在物流网络的中心。在进行物流网络构建时,需要在厂商物流集聚地形成物流网络的重点节点。

4.建设信息化的物流网络

物流信息系统是物流网络的一个重要组成部分,它发挥着非常重要的作用。物流网络的要素不仅是指物流中心、仓库、公路、铁路等有形的硬件,因为这些硬件只是保证物流活动能够实现,而不能保证高效率。物流信息系统通过物流网络信息平台的搭建,物流信息的及时共享,以及对物流活动的实时控制,能够大大提高物流网络的整体效率。

4.3.2　影响因素

影响物流网络规划与设计的因素很多,这些因素在具体设计中的重要性也不同。以下为物流网络规划中通常需要重点考虑的因素:

①产品数量、种类;

②供应地和需求地客户的地理分布;

③第一区域的顾客对每种产品的需求量;

④运输成本;

⑤运输时间、订货周期、订单满足率;

⑥仓储成本;

⑦采购或制造成本;

⑧产品的运输批量;

⑨物流节点的成本;

⑩订单的频率、批量、季节波动;

⑪订单处理成本与发生这些成本的物流环节;

⑫顾客服务水平;

⑬在服务能力限制范围内设备和设施的可用性。

针对物流网络规划和设计的具体目标与要求,实践中需要对以上指标作出权衡与取舍。

思考题

1.现代物流系统中,物流节点的主要功能有哪些?

2.简述物流系统网络的组成要素。

3.分析储存型物流节点与流通型物流节点的不同之处。

4.物流网络的基本形式有哪些？它们有何特点？

5.什么是轴辐式网络系统？

6.多枢纽站单一分派轴辐式网络系统是如何工作的？

7.LD-CED网络模式有何特点？

8.某企业主要经营湖南省内公路零担货物运输业务，现已开通长沙、湘潭、邵阳、怀化、衡阳、永州6个城市网点(见图4-12)，都是采取直送模式，即任意两个城市之间通过直接运输完成，有20吨、30吨、50吨两种车型(其中30吨和50吨车容许超载10%)。现公司要对网络进行优化，采取轴辐式网络，并设立枢纽节点。物流量大小和网点间距离如表4-1所示，请完成以下任务：

表4-1 物流量与距离

物流量/距离	长沙	湘潭	邵阳	怀化	衡阳	永州
长沙		19/44	16/215	13/390	25/190	15/314
湘潭			8/201	5/376	12/131	9/265
邵阳				7/216	13/128	6/107
怀化					8/343	8/309
衡阳						11/136
永州						

注：表中第一个数字表示物流量(单位：吨)，第二个数字表示距离(单位：公里)，假设双向物流量相等。

图4-12 地理位置图

(1)统计现有网络所需的货车使用量、每天货车班次、货车平均有效载荷率、货车行驶里

程、营运成本(20 吨车 0.7/吨公里,30 吨车 0.5/吨公里,50 吨车 0.35/吨公里);

(2)在 6 个城市中设置枢纽节点,重新规划线路;

(3)对现有模式和新的轴辐式网络进行比较。

案　例

FedEx 的营运网络规划

Federal Express(美国联邦快递)隶属于运输业泰斗 FedEx Corporation,是集团快递运输业务的中坚力量,公司总部位于美国田纳西州孟菲斯(Memphis),其业务范围所覆盖的区域生产总值占全球的 90% 以上。现在,FedEx 的整合式全球网络拥有超过 14 万名员工、4 万多个送货地点、677 架货机以及 4.4 万辆专用货车。FedEx 无可比拟的航空路线权以及坚固的基础设备,使其成为全球最具规模的快递运输公司。

联邦快递设有环球航空及陆运网络,在每一个工作日,FedEx 为全球超过 220 个国家及地区提供快捷、可靠的快递服务,每天处理多达 330 万件包裹,运送时间通常只要 1~3 个工作日,能迅速运送时限紧迫的货车,而且确保准时送达,并且还能于隔日送抵美国国内上千个递送地点。联邦快递在全球拥有超过 4 万个客户服务站,及时地为客户提供服务,以策略性争取时效,获取市场上的竞争优势。

FedEx 能做到这些,与它采用的运营模式有着密切的联系。以公司在美国西部的运营网络为例,早期的运营网络如图 4-13 所示。即不管运载量大小、运输里程长短,货物一律运送到总站孟菲斯。

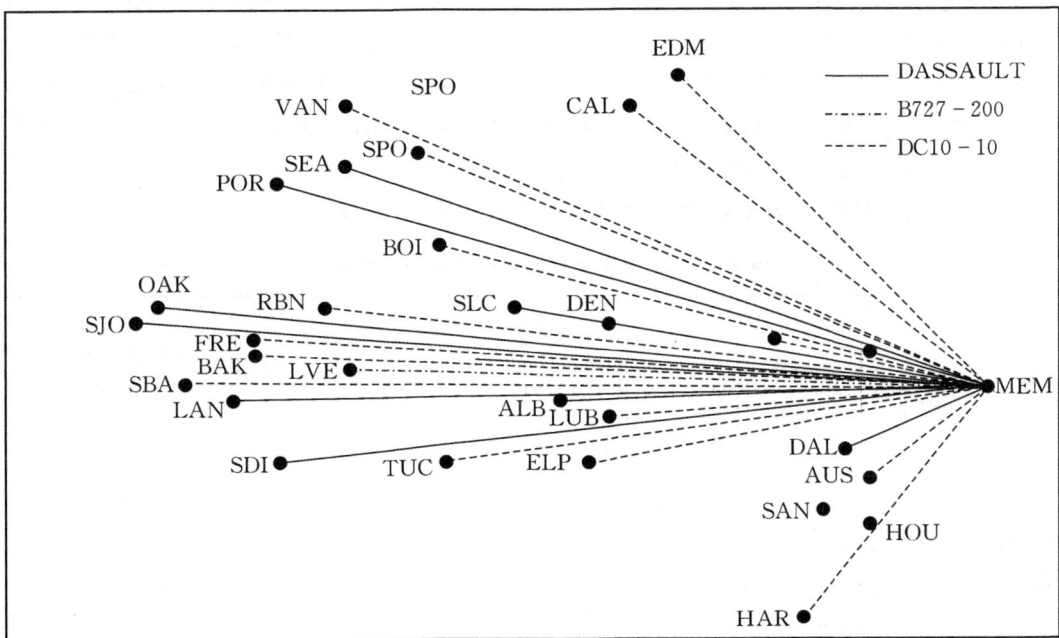

图 4-13　Fedex 早期的运营网络

FedEx 通过对运输量、经济效益、时间约束以及运输距离长度等因素的考虑,来优化经营网络,实现了一种带有中途转机(stopover)和地方航线(feeder)的 hub-and-spoke 型结构运营

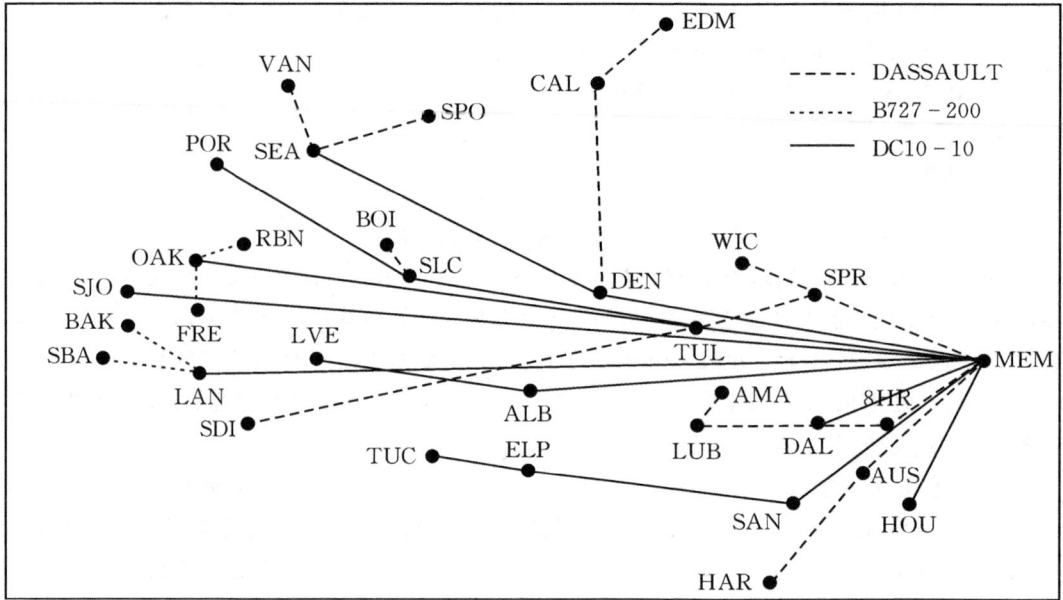

图 4-14 Fedex 调整后的新运营网络

模式,如图 4-14 所示。在这种网络中,大多数航线都会在中途作多数停留,而且大量地使用地方支线,运输量小的城市通过小型飞机将货物汇总到交通便利、运输量大的城市,再由大型飞机将货物送到总部 Memphis。从图 4-14 中可见,在 Las Vegas-Albuquerque-Memphis(拉斯维加斯 LVE—阿尔伯克基 ALB—孟菲斯 MEM)航线中使用中途转机的方式使得在运输量增大的同时,减少了飞行航班次数,既节省了飞机的成本,又节省了燃料以及人工费用。另外,在 Vancouver-Seattle(温哥华 VAN—西雅图 SEA)和 Spokane-Seattle(斯玻坎 SPO—西雅图 SEA)航线中使用地方支线,同时在短途航线中采用小型飞机,而在大运输量的长途航线中采用大型飞机,使得运输量小的城市被经济地连接起来。

FedEx 早期的运营网络与调整后的新运营网络对比情况如表 4-2 所示。

表 4-2 早期运营网络与新的运营网络对比

特征		日期模式	新的模式	后者对于前者的节约使用率
飞机的使用量	Dassault	19	12	63.16%
	B727-200	13	9	69.23%
	DC10-10	1	1	100.00%
	总计	33	22	66.67%
每日抵达 Memphis 的航班数		33	12	36.36%
每班次日载重量[吨/(天·班次)]		16	29	182.64%
抵达 Memphis 航班的平均有效载荷率		43.7	59.9	137.07%
飞行里数	Dassault	22494	4573	20.33%
	B727-200	14858	12767	85.93%
	DC10-10	1604	1604	100.00%
	总计	38956	18944	48.63%

特征		日期模式	新的模式	后者对于前者的 节约使用率
营运成本 （美元/天）	航线运输	69668	55294	79.37%
	固定成本	137672	89963	65.35%
	总计	207340	145257	70.06%

从表 4-2 的对比中可看出，采用带有中途转机和地方航线的 hub-and-spoke 型结构运营模式，使得所需的飞机架数减少了近 1/3，而且还减少了每日抵达孟菲斯的航班数，使得航线拥堵的比率降低，同时使航班的平均有效载荷率由原来的 43.7% 提高到了 59.9%，使得航班使用率大幅度提高。另外，飞机飞行日程（DC10-10 型除外）的大幅度减少可以延长飞机的使用寿命。从运营成本来看，无论是航线运输成本还是固定成本都有所降低，因而总成本降低 30% 左右。总之，采用带有中途转机和地方航线的 hub-and-spoke 型结构运营模式，为 FedEx 节约了先期固定资产投入和后期动作成本，使得 FdeEx 在快递物流业中具有强大的竞争力。

案例讨论：

1. FedEx 的运营网络采用何种物流网络结构？有何特点？

2. FedEx 在运营网络规划中考虑了哪些因素？

3. FedEx 的网络变化对企业经营产生哪些影响？

第5章 物流节点选址规划设计

本章要点

- 物流节点选址规划的目标
- 物流节点选址问题分类
- 物流节点选址的方法
- 选址决策的影响因素
- 选址问题早期研究的主要理论
- 选址的技术与方法

5.1 物流节点选址规划概述

在物流系统规划设计中,物流节点的选址是一个重要的决策问题,它决定了整个物流网络的模式、结构和形状。物流节点的选址规划就是确定整个物流系统中所需的节点数量、它们的地理位置以及服务对象分配方案。

在单个企业的物流网络系统中,一方面,物流节点的选址决策影响整个企业物流系统的结构和系统中其他要素的决策,如库存、运输等;另一方面,系统中其他要素的决策也会影响物流节点的选址决策。因此,节点的选址与库存、运输成本之间存在着密切联系。

而在整个供应链系统中,一个企业的物流系统的选址决策往往要受到供应链中其他企业的影响,供应链系统中核心企业的选址决策会影响到所有供应商的物流系统的选址决策。如上海大众在长沙建立一家新的汽车整机厂,那么,上海大众的供应商或物流服务商就必须在工厂附近建立配送中心,以满足上海大众准时制生产的要求。同样,很多厂商在选址时,会考虑在零配件产业集群的地方建厂,以减少采购成本。

一个物流系统中,物流中间节点的数量增加,可以提高服务及时率,减少缺货率,但同时,往往会增加库存量与库存成本。因此,在规划设计中,尽量减少物流中间节点的数量,扩大物流中间节点的规模是降低库存成本的一个重要措施。在物流园区、物流中心规划中采用集约化设计,可以实现大规模配送,降低成本。同样,在规划设计中,物流节点的数量与运输成本之间也形成制约关系,物流节点数量的增加,可以减少运输距离、降低运输成本。但是物流节点数量增加到一定程度时,由于单个订单的数量过小,增加了运输频率,并且达不到运输批量,从而造成运输成本大幅上涨。因此,确定合适的物流节点数量,也是选址规划的主要任务之一。

5.1.1　物流节点选址规划的目标

1.成本最小化

成本最小化是物流节点选址决策中最常见的目标,与物流节点选址规划有关的成本主要有运输成本与设施成本。

(1)运输成本

运输成本取决于运输数量、运输距离与运输单价。运输数量如没有达到运输批量,就不能形成规模经济,从而影响到总的运输成本。当物流节点的位置设计合理时,总的运输距离就小,运输成本就会下降。而运输单价取决于运输方式与运输批量,与物流节点所在地的交通运输条件和顾客所在地的交通运输条件直接有关。

(2)设施成本

与设施相关的成本包括固定成本、存储成本与搬运成本。固定成本是指那些不随设施的经营活动水平而改变的成本,如设施建造成本、税金、租金、监管费和折旧费都属于固定成本。设施建造成本与土地成本有关,取得土地使用权的费用与物流节点选择的地点直接相关,即使采用租赁经营方式,土地成本也会在租金中体现出来。

存储成本是指那些随设施内货物数量变化而改变的成本。也就是说,如果某项成本随设施中保有的库存水平增加或减少,该项成本就可以归为存储成本。典型的存储成本有仓储损耗、某些公用事业费、库存占用的资金费用、库存货物的保险费等。

搬运成本是指随着设施吞吐量变化的成本。典型的搬运成本有存取货物的人工成本、某些公共事业费、可变的设备搬运成本等。

2.物流量最大化

物流量是反映物流节点作业能力的指标。而反映物流量的主要指标是吞吐量和周转量,从投资物流节点来看,这两个指标用来测量物流节点的利用率,物流量越大,效益越高。如港口经营管理中,需要不断挖掘潜力,提高港口吞吐量。但从整个物流系统来看,吞吐量与周转量无法适应现代物流的多品种、小批量、高频度的趋势,如物流节点与顾客距离越远,则周转量越大,费用也越高。即如以物流量最大为决策目标时,物流节点选址是与客户的距离越远越好,这显然违背设置物流节点的根本目的。因此,在物流节点选址决策中,是在成本最小化的前提下,考虑物流量最大化。

3.服务最优化

与物流节点选址决策直接相关的服务指标主要是送货时间、距离、速度和准时率。一般来说,物流节点与客户的距离越近,则送货速度越快,订货周期也越短,而订货期越短,准时率也越高。

4.发展潜力最大化

由于物流节点投资大、服务时间长,因此,在选址时不仅要考虑在现有条件下的成本、服务等目标,还要考虑将来发展的潜力,包括物流节点生产扩展的可行性及顾客需求增长的潜力。

5.综合评价目标

在物流节点选址决策中,仅仅从成本、服务、物流量与发展潜力单一目标考虑可能还不能满足物流系统经营的需要,这时,需要采用多目标决策的方法来综合评价。

5.1.2 物流节点选址问题分类

在物流节点选址决策时,需要建立选址模型进行分析。而要建立选址模型,需要首先确定以下几个问题:

①选址的对象是什么?

②选址的目标区是怎样的?

③选址目标和成本函数是什么?

④有什么样的一些约束?

根据以上这些不同的问题,选址模型可以分为相应的类型,根据不同的选址问题类型建立不同的数学模型,进而可以选择相应的算法进行模型求解。这样,就可以得到该选址问题的方案。

一般地,可将选址问题按下面几种方法分类。

1.按设施对象划分

不同的物流设施由于功能不同,选址时所考虑的因素也不相同。在决定设施定位的因素中,通常某一个因素会比其他因素更重要。

在工厂和仓库选址中,最重要的因素通常是经济因素;零售网点选址时,一般最重要的因素是零售服务地顾客的消费偏爱;服务设施(如医院、银行)选址时,到达的容易程度则可能是首要的选址要素,在收入和成本难以确定时,尤其如此。在地点带来的收入起决定性作用的选址问题中,地点带来的收入减去场地成本就得到该地点的盈利能力。

2.按设施的数量划分

根据选址设施的数量,可以将选址问题分为单一设施选址问题和多设施选址问题。单一设施的选址与同时对多个设施选址是截然不同的两个问题,单一设施选址无须考虑竞争力、设施之间需求的分配、集中库存的效果、设施成本与数量之间的关系等,而运输成本是要考虑的首要因素。单一设施选址是以上两类选址问题中较为简单的一类。

3.按选址的离散程度划分

按照选址目标区域的特征,选址问题分为连续选址和离散选址两类。连续选址问题是指在一个连续空间内所有点都是可选方案,要求从数量无限的点中选择其中一个最优的点。这种方法称为连续选址法(continuous location methods),常应用于设施的初步定位问题。

离散选址问题是指目标选址区域是一个离散的候选位置的集合。候选位置的数量通常是有限的,可能事先已经过了合理分析和筛选。这种模型是较切合实际的,称为离散选址法(discrete location methods),常应用于设施的详细选址设计问题。

4.按目标函数划分

按照选址问题所追求的目标和要求不同,模型的目标函数可分以下几种:

(1)可行点(feasible solution)和最优点(optimal solution)

对于许多选址问题来说,首要的目标是得到一个可行的解决方案,即一个满足所有约束的解决方案。可行方案得到以后,第二步的目标是找到一个更好的解决方案。

（2）中值问题（median problem）

在区域中选择（若干个）设施位置，使得该位置离需求点到最近设施的距离（或成本）的"合计"距离最小。这种目标通常在企业问题中应用，所以也称为"经济效益性"（economic effi-ciency）。这类问题是 minimum 问题，它的目标函数通常写成如下形式：

$$\min_{X}\left\{\sum_{j}D_{j}(X)\right\}$$

式中：X——新的待定设施的位置坐标；

j——已存在且位置固定的需求点编号；

$D_{j}(X)$——新设施在 X 位置时到需求点 j 的距离（或成本）。

在中值问题中，在数量预先确定的被选择设施位置集合中，选择其中 P 个设施并指派每个需求点到一个特定的设施，这个问题称为 P-median problem（P-中值问题）。

（3）中心问题（center problem）

根据使得被选择设施位置离最远需求点的距离（或成本）集合中取最小的原则，在区域中选择设施的位置的方法称为中心问题。中心问题的目标由已存在设施的单个成本（或距离）最大的部分组成。目标是优化最坏的情况，这种目标通常在军队、紧急情况和公共部门中使用，它追求的是"经济平衡性"（economic equity）。

由于中心问题的目标函数可以表示为：

$$\min_{X}\left\{\max_{j}D_{j}(X)\right\}$$

式中：X——新的待定设施的位置；

j——需求地编号；

$D_{j}(X)$——新设施在 X 位置时到需求点 j 的距离（或成本）。

因此，中心问题也称为 min-max 问题。

（4）反中心问题（anti-center problem）

根据在一定区域内使得被选择设施位置离最近需求点的距离（或成本）集合中取最大的原则，在该区域中选择设施的位置的方法称为反中心问题。反中心问题的目标由已存在设施的成本（或距离）最小的个体组成。目标也是优化最坏的情况，这种目标通常在有害设施（例如废水处理厂、垃圾回收站等）选址中使用，它是 max-min 型的目标函数。反中心问题的目标函数通常写成如下形式：

$$\max_{X}\left\{\min_{j}D_{j}(X)\right\}$$

式中：X——新的待定设施的位置；

j——需求地编号；

$D_{j}(X)$——新设施在 X 位置时到需求点 j 的距离（或成本）。

（5）单纯选址问题（pure location problem）和选址分配问题（location-allocation problem）

如果新设施和已存在设施间的关系与新设施的位置无关，而且是固定的，则选址问题称为单纯选址问题，也称为有固定权重的选址问题。

如果新设施和已存在设施间的关系与新设施的位置相关，那么，这些关系本身就成为变量，这种问题被称作"选址分配问题"。例如，配送中心的客户分配问题，添加一个新的配送中心不仅改变了原配送中心的客户分配，同时也改变了配送中心到客户的距离。

5. 按能力约束划分

根据选址问题的约束种类,可以分为有能力约束的选址问题和无能力约束的选址问题。如果新设施的能力可充分满足客户的需求,那么,选址问题就是无能力约束的设施选址问题,无能力约束设施选址问题有时也被称为"单纯设施配置问题";反之,若新设施的能力不能充分满足客户的需求,具有满足需求的上限,就是有能力约束的选址问题。

5.1.3 物流节点选址的方法

1. 专家评估法

专家评估法是以专家为索取信息的对象,运用专家的知识和经验,考虑选址对象的社会环境和客观背景,直观地对选址对象进行综合分析研究,寻求其特性和发展规律并进行评估选择的一类选址方法。

专家评估法中最常用的有因素评分法、德尔菲法、模糊综合评价法与层次分析法等。关于专家评估法的一些方法与内容将在后面的"物流系统评价与方案选择"一章里详细介绍。

2. 精确法

精确法是通过数学模型进行物流网点布局的方法。采用这种方法首先根据问题的特征、已知条件以及内在的联系建立数学模型或者是图论模型,然后对模型求解,获得最佳布局方案。采用这种方法的优点是能够得到较为精确的最优解,缺点是对一些复杂问题建立恰当的模型比较困难,因而在实际应用中受到很大的限制。

精确法中最常用的有重心法和线性规划法。

3. 模拟计算法

模拟计算法是指将实际问题用数学方法和逻辑关系表示出来,然后通过模拟计算及逻辑推理确定最佳布局方案。这种方法的优点是比较简单,缺点是选用这种方法进行选址时,分析者必须提供预定的各种网点组合方案以供分析评价,从中找出最佳组合。因此,决策的效果依赖于分析者预定的组合方案是否接近最佳方案。

该法是针对模型的求解而言的,是一种逐次逼近的方法。对这种方法进行反复判断、实践修正,直到满意为止。该方法的优点是模型简单,需要进行方案组合的个数少,因而容易寻求最佳的答案。缺点是这种方法得出的答案很难保证是最优化的,一般情况下只能得到满意的近似解。

4. 启发法

启发法(heuristic methods)是指有助于减少求解平均时间的任何原理或概念,也可以表示为指导问题迅速解决的经验原则。当经验原则运用在选址问题上时,这类有助于加快求解过程的经验可迅速从大量备选方案中找出好的解决方案。虽然启发法不能保证找到的解一定是最优解,但由于使用该方法带来合理的计算时间和内存空间要求,可以很好地表现实际情况,得到满意解。

5.1.4 选址决策的影响因素

选址方案的确定是运输和库存决策的前提。在实际选址决策中,不仅要考虑每个选址方案引起运输成本和库存成本的变化,而且还要考虑多方面的因素。这些因素可分为外部因素与内部因素两大类。外部因素主要包括宏观政治及经济因素、基础设施及环境因素、竞争对手的发展情况等,内部因素主要包括企业发展战略、产品或服务的特征等。

1. 选址决策的外部因素

(1)宏观政治及经济因素

宏观政治因素主要考虑候选地的国家长远发展战略,分析该国家政权是否稳定、法制是否健全、是否存在贸易禁运政策等。宏观政治因素都是一些定性的指标,主要依靠主观评价来确定。

宏观经济因素主要包括税收政策、关税、汇率等,这些都与选址决策直接相关,企业总是会寻求最宽松的经济环境来经营。优惠的税收政策是吸引企业投资的一个重要因素。关税政策引起市场壁垒也是企业选址时考虑的另一重要因素。如果一个国家的关税较高,那么企业或者会放弃这个国家的市场,或者会选择在该国建厂以规避高额的关税。汇率的变化也会影响选址决策。

(2)基础设施及环境因素

基础设施因素主要包括现有物流基础设施、通信设施的可利用性以及交通运输情况与运输费率。在企业运作中,物流成本往往要超过制造成本,而一个良好、快捷的基础交通设施对于降低物流成本起到重要作用。同样,通信设施的质量、成本对于选址决策影响很大,因为信息流的通畅快速对于降低需求的扭曲、降低库存成本都有重要意义。

而环境因素主要考虑自然环境与社会环境,如城市与区域发展的总体规划情况,原材料、燃料、动力、土地、自然条件等生产要素的供应情况,劳动力的供应数量和素质,以及劳动力成本、产品销售市场或服务对象分布情况、产业的集聚状态,是否具有建立长期生产协作关系的条件,是否有过度集聚等。

(3)竞争对手的发展情况

在选址决策中必须考虑竞争对手的布局情况,根据企业产品或服务的自身特征,来决定是靠近竞争对手还是远离竞争对手。

2. 选址决策的内部因素

选址决策中的内部因素也非常重要,选址决策时要使选择的方案与企业发展战略相适应,与生产产品或提供服务的特征相匹配。例如,对于制造业的企业,发展实用性产品还是创新性产品,这是企业通过对内外环境和自身优势与劣势进行综合分析后得到的企业长远发展战略。如果选择发展实用性产品,由于需求稳定而量大、产品生命周期长、利润率低,低成本运营是企业发展战略,因此在选址时必然会选择生产成本低的地区建立物流设施。而选择创新性产品,因为这类产品需求的不确定性,需要建立快速反应的物流系统,所以在选址时会考虑在地价较高、交通灵活发达的地方建立配送中心,而这些地方往往成本较高。从商业及服务业来说,选择连锁便利店还是超市的发展,会有不同的物流网络的设计。选择连锁便利店,则必须选择一些人口密集、成本较高、面积较小的地区。而选择超市,则会选择人口不是非常密集、可以有大面积提供的地方。

5.2 选址问题的早期研究理论

与选址决策有关的早期研究理论主要由土地经济学家与区域地理学家提出,主要有区位论(location theory),如杜能(Johann Heinrich von Thünen)的农业生产布局的农业区位论、韦伯(Alfred Weber)的工业生产布局的工业区位论以及克里斯塔勒(Walter Christaller)关于城市规划布局的中心地理论等。在这些早期研究理论中,运输成本在选址决策中起到重要作用。尽管大多数研究是在农业社会与早期工业社会条件下进行的,但其中提出的许多概念对现实的选址工作仍然有指导意义。

5.2.1 杜能的地租出价曲线(bid-rent curves)

杜能通过对农业生产布局合理化的研究后认为,任何经济开发活动能够支付的最高地租是产品在市场内的价格与产品运输到市场的成本之差。各种经济活动根据其支付地租的能力分布在市场周围。在农业经济中,各种农业生产活动可能按图5-1所示的方式从市场向外布局。杜能的这一观点在现在的布局设计中仍然有用,在我们周围,你会发现同样的现象——围绕城市中心地环形分布着零售商业、居住、工业生产制造和农业区。那些能够支付最高地租的经济活动将分布在距离城市中心最近的地区,以及主要运输枢纽的周边地带。

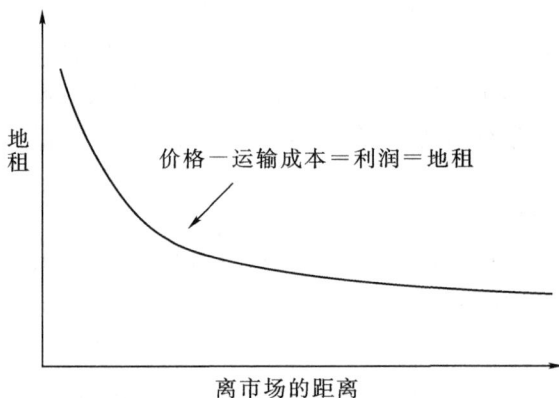

图5-1 杜能的地租出价曲线

5.2.2 韦伯的工业分类

工业区位论的奠基人韦伯认识到原材料运输在生产过程中所起的作用及其对选址的影响。韦伯发现,有些生产过程是失重的(weight reducing)(如炼钢),即原材料的重量之和大于成品的重量。由于生产过程中产生低价值的副产品,重量损失了,因此,为了避免将副产品运到市场,这些生产过程趋向于接近原材料产地,以使运输成本最小。韦伯的工业分类如图5-2所示。

另外,有些生产过程则是增重的(weight gaining)。通常,当普遍存在的要素进入生产过程时会发生这种情况:这些普遍存在的要素包括在任何地方都可以获取的原材料,如空气和水。因此,在选址过程中要尽可能缩短这些普遍存在的生产要素的运输距离以使运输成本最小,为此,生产过程就应该尽量靠近市场,罐装软饮料行业大多数以这种方式进行工厂选址,如可口可乐公司,他们将糖浆运到罐装厂,然后与水混合在一起制成成品。这样,罐装生产工厂通常坐落在产品的销售市场区域附近。

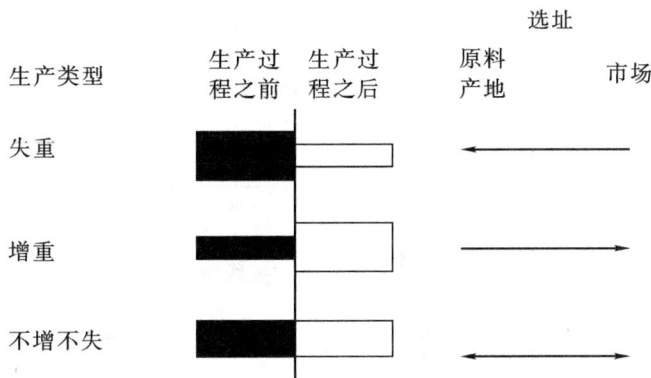

图 5-2　韦伯工业分类

除上述两类生产过程以外,还有些生产过程的原材料与成品的重量相同。装配线生产是这类生产过程的典型代表,在装配生产中,其成品重量是装配所需要的所有零部件重量之和。为此,韦伯认为,这类生产过程既可考虑趋近零部件集聚地,也可考虑趋近销售市场。即在零部件产地和销售市场之间的任何地点都可以进行选址,企业的内向运输与外向运输的成本总和都是一样的。但实际上还是有区别的,韦伯只考虑了单一零部件产地与销售市场的情况,由于零部件产地和销售市场不只是一个,因此,需要综合考虑、优化求解,选择一个最佳点。

5.3　选址的技术与方法

随着应用数学和计算机技术的发展,选址决策的方法不再只是定性的方法,而更多的是定量的方法,通过建立模型来寻求选址决策方案。本节主要讨论较现代的选址技术与方法。

5.3.1　选址中的距离计算

选址模型中,最基本的一个参数是各个节点之间的距离。已知两节点的坐标,一般采用三种方法来计算节点之间的距离:一种是直线距离,也叫欧几里得距离(Euclidean metric);另一种是折线距离(rectilinear metric),也叫城市距离(metropolitan metric),如图 5-3 所示。上述两种是最常见的方法,还有一种是大圆距离,利用球面三角学(spherical trigonometry)计算。

1.直线距离

当选址区域的范围较大时,网点间的距离常可用直线距离近似代替,或用直线距离乘以一个适当的系数 ω 来近似代替实际距离,如城市间的运输距离、大型物流园区间的间隔距离等都可用直线距离来近似计算。

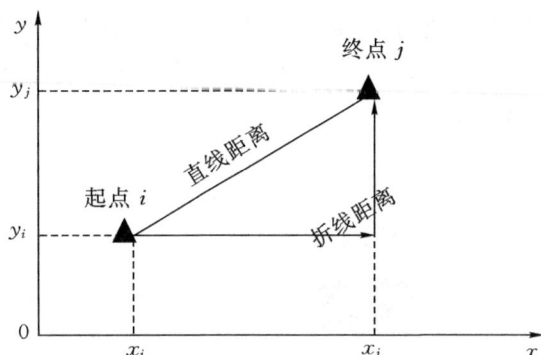

图 5-3 直线距离与折线距离

区域内两点,(x_i, y_i) 和 (x_j, y_j) 间的直线距离 d_{ij} 的计算公式为:

$$d_{ij} = \beta_{ij} \sqrt{(x_i - x_j)^2 + (y_i - y_j)^2} \tag{5.1}$$

式中:β_{ij} 称为迂回系数,$\beta_{ij} \geqslant 1$,一般可取定一个常数;当 β_{ij} 取 1 时,d_{ij} 为平面上的几何直线距离。β_{ij} 取值的大小要视区域内的交通情况而定:在交通发达地区,β_{ij} 的取值较小;反之,β_{ij} 的取值较大。如在美国大陆,β_{ij} 取 1.2;而在南美洲,β_{ij} 取 1.26。

2. 折线距离

如图 5-3 所示,折线距离也称为城市距离,当选址区域的范围较小而且区域内道路较规则时,可用折线距离代替两点间的距离。如城市间的配送问题、具有直线通道的配送中心、工厂及仓库内的布置、物料搬运设备的顺序移动等问题。

折线距离的计算公式如下:

$$d_{ij} = \beta_{ij} \sqrt{|x_i - x_j| + |y_i - y_j|} \tag{5.2}$$

3. 大圆距离

由于各种地图制图技术都是将球体映射到平面上,必然会引起变形。用平面坐标来计算距离可能会产生计算误差,误差的大小取决于地图映射方法以及在地图的什么位置计算距离。更好的方法是利用经纬度坐标和大圆距离公式,大圆公式不仅能避免平面地图的偏差,而且还考虑了地球的弯曲程度。大圆距离的计算公式如下:

$$d_{AB} = 3959\{\text{arcos}[\sin(LAT_A) \times \sin(LAT_B) + \cos(LAT_A) \times \cos(LAT_B) \times$$
$$\cos(|LONG_A - LONG_B|)]\} \tag{5.3}$$

式中:d_{AB}——点 A 与点 B 之间的大圆距离;

LAT_A——点 A 纬度(弧度,即角度乘以 $\pi/180$);

$LONG_A$——点 A 经度(弧度);

LAT_B——点 B 纬度(弧度);

$LONG_B$——点 B 经度(弧度)。

5.3.2　单一物流节点的选址模型

在展开讨论选址决策模型之前,先介绍一个较为简单的实例来理解物流节点的选址问题。例如,在一条直线上(街道)选择一个有效位置(商店),即一种设施选址,为了能让在这条街上的所有顾客到达商店的平均距离最短,在不考虑其他因素的情况下,当然这条大街的中点是最为合理的位置。更为现实的情况是,街上各个位置上可能出现顾客的概率是不一样的,如果考虑到这个因素,那就需要给整条街的不同位置加上一个权重 ω_i 进行分析。在权重等外部条件都确定的情况下,这个中值问题可以用如下目标函数来表示:

$$\min Z = \sum_{i=0}^{s} \omega_i(s - x_i) + \sum_{i=s}^{n} \omega_i(x_i - s) \tag{5.4}$$

或

$$\min Z = \int_{x=0}^{s} \omega(x)(s-x)\mathrm{d}x + \int_{x=s}^{L} \omega(x)(x-s)\mathrm{d}x \tag{5.5}$$

式中:ω_i——街道上第 i 个位置出现顾客的概率;

x_i——街道上第 i 个位置到所选地址的距离;

s——选址的位置。

式(5.4)适用于离散模型,而式(5.5)适用无连续模型。

上述模型求解是无约束的极值问题,因此求解时,需先对等式两边求微分,然后再令其微分值为零。结果如下:

$$\frac{\mathrm{d}Z}{\mathrm{d}s} = \sum_{i=0}^{s} \omega_i - \sum_{i=s}^{n} \omega_i = 0$$

或

$$\frac{\mathrm{d}Z}{\mathrm{d}s} = \int_{x=0}^{s} \omega(x)\mathrm{d}x - \int_{x=s}^{L} \omega(x)\mathrm{d}x = 0 \tag{5.6}$$

上述模型的计算结果说明这样一个规则:求上述中值问题时,所开设的新店面需要设置在权重的中点,即设置点的左右两边的权重都占 50%。

例如,假设在一条直线上,在位置 0、6、8 和 10 上有 4 个点。为每个点服务的成本与这些点到新设施间的距离成比例,并且权重相同。对于中值问题,新设施的最优位置是这些点的中值点,$X^* = 7$,即在新址的左边和右边有同样多的点。实际上,在点 6 与点 8 间的线段上包括了无数多个其他中值位置,即选址区域是一条直线。如果最左边点定在 -500,而不是在 0,最优中值位置不会改变。因此,对于中值问题,固定位置的顺序比它们的实际位置更加重要。

而对于中心问题(min-max 问题),最优位置是这些点的中心点,$X^* = 5$,即新址位置到最左边点和到最右边点的距离是相等的。如果在点 6 与点 8 间再增加 500 个点,最优中心点选址的位置同样不会改变。中心问题的选址是由那些极端位置决定的,而其他内部的位置对它不起作用。

对于反中心问题(max-min 问题),在一定区域内(0 点与 10 点之内)的最优位置是这些点的反中心点,$X^* = 3$,即新址位置是相邻点间距离最大的两点的中心。反中心问题的选址是由相邻点间距离最大的两点位置决定的,而其他内部的位置对它不起作用,图 5-4 是中值点、中心点和反中心点的示意图。

上面讲述了较为简单的一维的单一物流节点的选址,下面将详细介绍单一物流节点的选

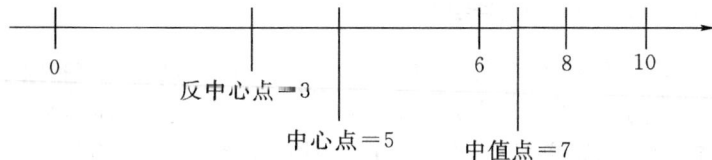

图 5-4　中值点、中心点和反中心点示意

址决策中较复杂的模型与方法。

1. 交叉中值模型

交叉中值模型是利用城市距离来进行距离计算,用来解决连续点选址决策的一种有效的模型。所谓连续点选址,是指在一条路径或一个平面区域里面任何一个位置都可以作为选址问题的候选解。

通过交叉中值的方法可以对单一节点的选址问题在一个平面上的加权的城市距离进行最小化。其相应的目标函数为:

$$\min H = \sum_{i=1}^{n} \omega_i (|x_i - x_0| + |y_i - y_0|) \tag{5.7}$$

式中:ω_i——与第 i 个需求点对应的权重(如需求量、客户人数或重要性等);

x_i, y_i——第 i 个需求点的坐标;

x_0, y_0——服务设施点的坐标;

n——需求点的总数目。

特别要注意的是,由于是城市距离,这个目标函数可以用两个相互独立的部分来表示:

$$H = \sum_{i=1}^{n} \omega_i |x_i - x_0| + \sum_{i=1}^{n} \omega_i |y_i - y_0| = H_x + H_y \tag{5.8}$$

其中

$$H_x = \sum_{i=1}^{n} \omega_i |x_i - x_0| \tag{5.9}$$

$$H_y = \sum_{i=1}^{n} \omega_i |y_i - y_0| \tag{5.10}$$

也就是说,这个选址问题可以分解成 x 轴上的选址决策与 y 轴上的选址决策。求式(5.7)的最优解等价于求式(5.9)和式(5.10)的最小值。跟上面介绍的商店在一条街道上选址的问题一样,选择的是所有可能需要服务对象到目标点的绝对距离总和最小的点,即中值点。这样,这个选址问题分为求 x 轴上的中值点与 y 轴上的中值点,其最优位置为由如下坐标组成的点:

x_0 是在 x 方向的所有的权重 ω_i 的中值点;y_0 是在 y 方向的所有的权重 ω_i 的中值点。

考虑到 x_0, y_0 两者可能是唯一值或某一范围的值,相应地,最优的位置也可能是一个点,或是一条线,或是一个区域。

【例 5.1】　一个报刊连锁公司想在一个地区开设一个新的报刊零售点。主要的服务对象是附近的 5 个住宅小区的居民,他们是新开设报刊零售点的主要顾客源。图 5-5 坐标系中确切地表达了这些需求点的位置,表 5-1 是各个需求点对应的权重。这里,权重代表每个月潜在的顾客需求总量,基本可以用每个小区中的总的居民数量来近似。经理希望通过这些信息来确定一个合适的报刊零售点的位置,要求每个月顾客到报刊零售点所行走的距离总和为最小。

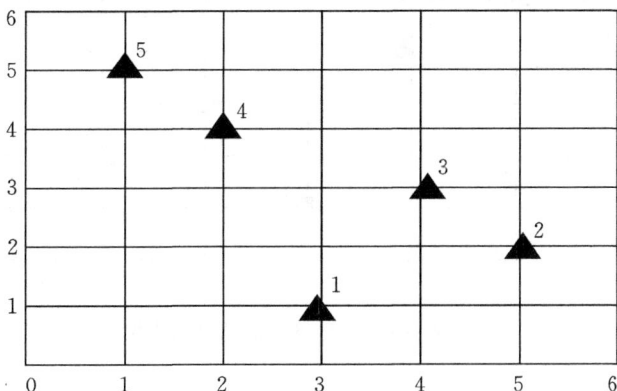

图 5-5 需求点分布图

表 5-1 需求点对应的权重

需求点	x 坐标	y 坐标	权重 ω_i
1	3	1	1
2	5	2	7
3	4	3	3
4	2	4	3
5	1	5	6

解 这个选址问题可考虑用交叉中值选址方法解决。曾先,需要确定这些需求点的中值,从表 5-1 中可以得到中值=(1+7+3+3+6)/2=10。

从图 5-5 可发现,各需求点在 x 方向从左到右的排序是 5、4、1、3、2。为了找到 x 方向上的中值点 x_0,先从左到右逐一叠加各个需求点的权重 ω_i 直到中值点,然后再从右到左逐一叠加各个需求点的权重 ω_i。可以看到,从左往右开始到需求点 1 刚好达到了中值点,而从右往左开始到需求点 3 也达到中值点。因此,中值点在 x 方向上 1 与 3 刻度之间选址都是一样的。

接着寻找在 y 方向上的中值点 y_0,同样从图 5-5 可发现,各需求点在 y 方向从上到下的排序是 5、4、3、2、1。先从上到下计算权重,在考虑 5、4 两个需求点后,权重和为 9,没有达到中值 10,但加上第 3 个需求点的权重 3 后,权重和达到 12,超过了中值 10。因此从上到下看,报刊零售点不会超过第 3 需求点,即在 y 方向上不会大于 3 刻度。同样,再从下到上计算权重,考虑 1、2 两个需求点后,权重和为 8,没有达到中值点 10,同样加上第 3 需求点后,权重达到 11,超过了中值 10,因此从下到上的方向看,报刊零售点也不会超过第 3 需求点。因此,在 y 方向上,只能选择一有效的中值点,即刻度 3 的位置。

综合考虑 x、y 方向的中值点,报刊零售点最后的选址为(3,3)、(4,3)之间的线块上的任意一点,如图 5 - 6 所示。

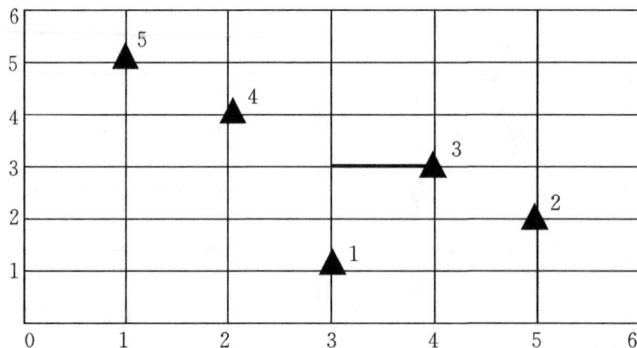

图 5 - 6 报刊零售点选址的最后方案

2.重心法

上面介绍的交叉中值模型具有其本身的局限性,例如它使用的城市距离,只适合于解决一些小范围的城市内选址问题。接下来要介绍的重心模型,在计算距离时使用的是欧几里得距离,即直线距离,虽然使选址问题变得复杂,但是有着更为广阔的应用范围。重心模型是选址问题中最常用的一种模型,可解决连续区域直线距离的单点选址问题。

重心法是将配送系统的资源点与需求点看成是分布在某一平面范围内的物体系统,各资源点与需求点的物流量可分别看成是物体的重量,物体系统的重心将作为配送中心的最佳设置。配送中心与资源点、需求点、坐标网络如图 5 - 7 所示。

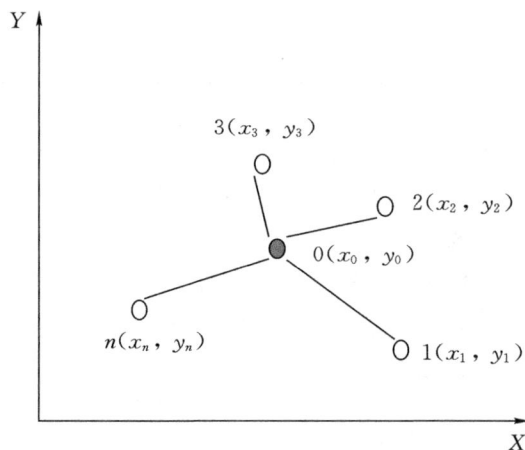

图 5 - 7 配送中心与资源点、需求点坐标网络

重心法的操作过程是在一块水平放置的平板上画上或粘贴上包括各个用户位置的缩小地图,在各用户位置上钻出小空,从小空中穿线,并于线下端悬挂砝码,砝码的重量与此用户的需求量成一定比例关系。实验时,将线的上端拴结在一起,然后松手,使各线绳在砝码的重力作用下自由下垂,记下平衡时结点的位置。反复实验几次,即可获得物流中心最佳位置的近似解。重心法原理图如图 5 - 8 所示。

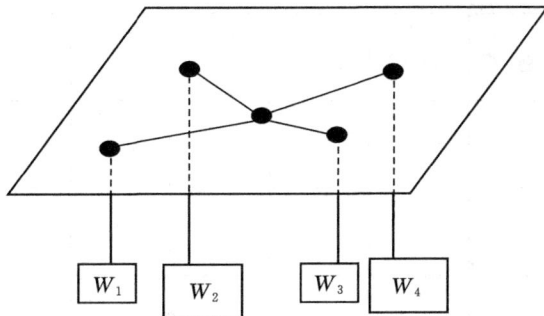

图 5-8　重心法原理图

设在某计划区域内,有 n 个资源点或需求点,它们各自的坐标是 $(x_i, y_i)(j=1,2,\cdots,n)$。配送中心至各资源点或需求点的物流量是 w_i;配送中心至各资源点或需求点的运费率是 c_i;设配送中心的坐标是 (x_0, y_0),根据求平面中物体重心的方法,可以得到:

$$X_0 = \sum_{i=1}^{n} c_i w_i x_i / \sum_{i=1}^{n} c_i w_i \tag{5.11}$$

$$Y_0 = \sum_{i=1}^{n} c_i w_i y_i / \sum_{i=1}^{n} c_i w_i \tag{5.12}$$

【例 5.2】　华联超市要在某地建立一所地区级中央配送中心,要求该配送中心能够覆盖该地区五个连锁分店,分店的坐标及每月的销售量数据如表 5-2 所示,要求求出一个理论上的配送中心的位置。

表 5-2　分店地址与销量

位　置	坐　标	月销售量(TEU)
连锁一分店	(325,75)	1500
连锁二分店	(400,150)	250
连锁三分店	(450,350)	450
连锁四分店	(350,400)	350
连锁五分店	(25,450)	450

解　重心法首先要在坐标系中标出各个地点的位置,目的在于确定各点之间的相对距离。坐标系可以随便建立,但必须反映各点的相对距离。

根据图 5-9 所示的坐标图和重心坐标的计算公式,可以计算出重心的 X 和 Y 坐标,如下:

$$X = \frac{(325 \times 1500) + (400 \times 250) + (450 \times 450) + (350 \times 350) + (25 \times 450)}{1500 + 250 + 450 + 350 + 450} = 307.9$$

$$Y = \frac{(75 \times 1500) + (150 \times 250) + (350 \times 450) + (400 \times 350) + (450 \times 450)}{1500 + 250 + 450 + 350 + 450} = 216.7$$

故所求配送中心的理论位置在原坐标系里的位置为(307.9,216.7)。

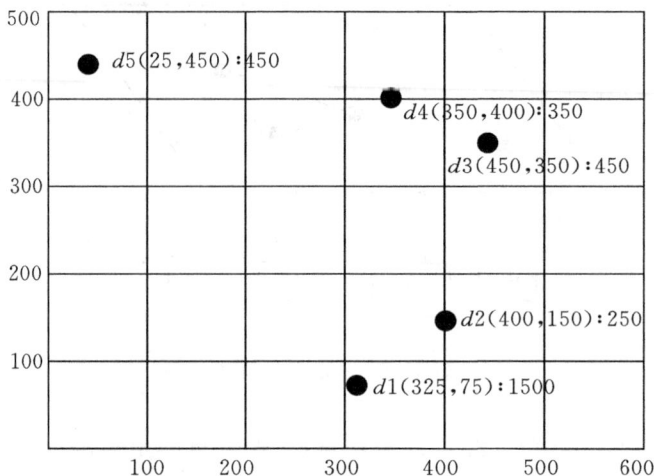

图 5-9　分店地理位置分布图

3. 精确重心法

精确重心法是一种布置单个设施的方法,考虑现有设施之间的距离和货物的运输量,把销售成本看成运输距离和运输数量的线性函数。此种方法利用地图确定各点的位置,并将一坐标重叠在地图上确定各点的位置。它是一种模拟方法,它将物流系统中的需求点和资源点看成是分布在某一平面范围内的物流系统,各点的需求量和资源量分别看成是物体的重量,物体系统的重心作为物流网点的最佳设置点,利用求物体系统重心的方法来确定物流网点的位置。

(1)重心模型的基本假设

①需求量集中于某一点上。实际上需求来自分散于区域内的多个需求点,市场的重心通常被当作需求的聚集地,而这会导致某些计算误差,因为计算出的运输成本是到需求聚集地,而不是到每个实际的需求点。在实际计算时,需要对需求点进行有效聚类,减少计算误差。

②选址区域不同地点物流节点的建设费用、运营费用相同。模型没有区分在不同地点建设物流节点新需要的投资成本(土地成本等)、经营成本(劳动力成本、库存持有成本、公共事业费等)之间的差别。

③运输费用随运输距离成正比增加,呈线性关系。实际上,多数运价是由不随运输距离变化的固定费用(起步价)和随运输距离变化的分段可变费率组成的,起步运费和运价分段则扭曲了运价的线性特征。

④运输线路为空间直线。实际上这样的情况很少,因为运输总是在一定的公路网络、铁路系统、城市道路网络中进行的。因此,可以在模型中引入迂回系数把直线距离转化为近似的公路、铁路或其他运输网络里程。

(2)问题描述及模型的建立

设有 n 个客户(如零售便利店)$P_1, P_2, \cdots, P_n$ 分布在平面上,其坐标分别为 (x_i, y_i),各客户的需求量为 ω_i,准备设置一个设施(如配送中心)为这些客户服务,现假设设施 P_0 的位置在 (x_0, y_0) 处,希望确定设施的位置,使总运输费用最小。

记 a_i 为设施到客户 P_i 每单位运量、单位距离所需运输费,ω_i 为客户 P_i 的需求量,d_i 为设施

P_0 到客户 P_j 的直线距离。

则总运输费 H 为：

$$H_x = \sum_{j=1}^n a_j \omega_i d_j = \sum_{j=1}^n a_j \omega_i \left[(x_0 - x_j)^2 + (y_0 - y_j)^2 \right]^{1/2} \tag{5.13}$$

求 H 的极小值点 (x_0^*, y_0^*)。由于式(5.13)为凸函数，最优解的必要条件为：

$$\frac{\partial H}{\partial x_0}\Big|_{x=x^*} = 0, \frac{\partial H}{\partial y_0}\Big|_{y=y^*} = 0 \tag{5.14}$$

令

$$\frac{\partial H}{\partial x_0} = \sum_{j=1}^n \frac{a_j \omega_j (x_0 - x_j)}{d_j} = 0, \frac{\partial H}{\partial y_0} = \sum_{j=1}^n \frac{a_j \omega_j (y_0 - y_j)}{d_j} = 0$$

得

$$x_0^* = \frac{\displaystyle\sum_{j=1}^n a_j \omega_j \frac{x_j}{d_j}}{\displaystyle\sum_{j=1}^n a_j \frac{\omega_j}{d_j}}, y_0^* = \frac{\displaystyle\sum_{j=1}^n a_j \omega_j \frac{y_j}{d_j}}{\displaystyle\sum_{j=1}^n a_j \frac{\omega_j}{d_j}}$$

上式右端 d_j 中仍含未知数 x_0, y_0，故不能一次求得显式解，但可以导出关于 x 和 y 的迭代公式：

$$x^{(q+1)} = \frac{\displaystyle\sum_{i \in I} \frac{a_i \omega_i x_i}{\left[(x^{(q)} - x_i)^2 + (y^{(q)} - y_i)^2 \right]^{1/2}}}{\displaystyle\sum_{i \in I} \frac{a_i \omega_i}{\left[(x^{(q)} - x_i)^2 + (y^{(q)} - y_i)^2 \right]^{1/2}}} \tag{5.15}$$

$$y^{(q+1)} = \frac{\displaystyle\sum_{i \in I} \frac{a_i \omega_i y_i}{\left[(x^{(q)} - x_i)^2 + (y^{(q)} - y_i)^2 \right]^{1/2}}}{\displaystyle\sum_{i \in I} \frac{a_i \omega_i}{\left[(x^{(q)} - x_i)^2 + (y^{(q)} - y_i)^2 \right]^{1/2}}} \tag{5.16}$$

应用上述迭代公式，可采用逐步逼近算法求得最优解，该算法称为不动点算法。

(3)算法(单一物流节点选址的不动点算法)

输入：

n 表示客户数；

(x_i, y_i) 表示各客户点的坐标，$i = 1, 2, \cdots, n$；

a_i, ω_i 表示各客户点的单位运费和运量，$i = 1, 2, \cdots, n$。

输出：

(x_0^*, y_0^*) 表示设施坐标；

H 表示总运费。

第一步：

选取一个初始的迭代点如 $A(x_0^0, y_0^0)$，如 $x_0^0 = \frac{1}{n} \sum_{j=1}^n x_j, y_0^0 = \frac{1}{n} \sum_{j=1}^n y_j$，然后计算出 A 到各客户点的直线距离 d_j 和费用 H^0：

$$d_j = \left[(x_0 - x_j)^2 + (y_0 - y_j)^2 \right]^{1/2}, H^0 = \sum_{j=1}^{n} a_j \omega_j d_j \tag{5.17}$$

第二步：

令

$$x_0^1 = \frac{\sum\limits_{j=1}^{n} a_j \omega_j \dfrac{x_j}{d_j}}{\sum\limits_{j=1}^{n} a_j \dfrac{\omega_j}{d_j}}, y_0^1 = \frac{\sum\limits_{j=1}^{n} a_j \omega_j \dfrac{y_j}{d_j}}{\sum\limits_{j=1}^{n} a_j \dfrac{\omega_j}{d_j}}, d_j = \left[(x_0 - x_j)^2 + (y_0 - y_j)^2 \right]^{1/2} \tag{5.18}$$

$$H^1 = \sum_{j=1}^{n} a_j \omega_j d_j$$

转第三步。

第三步：

若 $H^0 \leqslant H^1$，运费已无法减小，输出最优解 (x_0^0, y_0^0) 和 H^0，否则，转第四步。

第四步：

令 $x_0^0 = x_0^1, y_0^0 = y_0^1, H^0 = H^1$，转第二步。

【例 5.3】 一个冷冻食品公司想在一个地区开设一个新的冷食提货点，其主要的服务对象是附近 5 个住宅小区的居民。为了计算方便，把每个住宅小区的中心点抽象成这个小区的需求点位置，其坐标如图 5-10 所示，而表 5-3 是各个需求点对应的权重。这里，权重表示每个月潜在的顾客需求总量，可以用每个小区中总的居民数量来近似。公司经理希望通过这些信息来确定一个合适的冷食提货点的位置，要求每个月顾客到这个冷食提货点所行走的距离总和为最小。

试用精确重心法来选择一个最优的提货点位置。

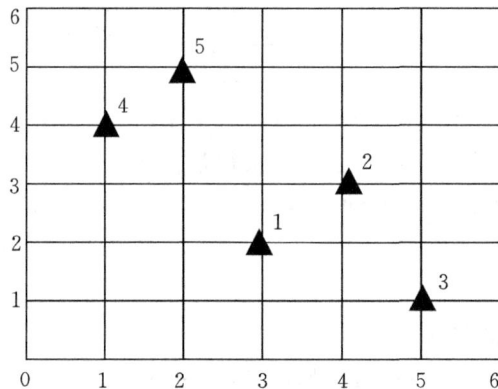

图 5-10 需求点坐标

表 5-3 需求点对应权重

需求点	X 坐标	Y 坐标	权重 ω_i
1	3	2	3
2	4	3	1
3	5	1	8

需求点	X 坐标	Y 坐标	权重 ω_i
4	1	4	3
5	2	5	7

解 先从点(3.5,2.5)出发开始进行迭代运算。在这里可采用 Excel 软件计算,如图 5-11所示。

	A	B	C	D
1	迭代轮次	X坐标	Y坐标	总运输费H
2	0	3.5	2.5	48.95374935
3	1	3.349798	2.536932	48.7261387
4	2	3.282436	2.562849	48.67629669
5	3	3.253879	2.581852	48.66463593
6	4	3.241558	2.595717	48.66106942
7	5	3.235781	2.60551	48.65969766
8	6	3.232748	2.612253	48.65911392
9	7	3.230985	2.616828	48.65885707
10	8	3.229886	2.619909	48.65874279
11	9	3.229174	2.621977	48.65869172
12	10	3.228702	2.623363	48.65866885
13	11	3.228387	2.624292	48.65865859
14	12	3.228175	2.624914	48.65865398
15	13	3.228034	2.625331	48.65865191
16	14	3.227938	2.625611	48.65865098
17	15	3.227874	2.625798	48.65865056

图 5-11 用 Excel 迭代计算结果

计算时,先在 B2 与 C2 单元格输入迭代初始点的坐标,可以是任何与需求点的坐标值不相同的值,如(3,5,2.5),然后,在 D2 单元格中按公式(5.17)设置 H,在 B3 单元格中按公式(5.18)设置 X,在 C3 单元格中按公式(5.18)设置 Y,其他单元格按列进行公式复制,即可进行迭代计算。如图 5-11 所示,在进行了 15 次迭代计算后,确认最优的提货、点位置坐标是(3.228,2.626)。

4. 利用 Excel 求解精确重心法

【例5.4】 某地建立一所地区级中央配送仓库,要求该配送仓库能够覆盖该地区五个连锁分店,分店的坐标、运输总量及运费数据如表 5-4 所示,利用 Excel 中的规划求解工具求出配送仓库的位置。(注:受到地形地貌影响,选址范围必须在坐标点 $X=4$,$Y=4$ 的西北方向。)

表 5-4 基础数据表

地点	X	Y	运输总量	单位运费
P1	3	8	2000	0.4
P2	8	2	3000	0.4
P3	2	5	2500	0.6
P4	6	4	1000	0.6
P5	8	8	1500	0.6

(1)在 Excel 工作表中进行数据准备

根据表 5-4 数据,在 Excel 工作表填入已知数据,单元格"B4:C8"为该地区 5 个连锁分店地址的 X 轴、Y 轴坐标,单元格"F4:F8"为 5 个连锁分店各自的运输量,单元格"G4:G8"为 5 个连锁分店到配送中心的运输费率。

单元格"D4:E4"为未知配送中心地址坐标所分配的存储位置,单元格"H4:H8"是 5 个连锁分店到未知配送中心的直线距离,单元格"I4:I8"是 5 个连锁分店的运输成本,单元格"I9"为总运输成本,如图 5-12 所示。

	坐标		配送中心坐标		总运输量	运输费率	距离	运输成本
需求点	Xi	Yi	X	Y				
P1	3	8			2000	0.4	8.54400375	6835.203
P2	8	2			3000	0.4	8.24621125	9895.4535
P3	2	5			2500	0.6	5.38516481	8077.74721
P4	6	4			1000	0.6	7.21110255	4326.66153
P5	8	8			1500	0.6	11.3137085	10182.3376
							总运输成本	39317.4029

精确重心法选址

图 5-12　求解线性规划问题

在相应单元格输入表达公式,如表 5-5 所示。

表 5-5　单元格对应公式表

单元格	公式	单元格	公式
H4	$=$SQRT(POWER(B4$-\$$D$\$$4,2)$+$POWER(C4$-\$$E$\$$4,2))	I4	$=$F4$*$G4$*$H4
H5	$=$SQRT(POWER(B5$-\$$D$\$$4,2)$+$POWER(C5$-\$$E$\$$4,2))	I5	$=$F5$*$G5$*$H5
H6	$=$SQRT(POWER(B6$-\$$D$\$$4,2)$+$POWER(C6$-\$$E$\$$4,2))	I6	$=$F6$*$G6$*$H6
H7	$=$SQRT(POWER(B7$-\$$D$\$$4,2)$+$POWER(C7$-\$$E$\$$4,2))	I7	$=$F7$*$G7$*$H7
H8	$=$SQRT(POWER(B8$-\$$D$\$$4,2)$+$POWER(C8$-\$$E$\$$4,2))	I8	$=$F8$*$G8$*$H8
I9	$=$SUM(I4:I8)		

(2)规划求解

点击"工具"→"规划求解",弹出"规划求解参数"对话框,输入目标函数、可变单元格和约束条件(见图 5-13)。

在"规划求解参数"对话框中,点击"求解"按钮。弹出"规划求解结果"对话框,选择"保存规划求解结果"单选框,点击"确定"按钮,得如图 5-14 所示的结果。

根据计算结果所示,当配送中心地址坐标为 $X=4,Y=5.25$ 时,总运输成本达到最小值 17332.75。

图 5 - 13　规划求解参数设置

需求点	坐标		配送中心坐标		总运输量	运输费率	距离	运输成本
	Xi	Yi	X	Y				
P1	3	8	4	5.250781	2000	0.4	2.92544087	2340.3527
P2	8	2			3000	0.4	5.15437465	6185.24958
P3	2	5			2500	0.6	2.01566148	3023.49221
P4	6	4			1000	0.6	2.35890938	1415.34563
P5	8	8			1500	0.6	4.85367946	4368.31152
							总运输成本：	17332.7516

（表头上方：精确重心法选址）

图 5 - 14　求解结果

5.3.3　多物流节点选址模型

对于大多数物流系统规划工作，其面临的问题往往是在规划区域范围内，需要同时确定两个或更多个设施的选址，由于不能将这些设施看成是经济活动上相互独立的，而且可能存在相当多的选址布局方式，寻求最优解比较困难，因此问题也十分复杂。虽然问题更加复杂，但更加接近于实际情况，多物流节点选址问题在实际规划工作中更普遍。

多物流节点选址决策问题一般可归纳成以下几个相互联系的基本的规划问题：

①如何组织货流？各个物流节点的关系如何？运输线与各物流节点的关系怎样？

②网络中应该设几个物流节点？处于什么位置？

③物流节点服务于哪些顾客或市场区域？规模多大？具有哪些功能？

1.多重心法

对于上述重心模型，如果用一个物流节点不能满足规划区域内全部服务对象的服务需求，则需要设立多个物流节点。多重心法通过分组后再运用精确重心法来确定多个物流节点的位置与服务分派方案。多重心法的算法如下：

①初步分组。确定分组原则，将需求点按照一定原则分成若干个群组，使分群组数等于拟设立的物流节点数量。每个群组由一个物流节点负责。确立初步分配方案，形成多个单一物流节点选址问题。

②选址计算。针对每一个群组的单一物流节点选址问题，运用精确重心法确定该群组新的物流节点的位置。

③调整分组。对每个需求点分别计算到所有物流节点的运输费用。并将计算结果列表，将每个需求点调整到运输费用最低的那个物流节点负责服务，这样就形成新的分配方案。

④重复②，直到群组成员无变化为止。此时的物流节点分配方案为最佳分配方案，物流节点的位置是最佳地址。

【**例 5.5**】 某公司计划建立两个药品配送点，向 10 个药品连锁店送货，各药品连锁店的地址坐标和药品每日需求量如表 5-6 所示，运价均为 1，试确定这两个药品配送点的地址，使送货运输费用最低。

表 5-6 药品连锁店地址坐标与需求量

连锁店号 j	1	2	3	4	5	6	7	8	9	10
X_j	70	95	80	20	40	10	40	75	10	90
Y_j	70	50	20	60	10	50	60	90	30	40
需求量	8	10	6	5	7	8	12	5	11	9

解 ①将 10 家药品连锁店分成两组。初步分为{1,2,3,4,5}和{6,7,8,9,10}两组，每一组由一个配送点负责送货。

②按精确重心法进行迭代计算，求出两个配送点的地址坐标为：$(P_1,Q_1)=(74.342,46.147)$，$(P_2,Q_2)=(40,60)$。

③计算各药品连锁店到这两个配送点的送货运输费用，计算结果如表 5-7 所示。考察表 5-7，按运输费用最低的节点送货原则重新分组，调整后的分组情况为{1,2,3,5,8,10}和{4,6,7,9}。

表 5-7 第一次迭代的选址分配方案及运输费用

连锁店号 j	X_j	Y_j	需求量	到(P_1,Q_1)的运输费用	到(P_2,Q_2)的运输费用
1	70	70	8	193.9598	252.9822
2	95	50	10	210.1425	559.017
3	80	20	6	160.513	339.4113

连锁店号 j	X_j	Y_j	需求量	到 (P_1,Q_1) 的运输费用	到 (P_2,Q_2) 的运输费用
4	20	60	5	280.3997	100
5	40	10	7	349.0171	350
6	10	50	8	515.6581	252.9822
7	40	60	12	444.3693	0
8	75	90	5	219.2897	230.4886
9	10	30	11	729.7087	466.6905
10	90	40	9	151.3924	484.6648

④按第一次迭代后的分配方案进行重新选址,还是应用精确重心法进行迭代计算,求出两个配送点新的地址坐标为:$(P_1,Q_1)=(87.144,44.292)$,$(P_2,Q_2)=(17.676,49.679)$。

⑤再次计算各药品连锁店到这两个配送点的送货运输费用,计算结果如表 5-8 所示。考察表 5-8,重新调整后的分组情况为{1,2,3,8,10}和{4,5,6,7,9}。

表 5-8 第二次迭代的选址分配方案及运输费用

连锁店号 j	X_j	Y_j	需求量	到 (P_1,Q_1) 的运输费用	到 (P_2,Q_2) 的运输费用
1	70	70	8	247.201	449.0519
2	95	50	10	97.10716	773.2467
3	80	20	6	151.9242	414.1793
4	20	60	5	344.7846	52.89707
5	40	10	7	408.0765	318.6949
6	10	50	8	618.8391	61.46167
7	40	60	12	596.3044	295.1327
8	75	90	5	236.4687	350.422
9	10	30	11	863.024	232.3538
10	90	40	9	46.39847	656.7191

⑥按第二次迭代后的分配方案进行重新选址,经过迭代计算后,求出两个配送点的地址坐标为:$(P_1,Q_1)=(90.063,47.843)$,$(P_2,Q_2)=(19.906,45.474)$。

⑦计算各药品连锁店到这两个配送点的送货运输费用,计算结果如表5-9所示。考察表5-9,发现分组情况不变,仍然为{1,2,3,8,10}和{4,5,6,7,9}。因此,这一物流服务分配方案为最佳方案。

表 5-9 第三次迭代的选址分配方案及运输费用

连锁店号 j	X_j	Y_j	需求量	到(P_1,Q_1)的运输费用	到(P_2,Q_2)的运输费用
1	70	70	8	269.126	446.2059
2	95	50	10	53.87636	752.3027
3	80	20	6	177.6341	391.6219
4	20	60	5	355.5495	72.63152
5	40	10	7	439.2965	285.3883
6	10	50	8	640.7364	87.12786
7	40	60	12	618.2151	297.5355
8	75	90	5	223.8362	354.1862
9	10	30	11	902.2989	202.1049
10	90	40	9	70.58928	632.7668

在此方案下,总的最低送货运输费用为 1709.85,第一个配送点的地址坐标为(P_1,Q_1)=(90.063,47.843),主要对 1、2、3、8、10 号药品连锁店提供服务;第二个配送点的地址坐标为(P_2,Q_2)=(19.906,45.474),主要对 4、5、6、7、9 号药品连锁店提供服务。

2. 覆盖模型

覆盖模型是一类离散点选址模型。所谓离散点选址,是指在有限的候选位置里,选取最为合适的若干个设施位置为最优方案。它与连续点选址模型的区别是:离散点选址模型所拥有的候选方案只有有限个元素,在规划设计中,需要对这几个有限的位置排列组合进行分析。

所谓覆盖模型,是指对于需求已知的一些需求点,确定一组服务设施来满足这些需求点的需求。在这个模型中,需要确定服务设施的最小数量和合适的位置。该模型适应于商业物流系统,如零售点的选址问题、加油站的选址、配送中心的选址等,公用事业系统,如急救中心、消防中心等,以及计算机与通信系统,如有限电视网的基站、无线通信网络基站、计算机网络中的集线器设置等。

根据解决问题的方法的不同,覆盖模型常用的有两类主要模型:集合覆盖模型(set covering location),即用最小数量的设施去覆盖所有的需求点,如图 5-15 所示;最大覆盖模型(maximum covering location),即在给定数量的设施下,覆盖尽可能多的需求点,如图 5-16 所示。

这两类模型的区别是:集合覆盖模型要满足所有需求点的需求,而最大覆盖模型则只覆盖有限的需求点,两种模型的应用情况取决于服务设施的资源充足与否。

(1)集合覆盖模型

集合覆盖模型的目标是用尽可能少的设施去覆盖所有的需求点。其数学模型表述如下:

$$\min \sum_{j \in N} x_j \tag{5.19}$$

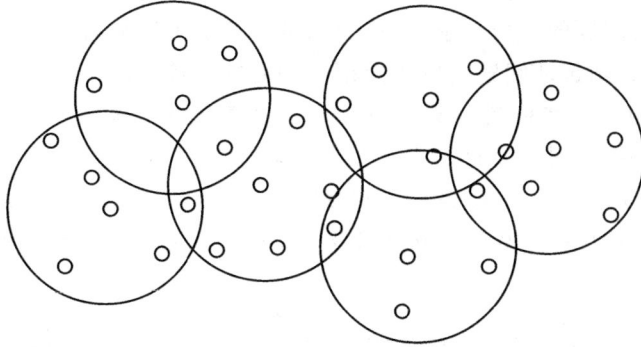

图 5-15 集合覆盖模型

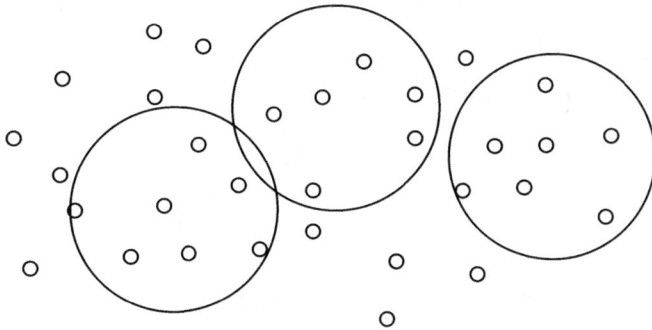

图 5-16 最大覆盖模型

$$\text{s.t.} \sum_{j \in B(i)} y_{ij} = 1, \quad i \in N \tag{5.20}$$

$$\sum_{j \in A(j)} d_i y_{ij} \leqslant C_j x_j, \quad j \in N \tag{5.21}$$

$$y_{ij} \geqslant 0, \quad i, j \in N \tag{5.22}$$

$$x_j \in \{0, 1\} \tag{5.23}$$

式中：N——n 个需求点集合；

d_i——第 i 个需求点需求量；

C_j——设施节点 j 的容量；

$A(j)$——设施节点 j 所覆盖的需求点的集合；

$B(i)$——可以覆盖需求点 i 的设施集合；

y_{ij}——节点 i 需求中被分配给设施节点 j 服务的部分，$y_{ij} \leqslant 1$；

x_j——节点 j 是否被选中成为设施，如选中则为 1，未被选中则为 0。

式（5.19）是目标函数，被选为设施的节点数最小化；式（5.20）保证每个需求点的需求都得到完全满足；式（5.21）是对每个设施的服务能力的限制；式（5.22）允许一个设施为某个需求点提供部分需求。x_j 和 y_{ij} 是决策变量，表明哪些节点选为设施节点，以及分配方案如何。这是一个混合型的 0～4 整数规划问题。

对于此类带有约束条件的极值问题，有两大类方法可以进行求解：一是应用分支定界求解的方法，能够找到小规模问题的最优解，但只适用于小规模问题的求解。在求解中，可用 Excel、Lingo 等软件求解。二是启发式方法，所得到的结果不能保证是最优解，但是可以得到较满意的可行解，对于大问题的分析与求解，应用启发式算法可以显著减少运算量。

下面用一报刊配送站选址问题的例子介绍一种启发性算法。

【**例 5.6**】　一家自营销售的新闻集团公司为了提高服务质量，准备在某城区的一些居民小区中设立报刊配送站，以便快速递送报刊并兼营其他日用品配送。该地区的居民小区分布情况和相对距离如图 5-17 所示，距离以车辆行驶时间表示（单位：min），新闻集团公司需要确定在 15 min 之内到达任何一个居民小区的情况下，要设多少个报刊配送站，以及它们的位置。

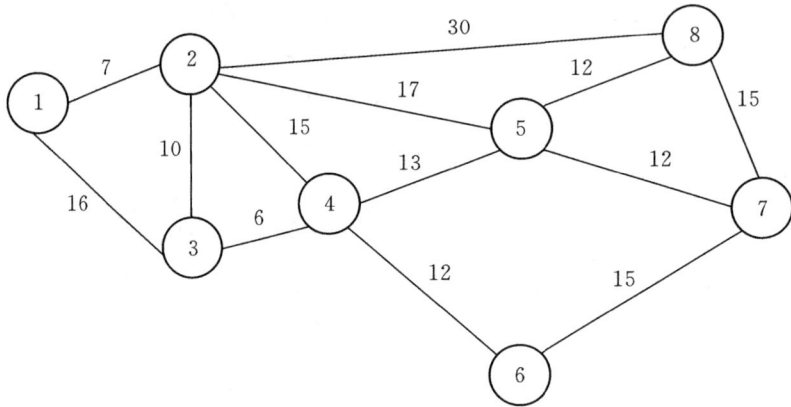

图 5-17　居民小区分布情况和相对距离

解　①由于不考虑配送站的服务能力限制，模型中式（5.21）可以省略，只需考虑覆盖的距离。首先，根据约束条件服务距离≤15 min 的要求，找出每一个备选地（居民小区）所服务的小区集合 $A(j)$ 和可以给每一个居民小区提供服务的备选地集合 $B(i)$，如在 1 号小区建配送站，其能服务的小区集合 $A(1)$ 是{1,2}。同样，如果在 1 号小区建配送站能覆盖到 1 号小区，在 2 号小区建配送站也能覆盖到 1 号小区，其他小区建配送站都不能覆盖到 1 号小区，因此能为 1 号小区提供服务的备选地集合 $B(1)$ 是{1,2}，其他结果如表 5-10 所示。一般说来，这两个集合是一致的，但是如果加一些限制条件（如某个小区不能建配送站），那有可能会出现差异。

表 5-10　备选地的服务范围

居民小区编号	$A(j)$	$B(i)$
1	1,2	1,2
2	1,2,3,4	1,2,3,4
3	2,3,4	2,3,4
4	2,3,4,5,6	2,3,4,5,6
5	4,5,7,8	4,5,7,8
6	4,6,7	4,6,7
7	5,6,7,8	5,6,7,8
8	5,7,8	5,7,8

②根据表 5-10,在 $A(j)$ 中找出可以成为其他居民小区服务范围的子集,将其省去,这样可以简化问题。例如在 1 号小区建配送站可以对 1、2 号小区提供服务,而在 2 号小区建配送站可以对 1、2、3、4 号小区提供服务。因此,1 号小区服务范围是 2 号小区服务范围的一个子集,可以忽略在 1 号小区建配送站的可能性。经过简化后,$\{2,4,5,6,7\}$ 是候选点的集合。

③确定合适解。很显然,在候选点集中,在任何一个小区中建配送站都不能覆盖所有小区。考虑建 2 个配送站,经过组合穷举,发现 $\{2,7\}$ 是可以覆盖所有小区的一个数量最少的组合解,即 2 号小区配送站服务 1、2、3、4 号小区,而 7 号小区配送站服务 5、6、7、8 号小区。

(2)最大覆盖模型

最大覆盖模型的目标是对有限多个服务设施进行选址,并为尽可能多的需求点提供服务,但可能不能满足所有的需求点的需求。最大覆盖模型的数学模型表述如下:

$$\max \sum_{j \in N} \sum_{i \in A(j)} d_i y_{ij} \tag{5.24}$$

$$\text{s. t.} \quad \sum_{j \in B(i)} y_{ij} \leqslant 1, \quad i \in N \tag{5.25}$$

$$\sum_{j \in A(j)} d_i y_{ij} \leqslant C_j x_j, \quad j \in N \tag{5.26}$$

$$\sum_{j \in N} x_j = p \tag{5.27}$$

$$y_{ij} \geqslant 0, \quad i, j \in N \tag{5.28}$$

$$x_j \in \{0,1\} \tag{5.29}$$

式中:N——n 个需求点集合;

d_i——第 i 个需求点需求量;

C_j——设施节点 j 的容量;

$A(j)$——设施节点 j 所覆盖的需求点的集合;

$B(i)$——可以覆盖需求点 i 的设施集合;

p——允许投建的设施数;

y_{ij}——节点 i 需求中被分配给设施节点 j 服务的部分,$y_{ij} \leqslant 1$;

x_j——节点 j 是否被选中成为设施,如选中则为 1,未被选中则为 0。

式(5.24)是目标函数,尽可能多地为需求点提供服务,满足它们的需求;式(5.25)表明需求点的需求有可能得不到满足;式(5.26)是每个设施的服务能力的限制;式(5.27)是设施数的限制,表明设施只能建设有限多个;式(5.28)允许一个设施为某个需求点提供部分需求。x_j 和 y_{ij} 是决策变量,表明哪些节点选为设施节点,并且分配方案如何。这是一个混合型的 0~1 整数规划问题。

同集合覆盖模型一样,最大覆盖模型可采用精确求解方法与启发式方法求解。由 Richard Church 和 Charles R. Velle 设计的贪婪启发式算法可以对最大覆盖模型进行求解。该算法首先求出可以作为候选点的集合,并以一个空集作为原始解的集合,然后在候选点集合中选择一个具有最大满足能力的候选点进入原始解集合,作为二次解,以此往复,直到设施数目满足要求为止。

【例 5.7】 仍以上述报刊配送站选址问题为例,假设目标是只能建两个配送站,并为尽可能多的小区提供服务。

解 【例 5.6】中已得出候选小区集合为{2,4,5,6,7},按贪婪启发式算法进行求解。

①初始解为空集。

②根据表 5-10,比较 2、4、5、6、7 号小区的服务范围,可见,在 4 号小区建配送站的覆盖能力最大,能覆盖 5 个小区,因此将 4 加入到解集 S,则 $S=\{4\}$。

③重复②,除去 4 号候选小区的服务范围,将能覆盖剩下的待服务的小区能力最大的候选小区加入到新的解集。在本例中,除去 4 号小区服务范围后,还剩下待服务的小区是(1,7,8),没有一个候选小区能覆盖这三个待服务小区,候选小区 5 和 7 能覆盖待服务小区 7、8 两个小区,因此 $S=\{4,5\}$ 或 $S=\{4,7\}$ 作为新的解集。至此,达到建两个配送站的目标要求,循环结束。

$S=\{4,5\}$ 或 $S=\{4,7\}$ 是用贪婪启发式算法求得的最大覆盖问题的可行解,对照上例的结果,这显然不是最优解,这也是启发式算法的特点。

3. P-中值模型

P-中值模型是指在一个给定数量和位置的需求集合和一个候选设施位置集合下,分别为 p 个设施找到合适的位置,并指派每一个需求点被一个特定的设施服务,使之达到在各设施点和需求点之间的运输费用之和最低。图 5-18 所示的是 P-中值模型的原理。

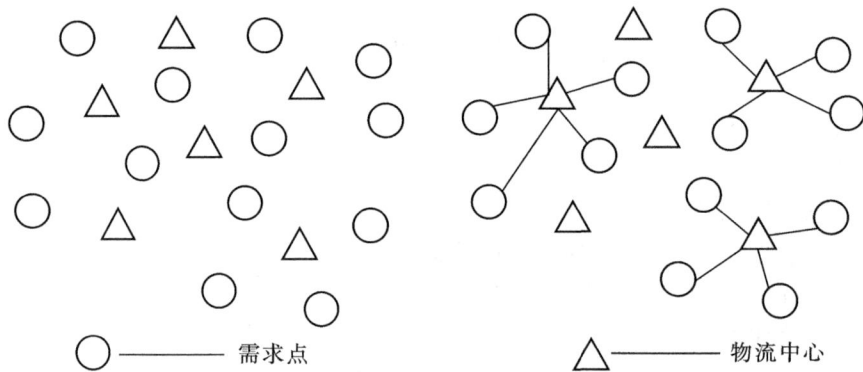

○ —— 需求点　　　△ —— 物流中心

图 5-18 P-中值模型

基本的 P-中值模型的数学模型表述如下:

$$\min \sum_{i \in N} \sum_{j \in M} d_i C_{ij} y_{ij} \tag{5.30}$$

$$\text{s.t.} \quad \sum_{j \in M} y_{ij} = 1, \quad i \in N \tag{5.31}$$

$$y_{ij} \leqslant x_j, \quad i \in N, j \in M \tag{5.32}$$

$$\sum_{j \in M} x_j = p \tag{5.33}$$

$$x_j, y_{ij} \in \{0,1\}, \quad i \in N, j \in M \tag{5.34}$$

式中:N——n 个需求点集合;

d_i——第 i 需求点需求量;

C_{ij}——从需求点 i 到设施 j 的单位运输费用;

M——m 个建设设施节点候选点集合；

p——允许投建的设施总数（$p<m$）；

y_{ij}——需求点 i 是否由设施 j 来提供服务，$0\sim1$ 决策变量；

x_j——设施 j 是否被选中，$0\sim1$ 决策变量。

式（5.30）是目标函数，表明在达到各需求点到它服务设施的运输费用总和最低；式（5.31）保证每个需求点只有一个服务设施来提供服务；式（5.32）有效地保证没有选中的设施候选点不能为需求点提供服务；式（5.33）限制了可以投建的设施总数为 p 个。x_j 和 y_{ij} 是 $0\sim1$ 决策变量。这是一个 $0\sim1$ 整数规划问题。

求解 P -中值模型需要解决两方面问题：①选择合适设施位置，即模型中的 x 决策变量；②指派需求点到相应的设施中去，即模型中的 y 决策变量。

一旦设施的位置确定之后，由于设施的服务能力在模型中没有限制，因此再确定指派每个需求点到不同的设施中，费用总和最小就十分简单了。如有能力限制，问题就更为复杂。选择设施位置如穷举的话，共有 C_m^p 种可能方案。

与覆盖模型一样，求解一个 P -中值模型问题，主要有两大类方法：精确法和启发式算法。下面介绍一种启发式求解 P -中值模型的算法——贪婪取走启发式算法（greedy dropping heuristic algorithm）。这种算法的基本步骤如下：

①初始化。令循环参数 $K=m$，将所有的 m 个候选位置都选中，然后将每个客户指派给距离其最近的一个候选位置。

②选择并取走一个位置点，满足以下条件：假设将它取走，并将它的客户重新指派后，总费用增加量最小。然后 $K=K-1$。

③重复②，直到 $K=p$。

【例 5.8】 某医药公司有 8 个分销公司（A1～A8），公司拟新建 2 个配送仓库，用最低的运输成本来满足 8 个分销公司的需求。经过实地考察后，公司确定 5 个候选地（D1～D5），从候选地到各分销公司单位运输成本、各分销公司的需求已确定，如表 5-11 所示，各分销公司分布及候选仓库位置如图 5-19 所示，试确定仓库的位置与分销公司分派情况，并计算出各仓库的运输成本。

表 5-11　各客户需求量与单位运输成本矩阵表

	D1	D2	D3	D4	D5	需求量
A1	30	45	48	10	35	10
A2	25	60	70	35	50	6
A3	28	15	25	32	10	11
A4	45	30	20	24	12	25
A5	58	12	25	60	30	15
A6	65	30	15	57	33	13
A7	65	35	16	45	28	20
A8	22	30	35	20	16	8

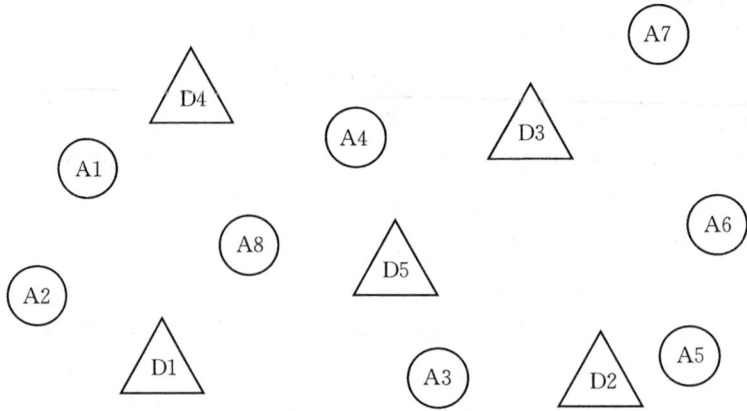

图 5-19　客户和候选位置分布图

解　①对表 5-11 的单位运输成本进行比较,按距离最近进行分派,得到初始化结果,如图 5-20 所示,总费用＝150＋180＋195＋320＋100＋128＋300＋110＝1483,K＝5。

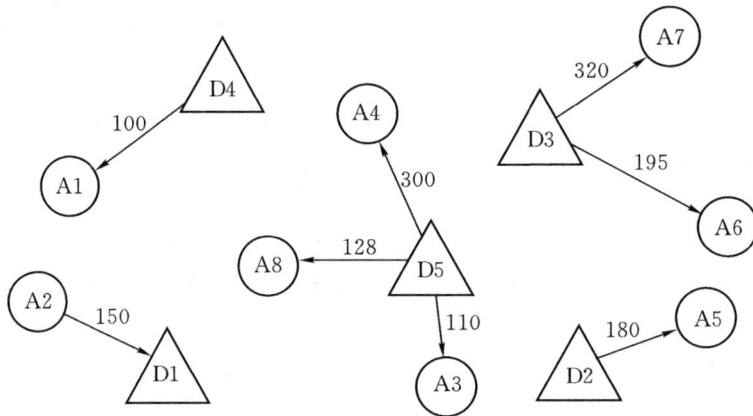

图 5-20　初始化指派结果

②分别对移走候选地 D1、D2、D3、D4、D5 进行重新指派,开对各自的增量进行计算。

当移走 D1 后,受影响的是 A2,A2 指派给 D4 后,所产生的增量＝210－150＝60;

当移走 D2 后,受影响的是 A5,A5 指派给 D3 后,所产生的增量＝375－180＝195;

当移走 D3 后,受影响的是 A6、A7,A6 指派给 D2,A7 指派给 D5 后,所产生的增量＝390＋560－320－195＝435;

当移走 D4 后,受影响的是 A1,A1 指派给 D1 后,所发生的增量＝300－100＝200;

当移走 D5 后,受影响的是 A3、A4、A8,A3 指派给 D2,A4 指派给 D3,A8 指派给 D4,所产生的增量＝165＋500＋160－110－300－128＝287;

所以,第一个被移走的候选地是 D1,并把 A2 指派给 D4,K＝4。

③分别对移走候选地 D2、D3、D4、D5 进行重新指派,并对各自的增量进行计算。

当移走 D2 后,受影响的是 A5,A5 指派给 D3 后,所产生的增量＝375－180＝195;

当移走 D3 后,受影响的是 A6、A7,A6 指派给 D2,A7 指派给 D5 后,所产生的增量＝390＋560－320－195＝435;

当移走 D4 后,受影响的是 A1、A2,A1 指派给 D5,A2 指派给 D5,所产生的增量＝350＋300－100－210＝340;

当移走 D5 后,受影响的是 A3、A4、A8,A3 指派给 D2,A4 指派给 D3,A8 指派给 D4 后,所产生的增量＝165＋500＋160－110－300－128＝287;

所以,第二个被移走的候选地是 D2,并把 A5 指派给 D3,K＝3。

④分别对移走候选地 D3、D4、D5 进行重新指派,并对各自的增量进行计算。

当移走 D3 后,受影响的是 A5、A6、A7,A5 指派给 D5,A6 指派给 D5,A7 指派给 D5 后,所产生的增量＝450＋429＋560－375－195－320＝549;

当移走 D4 后,受影响的是 A1、A2,A1 指派给 D5,A2 指派给 D5,所产生的增量＝350＋300－100－210＝340;

当移走 D5 后,受影响的是 A3、A4、A8,A3 指派给 D3,A4 指派给 D3,A8 指派给 D4 后,所产生的增量＝275＋500＋160－110－300－128＝397;

所以,第三个被移走的候选地是 D4,并把 A1 指派给 D5,A2 指派给 D5,K＝2,循环结束。

最后的结果为在候选地 D3、D5 上投建新的仓库,总的运输成本为 2078,其中 D3 仓库的运输成本为 890,D5 仓库的运输成本为 1188,指派结果如图 5－21 所示。

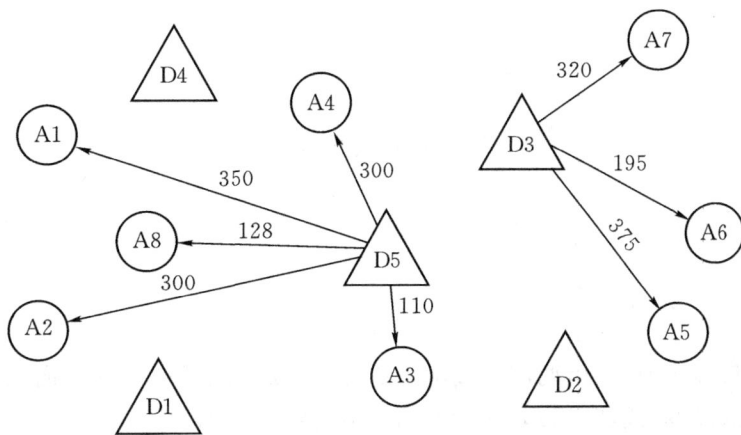

图 5－21　最后的指派结果

4. CFLP 模型

(1)问题描述

CFLP(capacitated facilities location problem)模型是带容量限制的多设施选址问题。其问题描述如下:某公司有 n 个销售地区,每个销售地区的需求量已知。公司决定拟建立若干个配送中心,经考察确认候选地点为 m 个,每个候选地都有容量限制,并且有固定成本(如建造成本或租赁成本),问题是如何从 m 个候选地点中选择 k 个地点修建配送中心,使物流费用达到最小。

模型是没有考虑配送中心的进货成本。这里有一个假设,即货物的各供应地距离布局网络的规划区域都足够远。这是因为当供应地距离规划区域较远时,各配送中心从供应处进货的进货成本之差异相对于进货成本本身来说,可忽略不计。这样各配送中心候选地的进货成本均相等,所以在此模型布局时可不考虑。

当然,如果供应地并不是远离规划区域,那就必须考虑进货成本。这样的话,此问题就接近于鲍摩-瓦尔夫模型。

(2)建立模型

设 i 为配送中心候选地,$i=1,2,3,\cdots,m$;

j 为销售地区,$j=1,2,3,\cdots,n$;

k 为拟建配送中心个数;

D_j 为销售地 j 的需求量;

F_i 为配送中心候选地 i 的固定成本;

W_i 为配送中心的容量;

C_{ij} 为从配送中心候选地 i 到销售地 j 的单位运输费用;

X_{ij} 为从配送中心候选地 i 到销售地 j 的运输量(决策变量);

Y_i 为配送中心候选地 i 被选中时取 1,否则为 0(0~1 决策变量)。

则 CFLP 问题的数学模型可如下表述:

$$\min Z = \sum_{i=1}^{m} \sum_{j=1}^{n} C_{ij} X_{ij} + \sum_{i=1}^{n} F_i Y_i \tag{5.35}$$

$$\text{s.t.} \quad \sum_{i=1}^{m} x_{ij} = D_j, \quad j=1,2,3,\cdots,n \tag{5.36}$$

$$\sum_{j=1}^{n} x_{ij} \leqslant W_i Y_i, \quad i=1,2,3,\cdots,m \tag{5.37}$$

$$\sum_{i=1}^{m} Y_i \leqslant k \tag{5.38}$$

$$Y_i \in \{0,1\}$$

$$X_{ij} \geqslant 0$$

式(5.35)为目标函数,它由两部分成本组成,第一项为配送中心的外向运输成本,第二项为配送中心的建造成本;式(5.36)表示所有销售地的需求得到满足;式(5.37)表示被选中的配送中心候选地的吞吐量不能超过它的容量限制;式(5.38)表示拟建的配送中心数不能超过 k 个。这是一个混合整数规划问题。

(3)模型求解

关于 CFLP 问题的求解,只要从 m 个候选地中确定了 k 个配送中心,整个问题就变为运输规划问题。因此,如果穷举的话,要解 C_m^k 个运输规划问题,对于小规模问题的求解可用分支定界法求解,可选用一些现成的优化软件,如 LINGO 软件;对于大规模问题也可用现代优化技术,如模拟退火算法、禁忌搜索、遗传算法、蚁群优化算法等。当然,针对这个模型的特点,也可用启发式算法来求解。

思考题

1. 物流节点选址规划的目标有哪些?
2. 按目标函数划分,物流节点选址规划主要有哪些选址问题?
3. 物流节点选址规划的各种方法有何特点?
4. 物流节点选址决策时应考虑哪些因素?
5. 用韦伯的工业区位理论对下列生产工厂的选址进行分析:①洗手液装瓶;②计算机的组装;③铝矿石的冶炼;④品牌矿泉水的生产。
6. 对本章的各种选址模型进行比较分析,简述各自有何特点与适用范围。
7. 某公司在某地区有 6 个零售商客户(A1~A6),公司拟在该地区新建 2 个仓库,用最低的运输成本来满足该地区零售商的需求。经实地考察后,公司确定 5 个候选地(D1~D5),从候选地到客户的单位运输成本、各客户的需求已确定(见表 5-12),试确定仓库的位置与客户分派情况。

表 5-12　从候选地到客户的单位运输成本和客户需求

	D1	D2	D3	D4	D5	需求量
A1	8	9	25	6	11	45
A2	4	11	28	2	24	20
A3	5	8	12	20	13	50
A4	8	6	10	25	5	100
A5	15	10	8	28	10	80
A6	18	3	5	27	2	40

案 例

联邦快递亚太地区转运中心选址分析

联邦快递(UPS)是一家国际性速递集团,是全球最具规模的快递运输公司,为全球超过 235 个国家及地区提供隔夜快递、地面快递、重型货物运送、文件复印及物流服务,总部设于美国田纳西州。该集团为遍及全球的顾客和企业提供涵盖运输、电子商务和商业运作等一系列的全面服务。作为一个久负盛名的企业品牌,联邦快递集团通过相互竞争和协调管理的运营模式,提供了一套综合的商务应用解决方案,使其年收入高达 320 亿美元。联邦快递设有环球航空及陆运网络,通常只需一至两个工作日,就能迅速运送时限紧迫的货件,而且确保准时送达。

联邦快递在开拓亚太市场时,对亚太转运中心的选址有了一定的研究。在考虑选址的时候,联邦快递将中国的广州、香港、深圳、上海和菲律宾作为候选的方案,但是随着中国市场的不断成熟和壮大,夺取中国市场成为未来各大物流快递巨头的首要任务,联邦快递还是把主要目光放在了中国市场上。而 UPS 在上海设置了其转运中心,则最后的备选方案就只有广州、香港、深圳这三个区域。

1.设立其影响选址的因素以及评定等级分数

在对研究影响物流中心选址因素的相关文献归纳整理后,主要设立了具有代表性的地理位置、基础设施、人力资源等八个影响因素,并设有 A、B、C、D、E 五个等级类别,其中按照顺序分别代表不同的分数,即 4、3、2、1、0,对各因素进行分数评定。以下对八个主要影响因素进行对比分析和等级评分。

(1)地理位置

广州是广东省的政治、经济、科技、教育和文化中心,是中国的"南大门",是中国远洋航运的优良海港和珠江流域的进出口岸,是铁路的交汇点和华南民用航空交通中心。

香港背靠中国内地,面朝南海,为交通的咽喉。并且有理想的海港、国际航运的主要通道,又是世界上最繁忙的港口之一。

深圳毗邻香港,东临大亚湾,西至珠江口,是最早开放的经济特区,凭借得天独厚的地理位置赢得了巨大的发展。

从作为亚洲中心及中国重要发展区域珠江三角洲的两者兼备性来看,广州无疑是最为出色的两者结合点,地理位置可见一斑,因此分别对其进行等级评分:广州为 A,香港为 B,深圳为 B。

(2)基础设施

广州的基础设施尤其是交通设施处于世界一流的水平,配套完善的设备为物流业的发展提供了雄厚的物力支持。在海陆空方面的分别体现在广州港、黄埔港、南沙港。新白云机场是国内规模最大、功能最先进、现代化程度最高的国际机场。广州还是华南地区的高速公路枢纽。

香港在海运方面的能力比广州强,设备与管理更加先进有效。作为天然港口,香港是国际上的货运大港,其货物吞吐量在国际上的排名每年都上升。香港国际机场正发展成亚洲的客货运枢纽。

深圳拥有蛇口港和盐田港两大港口,航线基本上囊括了所有的出口国家。基础设备完善,配备了完善的港口物流操作工具。深圳宝安国际机场是中国境内第一个实现海陆空联运的现代化国际空港,也是第一个采用过境运输方式的国际机场。深圳在公路及铁路运输上优势不太明显,陆路运输网络缺乏足够的承载能力。

联邦快递作为航空快递业务的巨头,主要交通方式还是依靠空运为主,因此这个因素的凸出点就是航空的速度、成本、覆盖面。广州新白云机场虽是国际化的先进机场,但是相比香港的国际机场,还是略显不足。因此,分别对其进行等级评分:广州为 B,香港为 A,深圳为 A。

(3)人力资源

中国的物流仍然处于高速发展的起步阶段,目前主要处于人手操作阶段,大量的人力成本成为物流成本的重要部分。因此培养高素质物流人才成为制约物流行业发展的瓶颈。

广州物流行业人力资源充足。外来人员能够胜任很多劳累的物流操作员工作。在高素质的物流人才培养上,广州也不甘落后,全市共有大专以上院校 64 所,这些高等学府为广州培养了大量的优秀人才。

香港同样拥有香港理工大学等知名学府,每年向香港乃至全世界输送大量高素质人才。其开放式、创新式的教育方式培育出来的学生综合素质比内地的学生要强,可是香港的用人薪酬水平远比内地要高,因此这也制约了这种粗放型的行业发展。

深圳无论是在高素质的物流人才培养还是在用人的成本上都并不理想。其中培训机构或者是院校缺乏、生活消费水平高是导致用人成本过高的重要原因。

物流成本可以分为固定成本和可变成本,而人工成本就是变动成本的最大组成部分,以最低成本化的原则,人工成本较低的地区就会具有比较优势,因此分别对其进行评分:广州为 A,香港为 E,深圳为 D。

(4)政策扶持

为了更快更好地发展物流业,广州出台了不少相关优惠政策和扶持政策。比如放宽市场准入,物流产业向所有经济成分开放;调整用地政策,对企业以原拨划土地为条件引进资金和设备建设物流配送中心。

香港充分推动物流行业的发展,而且也做了不少工作,包括成立物流发展督导委员会等。

深圳为了加快物流行业发展,对物流业主采取以下政策措施:优惠的土地和用电政策、支持物流发展立项和投资、加快电子口岸建设、实施外向带动策略、营造市场环境、拓宽人才引进渠道等。

国家"十一五"规划中明确了以物流产业作为我国的支柱产业,因此广州、香港、深圳这三个沿海地区对于物流行业的发展投入力度及重视程度一定会十分充分,无差别可言。因此分别对其进行等级评分:广州为 A,香港为 A,深圳为 A。

(5)市场条件

广州的物流市场发展潜力十分巨大。在竞争对手方面,虽然 TNT、DHL、UPS 等已先后在广州设立华南总部或者广东分公司,但并没有对其转运中心有很大的影响,广州本土的物流企业更是缺乏与联邦快递这样的跨国型物流企业竞争的实力。

香港国际机场作为全球最繁忙的国际货运机场,总货量 340 万吨。但与此同时,香港国际机场却面临着一个瓶颈问题,其 300 万的货运量已经是极度饱和了,根本满足不了联邦快递建立后所需要增加的货运量。

深圳同样已经达到了货物吞吐量的饱和。并且深圳宝安机票没法满足未来空运机的主流——A380。相反,广州新白云国际机场是中国首个按照中枢理念设计的机场。

从绝对优势上来看,无论是航空还是海港,广州的运量及运力都处于劣势,但是从战略性质原则的角度上,广州却是最具发展潜力的,因而与联邦快递对其优先考虑不谋而合。因此分别评定等级为:广州 B,香港 C,深圳 C。

(6)供应商分布

联邦快递亚太转运中心属于转运型的物流中心,大多数经营是倒装、装载或者是短期存储的周转性商品。这种转运型的物流中心对于供应商的选择条件考虑得比较少,因此三个城市可供选择的供应商资源都较丰富,这方面区别不大,评分都是 A 级。

(7)交通条件

香港和深圳在海运和空运上都有比广州优胜的地方,无论是在设备管理,还是在运载能力上都超出广州数倍,但是却缺乏一张完善的陆地运输网络,公路总长及铁路线路都小于广州。

即便如此,广州的交通道路却非常拥挤,道路压力比香港和深圳大很多,同时广州的道路收费一直是人们所诟病的问题,在燃油和航班起飞成本上,香港的成本也要少,因此对其进行等级评分时:广州为 C,香港为 A,深圳为 B。

（8）发展潜力

广州已经建设和发展广州现代物流信息平台、运输平台、物流园区和物流中心。大力发展信息化、自动化、网络化、智能化的第三方物流,形成现代物流圈。

深圳在物流行业未来发展的规划上也提出了"三步走"的发展战略。近期打好基础,中期快速发展,远期成熟完善,形成依托香港、连线国际的物流经营网络,形成中国内地最为完善的物流服务体系。

香港侧重于:简化验关手续,争取成为亚洲的储运中心,充分利用亚洲航空枢纽的优势,通过对运输费用合理下调来保持竞争力。

在此因素的评分标准上,采用统一性的原则。因为三市在物流行业的发展规划中都已经把物流行业作为发展的巨大推动力,三市的等级分数都为 A。

2. 计算影响因素的权重

设八个因素依次为 F1、F2、F3、F4、F5、F6、F7、F8。根据调差结果如表 5 - 13 所示。

表 5 - 13　影响因素频次表

排列顺序	各因素出现次数							
	F1	F2	F3	F4	F5	F6	F7	F8
1	8	3	0	0	4	4	0	1
2	4	1	0	1	6	1	6	1
3	4	1	0	3	5	1	5	1
4	2	4	1	3	2	2	3	3
5	0	4	2	4	2	3	3	3
6	0	3	2	3	2	4	1	5
7	0	4	5	3	0	4	0	4
8	0	1	7	3	0	4	1	4

因此,按照重要程度排列可以得到结果:F1、F7、F5、F2、F4、F8、F6、F3,按照这个结果分别赋值分数:7、6、5、4、3、2、1、0,得到顺序分数后可以按照公式:

$$权重 = 分数 \times 调整比例(各位置因素所得票数/总票数)$$

因此各因素的权重可以确定,结果如表 5 - 14 所示。

表 5 - 14　影响因素权重表

	因素代号							
	F1	F2	F3	F4	F5	F6	F7	F8
顺序分数	7	4	0	3	5	1	6	2
调整比例	0.40	0.20	0.35	0.20	0.25	0.20	0.30	0.25
权重	2.8	0.8	0	0.6	1.25	0.2	1.8	0.5

3.计算综合得分(见表5-15)

表 5-15　综合评价表

影响因素	权重	各备选方案等级及分数		
		广州	香港	深圳
地理位置 F1	2.8	A/11.2	B/8.4	B/8.4
基础设施 F2	0.8	B/2.4	A/3.2	A/3.2
人力资源 F3	0	A/4	E/0	D/1
政治扶持 F4	0.6	A/2.4	A/2.4	A/2.4
市场条件 F5	1.25	B/3.75	C/2.5	C/2.5
供应商分布 F6	0.2	A/0.8	A/0.8	A/0.8
交通条件 F7	1.8	C/3.6	A/7.2	B/5.4
发展潜力 F8	0.5	A/2	A/2	A/2
综合得分		30.15	26.5	24.7

通过基于加权因素法评级计算,联邦快递亚太转运中心的选址最终选定广州。

案例讨论:

1.本案例的选址影响因素中哪些是可以量化的? 如何进行量化分析?

2.本案例中还可考虑哪些影响因素?

3.试用层次分析法(AHP)对该案例进行重新决策计算。

第6章　物流运输规划与设计

本章要点

- 物流运输的功能与特点
- 物流运输规划与设计的原则与主要内容
- 物流运输方式的特点与选择
- 物流运输线路优化模型

交通运输是国民经济和社会发展的重要基础设施和基础产业,运输是物流系统的重要环节。运输通常是物流成本中最大的单项成本,货物运输费用占物流总成本的 $1/3\sim2/3$,合理的物流运输系统规划和设计对于提高物流系统效率和效益具有重要意义。

6.1　物流运输系统概述

运输是指用设备和工具,将物品从某一地点向另一地点运送的物流活动,其中包括集货、分配、搬运、中转、装卸、分散等一系列操作。

物流运输系统由运输基础设施、运输设备、运输工作人员组成。其中运输基础设施包括货场、道路、桥梁、信号、隧道、公路、河道和码头等,运输设备包括集装箱、汽车、牵引机车、拖车、飞机和船只等,运输工作人员包括装卸人员、维修人员、操作人员及其他管理人员等。

6.1.1　物流运输系统的功能

物流运输系统主要实现货物的转移,从而创造空间和时间价值,其功能包括货物移动、短期储存等。运输的发展影响着社会生产、流通、分配和消费的各个环节,是保证国民经济正常运作的重要基础之一。

1.货物的空间移动

运输实现货物的空间位移,创造"场所价值"。物流是物品空间位置的移动,运输主要承担改变物品空间位置的作用,是物品改变空间位置的主要技术手段,是物品实现价值增值的主要原因。运输是物流的主要功能要素之一,决定了物流的速度。

随着社会分工迅速发展,生产与供应的关系日趋紧密。现代生产的基本要求是生产过程平稳、生产各环节节奏一致,而生产、供应、消费等社会行为在空间上的联系却日趋分离,因此,运输的作用显得空前突出。任何正常运转的企业,每天都有大量物资进出,某些重要的交通路线如果不能正常运转,将对国民经济产生重大影响。

2.货物的短期储存

将运输车辆作为临时的储存设施,对产品进行短期库存是运输的职能之一。如果转移中的产品需要储存,而短时间内又要重新转移,卸货和装货的成本也许会超过储存在运输工具中的费用,此时可以将运输工具作为临时的储存工具。另外,产品在运输途中也是短期储存的过程。

6.1.2　物流运输系统的特点

1.物流运输系统是一个连续性的过程系统

运输生产是在流通过程中完成的,它的连续性表现为运输生产过程的连续性和运输生产时间的连续性。其货物运输生产过程包括了集、装、运、卸、散诸环节所组成的生产全过程,诸过程单元是通过旅客和货物位移相互连接的。在完整的运输过程系统中,任何一个单元出现故障都直接影响系统功能的实现。为了保证过程系统的正常运转,就要不断地解决和协调各个过程单元和单元间所形成的"接合部"。由于物流运输系统是一个过程系统,在作业过程的诸多环节间形成"接合部",对其管理问题就具有特别重要的意义。

物流运输系统生产的连续性还表现在时间上的连续,这个系统必须全年、全月、全日地运转,而不能发生任何中断,如果发生运输中断,就破坏了运输的正常生产。

2.物流运输系统生产的多环节、多功能等特点

结构复杂的物流运输系统,其运输生产过程表现为多个环节之间的联合作业,如货物装载、运输、卸载等,各个环节间要协调适应。

物流运输系统具有多种功能,如运输功能、生产功能、服务功能、工业功能、城市功能以及国防功能等,完成物流运输系统的功能就意味着要实现物流运输系统的多种功能。

另外,运输服务可以通过多种运输方式进行,不同的运输方式与其技术特征相适应,决定了各自不同的运输服务质量,而一个完整的运输过程往往需要多种运输方式联合运用,实行联合运输。

3.物流运输系统生产具有网络特性

良好的物流运输系统要有合理的布局与结构,要建设成与内部、外部协调的交通运输网。在科学合理的交通运输网上,通过科学的运输组织才能实现运输需求,加速货物和车船的周转,压缩旅客和货物的在途时间,加速国民经济的发展。

运输网络是一个赋权的连通图,由节点和弧组成。网中的节点是各种运输方式的车站、枢纽或多种运输方式的接合部,如城市、地区中心、街道交叉口等;弧是网络中车站之间、枢纽点之间或各种运输方式接合点之间的区间线路,如公路线、铁路线、航空线、水运航道及运输管道等。物流运输系统的建设与发展,首先要从完善、加强、扩展交通运输网着手,不断地提高交通运输网的数量与质量,是发展物流运输系统的基本措施。

4.物流运输系统是一个动态系统

运输不产生新的实物形态产品,不改变劳动对象的本性和形态,只是改变它的位置,运输生产所创造的价值附加在其劳动对象上。劳动对象(货物)的位置转移是一个动态过程,即物流运输系统中的人流、物流、车流、船流以及飞机流等本身就是经常处在一个流动的状态。另

外,运输生产活动通常处在十分复杂多变的外部环境中,使运输活动的组织和管理具有动态性。

6.1.3 物流运输系统的结构

铁路、公路、航空、水运和管道是最基本的五种运输方式,形成五个运输子系统。建立合理的运输结构,不仅要科学地确定各种运输方式在物流运输系统中的地位和作用,还必须在全国范围内根据运输方式的合理分工和社会经济发展要求,做到宜铁则铁、宜公则公、宜水则水、宜空则空,建立一个经济协调、合理发展的综合物流运输系统。综合物流运输系统的结构主要有以下几种形式。

1.并联结构

各个运输子系统间为一个并联关系,如图 6-1 所示。

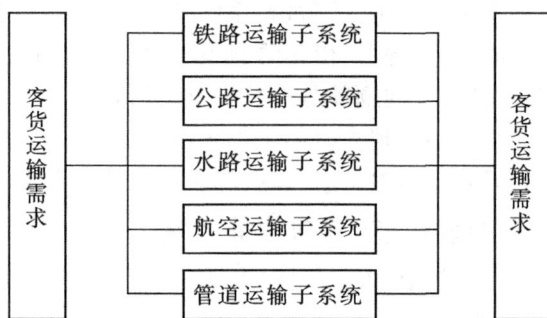

图 6-1 物流运输系统并联结构

2.串联结构

各个运输子系统间为一个串联关系,如图 6-2 所示。

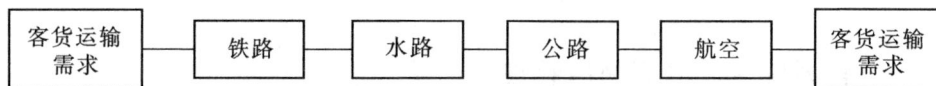

图 6-2 物流运输系统串联结构

3.串并联结合的网络型结构

各个运输子系统间为串联、并联相结合的关系,如图 6-3 所示。

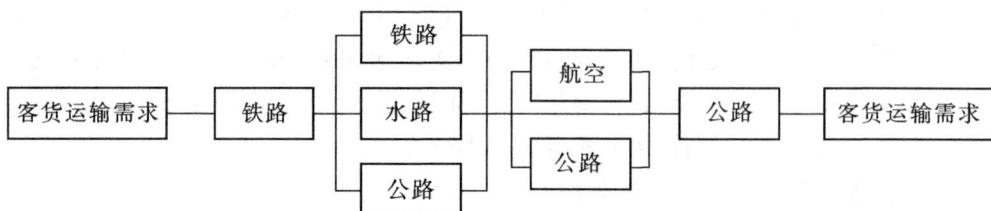

图 6-3 物流运输系统串并联结构

6.1.4　物流运输系统规划

运输规划是指为了完成确定目标,在一定区域范围内对物流运输系统进行总体战略部署,即根据社会经济发展的要求,从当地具体的自然条件和经济条件出发,通过综合平衡和多方案比较,确定交通运输发展方向和地域空间分布等。

1.物流运输系统规划的原则

(1)经济发展原则

物流运输系统发展布局必须服从于社会经济发展的总战略、总目标,服从于生产力分布的大格局。物流运输系统建设必须与所在区域的社会经济发展各个阶段目标相一致,为当地社会经济发展服务。

(2)协调发展原则

在进行物流运输系统规划时,必须综合考虑所在区域的铁路、公路、水路、航空和管道五大运输方式的特点,形成优势互补、协调发展的综合运输网络。

(3)局部服从整体原则

某一层次的物流运输系统规划必须服从于上一层次交通物流运输系统总体布局的要求,如省级规划必须以国家级规划为前提,市级规划必须以国家级和省级规划为前提。

(4)近期与远期相结合原则

一个合理的物流运输系统规划应包括远期发展战略规划、中期建设规划、近期项目建设规划三个层次,并满足"近期宜细、中期有准备、远期有设想"的要求。

(5)需要与可能相结合原则

物流运输系统规划既要考虑社会经济发展对运输的要求,建设尽可能与社会经济发展相协调的综合物流运输系统,以促进社会经济的发展,又要充分考虑人力、物力、财力等建设条件的可能性,实事求是地进行物流运输系统的规划和实施。

(6)理论与实践相结合

物流运输系统规划是一个复杂的系统工程,必须利用系统工程的理论方法,理论与实践相结合,对其进行分析、预测、规划及评价,才能获得总体效益最佳的物流运输系统规划方案。

2.物流运输系统规划的内容

对于区域性物流运输系统规划,其主体内容一般包括以下几个方面:①物流运输系统现状调查;②物流运输系统存在的问题诊断;③物流运输系统运输需求量发展预测;④物流运输系统规划方案设计与优化;⑤物流运输系统规划方案综合评价;⑥物流运输系统规划方案的分期实施计划。

作为物流系统重要组成部分的运输子系统的规划与设计主要包括以下几个方面。

(1)运输业务模式的选择

企业通过分析运输费用、服务质量、风险等因素,确定采用自营运输模式或者外包运输模式。

(2)运输方式的选择

根据各运输方式的优点和特点,选择公路、铁路、水路、航空、管道五种运输方式中的一种或几种联合运输方式。

（3）运输批量和运输时间的确定

运输批量和运输时间对运输质量和运输费用会产生重大影响。大批量运输成本低，但大批量运输又与运输方式相关。另外，运输期限必须保证交货时间，不同运输方式所需的时间和成本均不同。

（4）运输线路的规划与选择

不同的运输线路各有优缺点，企业在选择运输线路时，必须以自己的经营特点和要求、产品性能、市场需求和缓解程度等为基础，并在综合考虑各种运输方式的特点之后合理选择。运输线路的规划与选择一般可分为点点之间运输问题、多点之间运输问题及回路运输问题等。

（5）运输流量的分析

运输流量的分析即对于线路上的车辆流量大小进行分析和规划。

（6）车辆的配载与调度问题

在对运输车辆的配载与调度分析时，需要考虑各种货物装卸的先后次序、货物品种的相容性、如何能够尽可能利用运输车辆的最大运力等问题。

而本章主要讨论运输方式选择和运输线路规划与设计的内容。

6.2　运输方式选择

基本的运输方式有五种，即铁路运输、公路运输、水路运输、航空运输和管道运输，各种运输方式的系统组成、所能承载的货类及运输特点不同。各种运输方式提供的运输服务各有特点和优势，也各有所短，彼此之间既存在着竞争关系，也有着互补协作关系。

不同的运输方式适应于不同的运输货类和具体要求。但是，各种运输方式之间存在一定的可替代性，因此，根据实际情况选择适当的运输方式是运输规划中非常重要的内容。

6.2.1　各种运输方式的特点

1. 铁路运输

铁路运输是指利用机车、车辆等技术设备沿铺设轨道运行的运输方式。铁路运输的特点有：铁路运输具有运输能力大、单车装载量大、运输成本低、速度快、安全可靠等优点，加上多种类型的车辆，使它几乎能承运任何商品，几乎可以不受重量和容积的限制；铁路运输车速较高，平均车速在五种基本运输方式中排第二位，仅次于航空运输；铁路运输受气候条件和自然条件影响较小，在运输的经常性方面有优势；铁路运输可以方便地实现集装箱运输及多式联运。同时，铁路运输也有其局限性，主要是线路固定、成本很高、原始投资较大、建设周期长，列车的编组、解体和中转改编等作业环节占用时间较长，货物毁损或丢失事件也比其他运输方式多等，而且不能实现"门到门"运输，通常要依靠其他运输方式配合，才能完成运输的任务。

根据其特点，铁路运输主要担负大宗低值货物的中长距离运输，也较为适合运输散装货物（如煤炭、金属、矿石、谷物等）和罐装货物（如化工产品、石油产品等）。

2. 公路运输

公路运输是指利用一定载运工具（汽车、拖拉机、人力车等）沿公路实现旅客或货物空间位移的过程。从狭义来讲，公路运输就指汽车运输。

公路运输可以直接运进和运出货物,是车站、港口、机场、码头货物集散的重要手段。公路运输的特点是速度较快、范围广,在运输时间和线路安排上有较大的灵活性,可直达仓库、码头、车站等地直接装卸,其他运输方式最终或多或少都要依靠公路运输来完成运输任务。公路运输的缺点是:运输费用较高、载运量较小,不适宜装卸大件、重件物品,也不适宜长途运输;在路况较差的情况下,很容易造成货损、货差事故;公路建设需要占用大量土地,运输车辆排放的尾气对生态环境会造成较大破坏。

由于公路运输具有可达性高、货物批量适应性高、货物安全性高和输送时间短等特点,在短途运输及区域配送方面发挥着重要作用。

3. 水路运输

水路运输是指利用船舶、排筏和其他浮运工具,在江、河、湖泊、人工水道及海洋上运送旅客和货物的一种运输方式。

水路运输按其航行的区域,大体上可划分为远洋运输、沿海运输和内河运输三种类型。远洋运输通常是指除沿海运输以外所有的海上运输,在实际工作中又有"远洋"和"近洋"之分,主要以船舶航程的长短和周转的快慢为依据。沿海运输是指利用船舶在我国沿海区域各港之间从事的运输,其范围包括我国大陆沿海以及所属的诸岛屿沿海及其与大陆间的全部水域内的运输。内河运输是指利用船舶舟筏和其他浮运工具,在江、河、湖泊、水库及人工水道上从事的运输。航行于内河的船舶,除客货轮、拖轮、驳船以外,还有一定数量的木帆船、水泥船、机帆船。

水路运输利用天然水道,线路投资少,且节省土地资源;船舶沿水道浮动运行,可实现大吨位运输,降低运输成本;江、河、湖、海相互贯通,沿水道可以实现长距离运输。但水运也存在着一些缺点,诸如船舶平均航速较低、船舶航行受气候条件影响较大、可达性较差等,而且如果托运人或收货人不在航道上,就要依靠汽车或铁路运输进行转运,同其他运输方式相比,水运(尤其海洋运输)对货物的载运和搬运有更高的要求。

水路运输主要承担大批量货物,特别是散装货物的运输;承担原料、成品等低价货物的运输,如建材、石油、煤炭、矿石、粮食等;承担国际贸易运输,是国际商品贸易的主要运输工具之一。

4. 航空运输

航空运输是指使用飞机或航空器进行货物运送的运输方式。航空运输具有速度快,运输路程短,舒适、灵活、安全等优点。但是其载运能力低,单位运输成本高,受气候条件限制,可达性差。一般情况下,航空运输很难实现客货的"门到门"运输,必须借助其他运输工具(主要为汽车)转运。

基于上述特点,航空运输一般用于中长途旅客运输,那些体积小、价值高的贵重物品和鲜活商品以及要求迅速交货且长距离运输的产品运输。

5. 管道运输

管道运输是指利用埋藏在地下的运输管道,通过一定的压力差而完成的商品(多为液体货物)运输的一种现代运输方式。管道运输与其他运输方式是相辅相成的,而且有其独特的优势,适宜管道运输的货物采用管道运输后,可以为其他运输腾出运力,以承运更多、更经济、更安全的货物。作为流体物质运输的主要方式,管道运输有其显著优点,主要表现在以下几个方面:运输成本低,能耗和损耗少;运输量大,劳动生产率高;建设投资低,占地面积小;受外界影响小,可以连续运行,安全性高;油气损耗低,有利于环境和生态保护。管道运输也有其不足之处,它只适用于定点、量大的流体物质运输,不如车、船运输灵活。

管道运输主要担负单向、定向、量大的流体货物(如石油、油气、煤浆和某些化学制品原料等)运输,且大多是由管道所有者用来运输自有产品,不提供给其他发货人使用。

6. 多式联运

货物从起运地到最终目的地的完整运输过程一般不是一种运输方式就能完成的,多数情况下需要两种或者两种以上的运输方式。传统的货物分段运输组织形式下,运输组织中的大部分工作都是由货主及其代理人安排和完成的。货主为了完成货物的全程运输,需要与各区段的承运人分别订立运输合同,多次结算费用,多次办理保险并负责各段间的运输衔接工作。各种方式的承运人仅负责组织、完成该区段的货物运输。这种运输组织形式,不仅货主需要付出足够多的人力、时间和费用,而且可能由于对承运人营运线路、班次安排及全程运输中涉及的各个环节、各种手续不够熟悉而造成运输时间过长和运输费用增大,甚至造成不合理运输。

针对传统的全程运输组织形式存在的问题,基于现代运输经营思想,一种新的货物全程运输组织形式——联合运输被提了出来。联合运输组织方式由一个机构或一个运输经营人对货物运输全程负责、处理运输衔接和运输服务业务。货主只要与这个机构或经营人订立一份全程运输合同,一次交付费用,办理一次保险就可以实现货物的全程运输。经营联合运输业务的运输企业,一般称为联合经营人。

多式联运是联运经营人根据单一的联运合同,使用两种或两种以上的运输方式,负责将货物从指定发送地点运抵交付地点的运输。一般来讲,多式联运需要具备以下主要条件:①必须具有一个多式联运合同;②必须使用一份全程的多式联运单据;③必须至少使用两种不同的运输方式,而且是两种以上运输方式的连续运输;④必须使用全程单一费率;⑤必须有一个多式联运经营人对货物的运输全程负责;⑥国际多式联运经营人接收货物的地点与交付货物的地点必须分属于两个国家。

国际货物多式联运是多式联运发展的最高形式。目前的国际多式联运基本上是国际集装货物多式联运,其运输优点包括以下几个方面。

(1)统一化、简单化

多式联运的统一化和简单化主要表现在不论运输全程有多远,不论由几种方式完成货物运输,也不论全程分为几个运输区段,经过几次转换,所有运输事项均由多式联运经营人负责办理,货主只需办理一次托运、订立一份运输合同、办理一次保险。多式联运通过一张单证,采用单一费率,大大简化了运输与结算手续。

(2)减少中间环节,提高运输质量

多式联运以集装箱为运输单元,可以实现门到门运输,尽管运输途中可能有多次换装、过关,但由于无须掏箱、装箱、逐件理货,只要保证集装箱外表状况良好,铅封完整即可免检放行,从而减少了中间环节。尽管货物运输全程中要进行多次装卸作业,但由于使用专用机械设备,不直接涉及箱内货物。

(3)降低运输成本,节约运杂费用

多式联运经营人通过对运输路线的合理选择和运输方式的合理使用,可以降低全程运输成本,提高利润。对于货主来讲,可以得到优惠的运价。一般将货物交给第一(实际)承运人后即可取得运输单证并据此结汇,结汇时间提前,有利于货物占有资金的周转。此外,由于采用集装箱运输,可节省货物的运输费用和保险费用。

(4)实行单一费率

采用单一费率是多式联运的基本特征和必要条件。多式联运全程运输成本的计算必须考虑国内不同运输方式的运价体系,了解国际海运、空运和国外内陆运输的运价体系以及各种市场竞争因素。由于多式联运全程运输采用一张单证,实行单一费率,从而简化了制单和结算的手续,节约了货主的人力和物力。

(5)扩大运输经营人业务范围,提高运输组织水平,实现合理运输

多式联运突破了各种运输方式自成体系、独立运输、经营范围和运输规模的局限,多式联运经营人或作为多式联运参加者的经营业务范围大大扩展,从理论上讲可以扩大到全世界。除运输经营人外,其他与运输有关的行业及机构,如仓储、港口、代理、保险等都可通过参加多式联运得到好处,扩大业务。多式联运经营人对世界运输网、各类承运人、代理人、相关行业和机构及有关业务都有较深的了解和较为密切的关系,可以选择最佳的运输路线,使用合理的运输方式,选择合适的承运人,实现最佳的运输衔接和配合,实现合理运输。

6.2.2　运输方式选择的考虑因素

各种运输方式拥有一系列服务属性,客户可以根据需求选择不同的运输方式。在运输方式选择模型中,有一些重要因素需要考虑,诸如运输速度、运输容量、运输成本、运输质量及环境保护等。

1.货品特性

不同产品对运输的要求不同。一般来说,粮食、煤炭等大宗散货适宜选择水路运输,日用品、小批量近程运输货物适宜选择公路运输,海产品、鲜花等鲜活货品及宝石等贵重物品适宜选择航空运输,石油、天然气等液体货物适宜选用管道运输。

2.运输速度和运距

运输速度的快慢、运输路程的远近决定了货物运输时间的长短,在途运输货物会形成资金占用,因此,运输时间的长短对能否及时满足销售需要、减少资金占用有重要影响。运输速度和路程是选择运输方式时应考虑的一个重要因素。一般来说,批量大、价值低、运距短的商品适宜选择水路或铁路运输;批量小、价值高、运距长的商品适宜选择航空运输;批量小、距离近的适宜公路运输。

3.运输容量

运输容量,即运输能力,以能够应付某一时期的最大业务量为标准。运输能力的大小对企业分销影响很大,特别是一些季节性商品,旺季时会使运输达到高峰状态。若运输能力小,不能合理、高效率地安排运输,就会造成货物积压,商品不能及时运往销地,使企业错失销售机会。运量与运输密度也有关,运输密度对于商品能否及时运送、使其在客户需要的时间内到达客户手中,争取客户、及时满足客户需要和扩大销售至关重要。

4.运输成本

运输成本包括运输过程需要支出的财力、物力和人力费用。企业在进行运输决策时,要受到经济实力以及运输费用的制约。如果企业经济实力弱,就不能使用运输费用高的运输工具,

如航空运输。

5. 运输质量

运输质量包括可到达性、运输时间的可靠性、运输安全性、货差货损以及客户服务水平等方面,用户根据运输质量要求选择相应的运输方式。

6. 环境保护

运输业动力装置排出的废气是空气主要污染源,特别是在人口稠密的城市,汽车废气已经严重影响到了空气质量。比较各种运输方式对环境的影响,就单位运输产品的废气排放量而言,航空最多,其次是公路,较低的是铁路,水运对空气的污染极小,而管道运输几乎不会对空气产生污染。公路和铁路线路建设会占用大量土地,从而对生态平衡产生影响,使得人类的生存环境恶化。水路运输基本上是在自然河道和广阔的海域中进行,不会占用土地,但是油船运输的溢油事故会给海洋带来严重污染。在运输方式选择上,应综合各个因素,尽量选择污染少的运输方式。

6.2.3 运输方式选择模型

1. 单一运输方式的选择

企业根据货品特性、运输速度、运输容量、运输成本、运输质量和环境保护等因素,综合考虑选择单一种类的运输方式。常用的运输方式选择模型包括因素分析法、加权因素分析法和层次分析法等。

(1)因素分析法

因素分析法首先确定在选择运输方式时应该考虑的一些重要因素和标准,然后对所有因素按照1~10进行评分,最后对各种运输方式合并所有评价因素,选取综合评分最好的运输方式作为最终选择。

因素分析法评分公式如下:

$$v(j) = \sum_{i=1}^{n} s(i,j)$$

式中:$v(j)$——运输方式 j 的综合得分;

　　$s(i,j)$——第 i 个因素上运输方式 j 的得分;

　　n——因素个数。

【例 6.1】 某公司对货品 A 的运输有公路、铁路、航空三种运输方式可以选择,根据货品特性、数量、运距和到达要求等对各运输方式的评分如表 6-1 所示,求取应该选择的运输方式。

表 6-1 运输方式的评分表

评价因素 运输方式(编号)	运输速度	运输成本	可达性	安全性	特殊要求的满意度
公路运输(1)	6	7	8	8	8
铁路运输(2)	7	8	7	7	7
航空运输(3)	8	6	6	8	6

解 用因素评价法评分：

$v(1)=6+7+8+8+8=37$

$v(2)=7+8+7+7+7=36$

$v(3)=8+6+6+8+6=34$

因此，按照评分结果选择公路运输方式。

（2）加权因素分析法

加权因素分析法是因素分析法的扩展。根据各个评价标准重要程度，给予其不同的权重值，以便得到更准确的评价结果。加权因素分析法评分公式如下：

$$v(j)=\sum_{i=1}^{n}\omega(i)s(i,j)$$

式中：$v(j)$——运输方式 j 的综合得分；

$s(i,j)$——第 i 个因素上运输方式 j 的得分；

$\omega(i)$——第 i 个因素的权重；

n——因素个数。

（3）层次分析法

层次分析法（AHP）通过分析复杂系统所包含的要素及其相互关系，并将要素归并为不同的层次，从而构成一个多层次的分析结构模型。具体步骤为：在每一层次按某一规定的准则，对该层要素进行逐对比较，写成矩阵形式，构成并建立判断矩阵；通过判断矩阵的最大特征根及其相对应的特征向量计算，得出该层次要素对于该准则的权重；计算出各层次要素对于总体目标的组合权重，从而得出不同设想方案的权值。显然用此方法可以确定各评价准则的权重，从而为选择最优方案提供依据。（层次分析法的具体内容将在第 9 章详细介绍）

2. 多式联运运输方式的选择

在选择多式联运运输方式时，除了货品类型、运输费用、运量等因素外，还需要考虑中转时间、中转费用、服务水平等因素。

在多式联运建模中，可以根据总时间、总费用等目标函数建模。下面以总费用最小为目标函数，一对运输节点间只能选择一种运输方式为例，说明多式联运运输方式的选择问题。

各种变量说明如下：

$C_{i,i+1}^{j}$：从节点 i 到节点 $i+1$ 选择第 j 种运输方式的费用；

t_{i}^{jl}：在节点 i 从第 j 种运输方式换装成第 l 种运输方式的换装费用；

$$X_{i,i+1}^{j}=\begin{cases}1 & \text{在节点 } i \text{ 和节点 } i+1 \text{ 选择第 } j \text{ 种运输方式}\\0 & \text{其他}\end{cases}$$

$$r_{i}^{jl}=\begin{cases}1 & \text{在节点 } i \text{ 从第 } j \text{ 种运输方式转换为第 } l \text{ 种运输方式}\\0 & \text{其他}\end{cases}$$

目标函数：

$$\min Z=\sum_{i}\sum_{j}X_{i,i+1}^{j}C_{i,i+1}^{j}+\sum_{i}\sum_{j}\sum_{l}r_{i}^{jl}t_{i}^{jl} \tag{6.1}$$

约束条件：

$$\sum_{j}X_{i,i+1}^{j}=1 \tag{6.2}$$

$$\sum_j \sum_l r_i^{jl} = 1 \tag{6.3}$$

$$X_{i-1,i}^j + X_{i,i+1}^j \geqslant 2r_i^{jl} \tag{6.4}$$

$$r_i^{jl}, X_{i,i+1}^j \in \{0,1\} \tag{6.5}$$

其中,式(6.1)为目标函数,以各种运输方式的运输总成本与换装总成本之和的最小化为目标,这是一个整数规划模型。式(6.2)表示在节点 i 到节点 $i+1$ 之间只能选择一种运输方式。式(6.3)表示节点 i 只发生一次换装。式(6.4)是确保运输的连续性。式(6.5)表示决策变量取值 0,1 变量。

模型求解可以选用动态规划思想,每个节点相当于动态规划的一个阶段,利用动态序方法依次求取节点间的最佳运输方式。其中节点对之间的运输费用可表示如下:

$$P_{i-1}(j,l) = t_{i-1}^{jl} + Qc_{i-1,i}^l \tag{6.6}$$

式中:$P_{i-1}(j,l)$——运输总费用;

t_{i-1}^{jl}——中转费用。

Q——运量;

$c_{i-1,i}^l$——选用第 l 种运输方式的单位运价。

【例 6.2】 假设一个运输线路上有 4 个城市,每个城市对之间有 3 种运输方式可以选择,城市对之间的运输费用和运输中转费用如表 6-2 和表 6-3 所示。假设运量 Q 为 25 个单位,试用动态规划方法求解最佳的运输方式组合。

表 6-2 各城市对之间的运输单价

运输方式 \ 城市对	1-2	2-3	3-4
公路	3	4	2
铁路	2	5	3
航空	4	3	3

表 6-3 批量中转总费用表

运输方式转换	从公路到			从铁路到			从航空到		
	公路	铁路	航空	公路	铁路	航空	公路	铁路	航空
中转费用	0	2	1	2	0	2	1	2	0

解 ①对于第三个城市。若第三个城市以公路的运输方式到达,则第三个城市与第四个城市之间选取各种运输方式的费用如下:

$$P_3(\text{公},\text{公}) = t_3^{\text{公},\text{公}} + QC_{3,4}^{\text{公}} = 0 + 25 \times 2 = 50$$

$$P_3(\text{公},\text{铁}) = t_3^{\text{公},\text{铁}} + QC_{3,4}^{\text{铁}} = 2 + 25 \times 3 = 77$$

$$P_3(\text{公},\text{航}) = t_3^{\text{公},\text{航}} + QC_{3,4}^{\text{航}} = 1 + 25 \times 3 = 76$$

由计算可得,若第三个城市以公路的运输方式到达,则第三个城市与第四个城市之间选取公路运输最佳。

同理可得：若第三个城市以铁路或航空运输方式到达，第三个城市与第四个城市之间均应选取公路运输最佳。P_3(铁，公)$=52$；P_3(航，公)$=51$。

②对于第二个城市。若第二个城市以公路的运输方式到达，则第二个城市与第三个城市之间选取各种运输方式的总费用如下：

$$P_2(公，公)=t_2^{公，公}+QC_{2,3}^{公}+P_3(公，公)=0+25\times4+50=150$$

$$P_2(公，铁)=t_2^{公，铁}+QC_{2,3}^{铁}+P_3(铁，公)=2+25\times5+52=179$$

$$P_2(公，航)=t_2^{公，航}+QC_{2,3}^{航}+P_3(航，公)=1+25\times3+51=127$$

计算可得最小运输费用为 P_2(公，航)$=127$。同理可得，以其他运输方式到达时均应选取航空运输方式。P_2(铁，航)$=128$；P_2(航，航)$=126$。

③对于第一个城市。第一个城市选取不同运输方式，其与第二个城市间的运输费用如下：

$$P_1(公)=QC_{1,2}^{公}+P_2(公，航)=25\times3+127=202$$

$$P_1(铁)=QC_{1,2}^{铁}+P_2(铁，航)=25\times2+128=178$$

$$P_1(航)=QC_{1,2}^{航}+P_2(航，航)=25\times4+126=226$$

计算可得，第一个城市应该选用铁路运输方式。各城市之间的最佳组合运输方式如表 6-4 所示，运输总费用为 178。

表 6-4 最佳组合的运输方式选择

城市对	1-2	2-3	3-4
运输方式	铁路	航空	公路

6.3 运输线路优化模型

运输线路优化主要是选择起点到终点的最短线路，最短线路的度量单位可能是时间最短、距离最短或费用最小等。运输线路选择是运输方式选择之后的又一重要运输决策，可分为点点间运输问题、多点间运输问题及回路运输问题。本节将有针对性地对此进行讨论。

6.3.1 点点间运输

对于分离的、单个起点和终点的点点间运输线路选择问题，最简单和最直观的方法是最短路径法。最短路径问题是线路优化模型理论中最为基础的问题之一，也是解决其他一些线路优化问题的有效工具。

最短路径问题，即求两个顶点间长度最短的路径。其中，路径长度不是指路径上边数的总和，而是指路径上各边的权值总和。路径长度的具体含义取决于边上权值所代表的意义，如费用、时间、距离等都可以。对最短路径问题的描述为：

假设有一个 n 个节点和 m 条弧的连通图 $G(V_n,E_m)$，图中的每条弧(i,j)都有一个长度 l_{ij}（费用 l_{ij}），则最短路径问题为：在连通图 $G(V_n,E_m)$ 中找到一条从节点 1 到节点 n 距离最短（费用最低）的路径。

在考虑使用最短路径求解时，为了能够得到合理正确的解，问题模型一般需要满足一定的假设条件：

①两点之间的弧线距离为整数；

②在连通图中，从任何一个端点 v_i 到其他所有的端点都有直接的路径，如果存在不直接相连的端点对，则可以在它们之间加上一个极大的距离，如无穷大；

③连通图的所有距离为非负；

④连通图是有方向性的。

对工程实际的研究和抽象，在最短路径问题中有四种基本原型，分别为：

①连通图 $G(V_n, E_m)$ 中，从指定起始点到指定目标点之间的最短路径；

②连通图 $G(V_n, E_m)$ 中，从指定起始点到所有节点之间的最短路径；

③连通图 $G(V_n, E_m)$ 中，所有任意两点之间的最短路径；

④连通图 $G(V_n, E_m)$ 中，经过 K 个节点最短路径。

求此类最短路径问题主要有 Dijkstra 算法、逐次逼近算法、Floyd 算法等，这里主要介绍 Dijkstra 算法。

Dijkstra 在 1959 年提出了按照路径长度的递增次序，逐步产生最短路径的 Dijkstra 的算法。该算法可以用于求解任意指定两点之间的最短路径，也可以用于求解指定点到其余所有节点之间的最短路径。

该算法的基本思路是：一个连通网络 $G = (V_n, E_m)$ 中，求解从 v_0 到 v_n 的最短路径时，首先求出从 v_0 出发的一条最短路径，再参照它求出一条次短路径，依次类推，直到从顶点 v_0 到顶点 v_n 的最短路径求出为止。

Dijkstra 算法是采用标号法求解。标号是用来标记各个节点的属性的一套符号。一般说来，根据用来标记确定节点的标号属性和标记过程的不同，有两种不同的 Dijkstra 算法：一种是标号设定算法，另一种是标号修正算法。

这两种算法都是迭代算法，它们都是在每一步迭代中用试探性标号标记所有的试探点，通过一系列的试探寻找该步中的最短距离。标号设定算法和标号修正算法的不同点在于：标号设定算法是在每一次迭代中将得到的满意的试探标号设置为永久标号；而标号修正算法则是在每一次迭代中将满意的试探性标号改为临时标号，直到最后一次迭代完成之后，才将所有的临时标号都转变为永久标号。这两种算法的适用范围也不完全相同，标号设定算法只适用于求解非负网络中的最短路径问题；而标号修正算法则可以解决一部分还有负路径的一般网络问题，但是，它同样不能解决路径总和为负值的问题。以下求解以标号设定算法为例。

标号设定算法中，可用两种标号，即 T 标号和 P 标号，即 T 标号为试探性标号，P 标号为永久性标号。给 v_i 点一个 P 标号时，表示从 v_0 到 v_i 点的最短路权，v_i 点的标号不再改变。给 v_i 点一个 T 标号时，表示 v_0 到 v_i 点的估计最短路权的上界，是一种临时标号，凡是没有得到 P 标号的点都有 T 标号。算法是每一步都把某一点的 T 标号改为 P 标号，当终点得到 P 标号时，则全部计算结束。对于 n 个顶点的图，最多 $n-1$ 步就可以得到从始点到终点的最短路径。具体步骤如下：

①给 v_0 以 P 标号，$P(v_i) = 0$，其余各点均给 T 标号，$T(v_i) = \infty$；

②若 v_i 点为刚得到的 P 标号的点，考虑这样的点 $v_j : (v_i, v_j)$ 属于 E_m，且 v_j 为 T 标号。对 v_j 的 T 标号进行如下的修改：$T(v_j) = \min[T(v_j), P(v_i) + l_{ij}]$；

③比较所有具有 T 标号的点,把最小者改为 P 标号,当存在两个以上的最小者时,可同时改为 P 标号。若全部点均为 P 标号则停止,否则用 v_j 替代 v_i 转回②。

【例 6.3】　图 6-4 为单行线交通网络,用 Dijkstra 算法求 v_1 到 v_6 点的最短线路。

解　①首先给 v_1 以 P 标号, $P(v_1)=0$,给其余各点均为 T 标号, $T(v_i)=\infty$, $(i=2,\cdots,6)$ 。

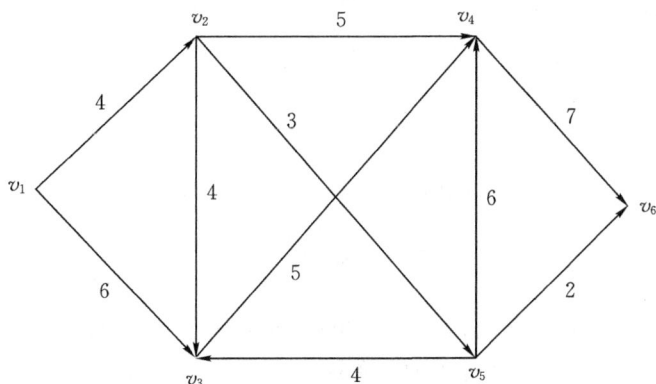

图 6-4　单行线交通网络

②由于 (v_1,v_2) , (v_3,v_4) 边属于 E , v_2 、 v_3 为 T 标号,所以修改这两个点的符号:

$$T(v_2)=\min[T(v_2),P(v_2)+l_{12}]=\min[+\infty,0+4]=4$$
$$T(v_3)=\min[T(v_3),P(v_3)+l_{13}]=\min[+\infty,0+6]=6$$

比较所有 T 标号, $T(v_2)$ 最小,所以令 $P(v_2)=4$,记录路径 (v_1,v_2) 。

③ v_2 为得到的 P 标号点,下面考察 (v_2,v_3) , (v_2,v_4) , (v_2,v_5) 的端点 v_3 、 v_4 、 v_5 :

$$T(v_3)=\min[T(v_3),P(v_2)+l_{23}]=\min[6,4+4]=6$$
$$T(v_4)=\min[T(v_4),P(v_2)+l_{24}]=\min[+\infty,4+5]=9$$
$$T(v_5)=\min[T(v_5),P(v_2)+l_{25}]=\min[+\infty,4+3]=7$$

比较所有 T 标号, $T(v_3)$ 最小,所以令 $P(v_3)=6$,记录路径 (v_1,v_3) 。

④考察 v_3 点:

$$T(v_4)=\min[T(v_4),P(v_3)+l_{34}]=\min[9,6+5]=9$$
$$T(v_5)=\min[T(v_5),P(v_3)+l_{35}]=\min[7,6+4]=7$$

比较所有 T 标号, $T(v_5)$ 最小,所以令 $P(v_5)=7$,记录路径 (v_2,v_5) 。

⑤考察 v_5 点:

$$T(v_6)=\min[T(v_6),P(v_5)+l_{56}]=\min[+\infty,7+2]=9$$

比较所有 T 标号, $T(v_6)=T(v_4)=9$,令 $P(v_6)=P(v_4)=9$,记录路径 (v_5,v_6) 。

全部计算结果如图 6-5 所示, v_1 到 v_6 的最短路径为 $v_1 \rightarrow v_2 \rightarrow v_5 \rightarrow v_6$,路长 $P(v_6)=9$,同时可以得到 v_1 到其余各点的最短路径。

一般交通网络均为双向通行网络,即为无向连通图,图中每一条边可看成两条方向相反的权值相同的弧,其求解方法同理。

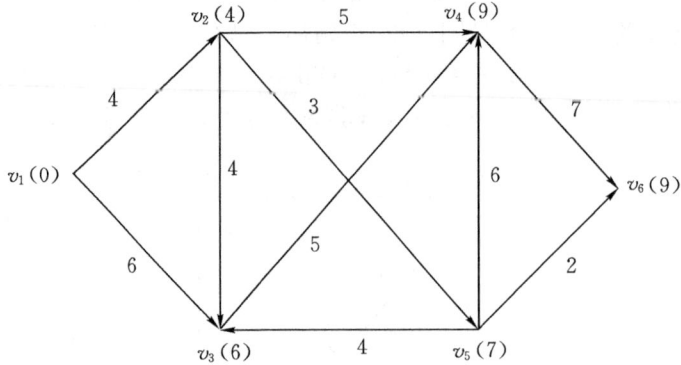

图 6-5 标号计算结果

【**例 6.4**】 图 6-6 为一般交通网络，用 Dijkstra 算法求 v_1 到 v_6 点的最短路径。

解 ①首先给 v_1 以 P 标号，$P(v_1)=0$，给其余各点均为 T 标号，$T(v_i)=\infty$，$(i=2,\cdots,6)$。

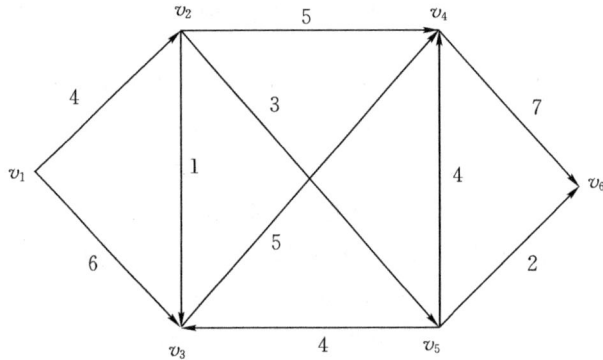

图 6-6 交通网络

②由于 (v_1,v_2)，(v_1,v_3) 边属于 E，v_2、v_3 为 T 标号，所以修改这两个点的标号：

$T(v_2)=\min[T(v_2),P(v_2)+l_{12}]=\min[+\infty,0+4]=4$

$T(v_3)=\min[T(v_3),P(v_3)+l_{13}]=\min[+\infty,0+6]=6$

比较所有 T 标号，$T(v_2)$ 最小，所以令 $P(v_2)=4$。

③v_2 为得到的 P 标号点，下面考察 (v_2,v_3)，(v_2,v_4)，(v_2,v_5) 的端点 v_3、v_4、v_5：

$T(v_3)=\min[T(v_3),P(v_2)+l_{23}]=\min[6,4+1]=5$

$T(v_4)=\min[T(v_4),P(v_2)+l_{24}]=\min[+\infty,4+5]=9$

$T(v_5)=\min[T(v_5),P(v_2)+l_{25}]=\min[+\infty,4+3]=7$

比较所有 T 标号，$T(v_3)$ 最小，所以令 $P(v_3)=5$，记录路径 (v_1,v_3)。

④考察 v_3 点：

$T(v_4)=\min[T(v_4),P(v_3)+l_{34}]=\min[9,5+5]=9$

$T(v_5)=\min[T(v_5),P(v_3)+l_{35}]=\min[7,5+4]=7$

比较所有 T 标号，$T(v_5)$ 最小，所以令 $P(v_5)=7$，记录路径 (v_2,v_5)。

⑤考察 v_5 点：

$$T(v_6)=\min[T(v_6),P(v_5)+l_{56}]=\min[+\infty,7+2]=9$$

比较所有 T 标号，$T(v_6)=T(v_4)=9$，令 $P(v_6)=P(v_4)=9$，记录路径 (v_5,v_6)。

全部计算结果如图 6-7 所示，v_1 到 v_6 的最短路径为 $v_1 \rightarrow v_2 \rightarrow v_5 \rightarrow v_6$，路长 $P(v_6)=9$，同时可以得到 v_1 到其余各点的最短路径。

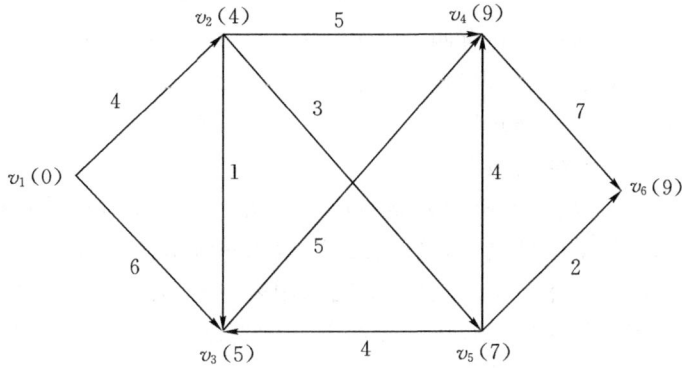

图 6-7　计算结果

用标号设定的 Dijkstra 算法对点点间运输问题求解时，有以下两个方面的局限性：

①用不定长的弧定义非对称连通图中的最短路径问题。

②连通图中没有距离为负的弧。

对于含有负距离的连通图的最短路径问题，当满足一些特定条件时，可以用标号修改的 Dijkstra 算法、逐次逼近算法或者 Floyd 算法等。

6.3.2　多点间运输

多点间运输问题是指起始点或目的点不唯一的运输调配问题。相对来说，多点间的运输调配问题更为复杂。

多点间运输问题中最为常见的问题是产销平衡运输问题，它们设计的总供应能力和总需求是一样的，但是由不同的路径进行配送时，会导致最终的总运输成本不一样。此类问题的目标就是寻找最低的总运输成本。在这类问题中，一般有 m 个已知的供应点，同时还有 n 个已知的需求点，它们之间由一系列代表距离或者成本的权重值连接起来。产销平衡运输问题的数学模型可表示如下：

$$\min Z = \sum_{i=1}^{m}\sum_{j=1}^{n}c_{ij}x_{ij} \tag{6.7}$$

$$\text{s. t.} \quad \sum_{j=1}^{n}x_{ij}=a_i,\ i=1,2,\cdots,m \tag{6.8}$$

$$\sum_{i=1}^{m}x_{ij}=b_j,\ j=1,2,\cdots,n \tag{6.9}$$

$$\sum_{i=1}^{m}a_i=\sum_{j=1}^{n}b_j \tag{6.10}$$

$$x_{ij} \geqslant 0, \quad i = 1, 2, \cdots, m; \quad j = 1\ 2 \tag{6.11}$$

在模型中,目标函数表示运输总费用最小;式(6.8)的意义是由某一产地运往各个销地的物品数量之和等于该产地的产量;式(6.9)是指由各产地运往某一销地的物品数量之和等于该产地的销量;式(6.10)表示总产量和总销量平衡;式(6.11)为决策变量非负。

产销平衡运输问题有如下特点:

①约束条件系数矩阵的元素等于0或者1;

②约束条件系数矩阵的每一列有两个非零元素,这对应于每一个变量在前 m 个约束方程中出现一次,在后 n 个约束方程中也出现一次;

③所有结构约束条件都是等式约束;

④各产地产量之和等于各销地之和。

多点间的运输问题,目前主要有两大类的求解方法。其中相对比较精确的求法是单纯形法。但是由于运输问题数学模型具有特殊的结构,应用单纯形法时有许多冗余的计算。

另外一种方法叫作表上作业法,即将运输问题用表格的形式来描述,而且通过在表格上面的操作来完成求解。表上作业法适合于比较简单的问题求解,求解过程直观,计算量不大,可以手工完成。表上作业法是一种迭代算法,迭代步骤为先按照某种规则找出一个初始解(初始调运方案),再对现行解作最优性判别,若这个解不是最优解,就在运输表上对它进行调整改进,得到一个新解再判别,再改进直到得到运输问题最优解为止。迭代过程中得出的所有解都要求是运输问题的可行解。

【例6.5】 某公司经销甲产品。它下设三个加工厂,有四个销售点,各加工厂每日的产量及各销售点每日销量、各加工厂到销售点的单位产品的运价如表6-5所示,问该公司应如何调运产品,在满足各销售点的需求量的前提下,使得总运费最少。

表6-5 已知信息表

销地\产地	B_1	B_2	B_3	B_4	产量(吨)
A_1	3	11	3	10	7
A_2	1	9	2	8	4
A_3	7	4	10	5	9
销量(吨)	3	6	5	6	

1. 初始方案确定

确定初始其可行解的方法很多,简单又尽可能接近最优解的方法一般有:最小元素法、伏格尔法和西北角法。下面主要介绍最小元素法的求解步骤,同时也采用其他两种方法进行求解得出结果。

最小元素法的基本方法就是就近供应,即从单位运价表中最小的运价开始确定供销关系,然后次小。直到得出初始其可行解为止。其步骤如下:

第一步:在表6-5找出最小运价为1,先将 A_2 的产品供应给 B_1。因 $A_2 > B_1$,即 A_2 除满足 B_1 的全部需要外,还多出1吨产品。在表6-6的(A_2,B_1)的交叉格处填上3,同时把表

6－5 中的 B_1 列划掉。

第二步：在表 6－5 找出没有划掉的最小的运价 2，把 A_2 多余的 1 吨供应给 B_3，并在表 6－6（A_2，B_3）交叉格处填上 1，同时把表 6－5 的 A_2 行划掉。

第三步：同样在表 6－5 找出没有划掉的最小的运价 3，因为 A_2 已经供应 1 吨给 B_3，所以 A1 供应 4 吨给 B_3，并在表 6－6（A_1，B_3）交叉格处填上 4，同时把表 6－5 的 B_3 列划掉。

第四步：在表 6－5 中找出没有划掉的最小的运价 4，把 A_3 的 6 吨供应给 B_2，并在表 6－6（A_3，B_2）交叉格处填上 6，同时把表 6－5 的 B_2 列划掉。

第五步：在表 6－5 中找出没有划掉的最小的运价 5，由于 A_3 一共生产 9 吨，把 6 吨供应给了 B_2，剩下的 3 吨全部供应给 B_4，并在表 6－6（A_3，B_4）交叉格处填上 3，同时把表 6－5 的 A_3 行划掉。

第六步：在表 6－5 中找出没有划掉的最小的运价 10，由于 A_1 一共生产 7 吨，把 4 吨供应给了 B_3，剩下的 3 吨全部供应给 B_4，并在表 6－6（A_1，B_4）交叉格出填上 3，同时把表 6－5 的 B_4 列划掉。到此已经把产地的产品全部分配到各销地，并得出运输方案表（见表 6－7），同时得出总运费为 86 元。

表 6－6　运输方案表

产地＼销地	B_1	B_2	B_3	B_4	产量（吨）
A_1					7
A_2					4
A_3					9
销量（吨）	3	6	5	6	

表 6－7　最小元素法——运输方案表

产地＼销地	B_1	B_2	B_3	B_4	产量（吨）
A_1			4	3	7
A_2	3		1		4
A_3		6		3	9
销量（吨）	3	6	5	6	

注：总运费＝3×1＋1×2＋4×3＋6×4＋3×5＋3×10＝86 元

另外两种方法的思路及求解结果如下：

伏格尔法的基本思路是产品如果不能按最小运费就近供应，就考虑次小运费，会产生一个差额，差额越大，说明不能按最小运费调运时，运费增加就越多，因而对差额最大处采用最小运费调运。求得结果如表 6－8 所示。

表 6-8 伏格尔法——运输方案表

产地＼销地	B₁	B₂	B₃	B₄	产量(吨)
A₁			5	2	7
A₂	3			1	4
A₃		6		3	9
销量(吨)	3	6	5	6	

注：总运价＝3×1+6×4+5×3+2×10+1×8+3×5＝85 元

西北角法，又称左上角法，或阶梯法，其基本思想为先从表的左上角即(A₁，B₁)，在产销约束条件允许的范围内，极可能大的产量满足销量，从而确定该交叉格的产量，依此类推，在剩余格中从左上角开始进行同样的处理。求解结果如表 6-9 所示。

表 6-9 西北角法——运输方案表

产地＼销地	B₁	B₂	B₃	B₄	产量(吨)
A₁	3	4			7
A₂		2	2		4
A₃			3	6	9
销量(吨)	3	6	5	6	

注：总运费＝3×3+4×11+2×9+2×2+3×10+6×5＝135(元)

在表上作业法求初始解的三个方法中，左上角法最简单，最小元素法次之，伏格尔法相对最复杂，但所求结果伏格尔法最好，最接近最优解，其次是最小元素法，左上角法则较差。

2. 最优解检验

最优解的判别方法是计算空格的检验数 $c_{ij}-C_BB^{-1}P_{ij}$ $(i,j\in N)$。运输问题的目标函数是要求实现最小化，所以当 $c_{ij}-C_BB^{-1}P_{ij}\geqslant0$ 时，为最优解。求空格检验的方法有两种，即闭回路法和位势法。下面采用的是闭回路法。

闭回路法的步骤是在初始解方案的计算表上，从每一空格出发找一条闭回路，即以某一个空格为起点，水平或垂直向前画，当碰到一个数字格时可以转 90°后，继续前进，直到回到原点为止。

在例题中用最小元素法求出的初始解表 6-7 中，从任意一个空格出发，如(A₁，B₁)，若让 A₁调运 1 吨产品给 B₁，为了保持产销平衡，则在(A₁，B₃)处减少 1 吨，(A₂，B₃)处增加 1 吨，(A₂，B₁)处减少 1 吨，构成了一个闭回路。这一闭回路增加的运费为：(+1)×3+(−1)×3+(+1)×2+(−1)×1＝1(元)。这 1 就是空格(A₁，B₁)的检验数，同理可以找出所有空格的检验数，结果如表 6-10 所示。

表 6 - 10　空格检验数表

空格	闭回路	检验数
(A_1,B_1)	$(A_1,B_1)—(A_1,B_3)—(A_2,B_3)—(A_2,B_1)—(A_1,B_1)$	1
(A_1,B_2)	$(A_1,B_2)—(A_1,B_4)—(A_3,B_4)—(A_3,B_2)—(A_1,B_2)$	2
(A_2,B_2)	$(A_2,B_2)—(A_2,B_3)—(A_1,B_3)—(A_1,B_4)—(A_3,B_4)—(A_3,B_2)—(A_2,B_2)$	1
(A_2,B_4)	$(A_2,B_4)—(A_2,B_3)—(A_1,B_3)—(A_1,B_4)—(A_2,B_4)$	−1
(A_3,B_1)	$(A_3,B_1)—(A_3,B_4)—(A_1,B_4)—(A_1,B_3)—(A_2,B_3)—(A_2,B_1)—(A_3,B_1)$	10
(A_3,B_3)	$(A_3,B_3)—(A_3,B_4)—(A_1,B_4)—(A_1,B_3)—(A_3,B_3)$	12

当检验数存在负数时,说明原方案不是最优解,需要改进。

3. 调运方案的改进

在进行最优解检验时,出现负检验数,表明没有得出最优解,方案需要进行改进,下面采用改进的方法是闭回路调整法。闭回路调整法的思路是:以负检验数的空格为调入格,当负检验数为两个或两个以上时,一般选最小的负检验数,以它相对应的非基变量为换入变量。

由表 6 - 10 可知,空格(A_2,B_4)的检验数为负,所以以该空格为调入格见表 6 - 11,在该空格中调入量是以闭回路上具有(-1)的数字格中的最小者,即 $\min=(1,3)=1$,然后按闭回路上的正、负号,进行加减得到调整方案,如表 6 - 12 所示,此时的总运费为 85 元。

表 6 - 11　方案调整

产地 \ 销地	B_1	B_2	B_3	B_4	产量(吨)
A_1			4(+1)	3(−1)	7
A_2	3		1(−1)	(+1)	4
A_3		6		3	9
销量(吨)	3	6	5	6	

表 6 - 12　改进后的方案表

产地 \ 销地	B_1	B_2	B_3	B_4	产量(吨)
A_1			5	2	7
A_2	3		1		4
A_3		6		3	9
销量(吨)	3	6	5	6	

注:总运费$=3\times1+6\times4+5\times3+2\times10+1\times8+3\times5=85$(元)

对此调整后的方案再次用闭回路法进行检验,得出的检验数如表 6 - 13 所示。

表 6-13 改进后空格检验数表

空格	闭回路	检验数
(A_1,B_1)	$(A_1,B_1)—(A_1,B_3)—(A_2,B_3)—(A_2,B_1)—(A_1,B_1)$	0
(A_1,B_2)	$(A_1,B_2)—(A_1,B_4)—(A_3,B_4)—(A_3,B_2)—(A_1,B_2)$	2
(A_2,B_2)	$(A_2,B_2)—(A_2,B_3)—(A_1,B_3)—(A_1,B_4)—(A_3,B_4)—(A_3,B_2)—(A_2,B_2)$	2
(A_2,B_4)	$(A_2,B_4)—(A_2,B_3)—(A_1,B_3)—(A_1,B_4)—(A_2,B_4)$	1
(A_3,B_1)	$(A_3,B_1)—(A_3,B_4)—(A_1,B_4)—(A_1,B_3)—(A_2,B_3)—(A_2,B_1)—(A_3,B_1)$	9
(A_3,B_3)	$(A_3,B_3)—(A_3,B_4)—(A_1,B_4)—(A_1,B_3)—(A_3,B_3)$	12

表中的所有检验数都是非负数，说明表 6-12 的结果是最优解。同时也说明伏格尔法给出的初始解比最小元素法给出的初始解更接近最优解。

4. 利用 Excel 求解

Excel 求解的步骤如下：

(1)创建表格(见图 6-8)

	A	B	C	D	E	F	G	H
1	单位运价	销地B1	销地B2	销地B3	销地B4			
2	产地A1	3	11	3	10			
3	产地A2	1	9	2	8			
4	产地A3	7	4	10	5			
5								
6	运输量	销地B1	销地B2	销地B3	销地B4	实际产量		产量
7	产地A1							7
8	产地A2							4
9	产地A3							9
10	实际销量							
11								总费用
12	销量	3	6	5	6			

图 6-8 创建表格

设置约束条件和目标函数(见图 6-9)：

	A	B	C	D	E	F	G	H
1	单位运价	销地B1	销地B2	销地B3	销地B4			
2	产地A1	3	11	3	10			
3	产地A2	1	9	2	8			
4	产地A3	7	4	10	5			
5								
6	运输量	销地B1	销地B2	销地B3	销地B4	实际产量		产量
7	产地A1					0	=	7
8	产地A2					0	=	4
9	产地A3					0	=	9
10	实际销量	0	0	0	0			
11		=	=	=	=			总费用
12	销量	3	6	5	6			0

图 6-9 约束条件和目标函数

F7＝SUM(B7:E7)

F8＝SUM(B8:E8)

F9＝SUM(B9:E9)

B2＝SUM(B7:B9)

C2＝SUM(C7:C9)

D2＝SUM(D7:D9)

E2＝SUM(E7:E9)

H12＝SUMPRODUCT(B2:E4,B7:E9)

（2）设置规划求解参数（见图 6-10）

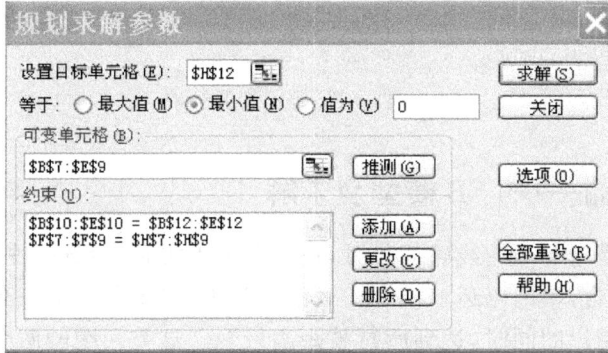

图 6-10　规划求解参数

（3）规划求解选项设置（见图 6-11）

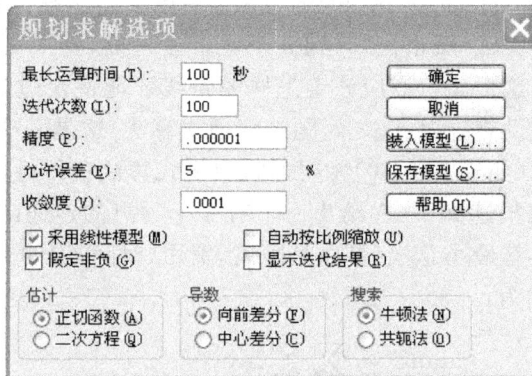

图 6-11　规划求解选项图

（4）求解（见图 6-12）

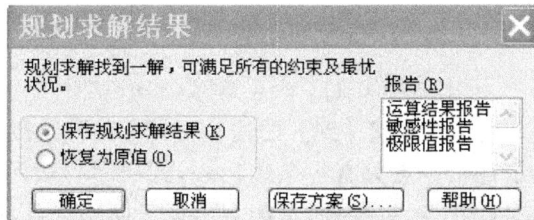

图 6-12　规划求解

（5）结果

由图 6-13 计算结果可以知道,运用 Excel 求解的结果和用表上作业法的结果是一样的。

	A	B	C	D	E	F	G	H
1	单位运价	销地B1	销地B2	销地B3	销地B4			
2	产地A1	3	11	3	10			
3	产地A2	1	9	2	8			
4	产地A3	7	4	10	5			
5								
6	运输量	销地B1	销地B2	销地B3	销地B4	实际产量		产量
7	产地A1	2	0	5	0	7 =		7
8	产地A2	1	0	0	3	4 =		4
9	产地A3	0	6	0	3	9 =		9
10	实际销量	3	6	5	6			
11		=	=	=	=			总费用
12	销量	3	6	5	6			85

图 6-13　Excel 求解的结果

6.3.3　单回路运输——TSP 模型及求解

单回路运输问题是指在运输线路优化时,在一个节点集合中,选择一条合适的路径遍历所有的节点,并且要求闭合,单回路运输模型在运输决策中,主要用于单一车辆的路径安排,目标是在该车辆遍历所有用户的同时,达到所行驶距离最短。这类问题的两个显著特点:一是单一性,只有一个回路;二是遍历性,经过所有用户,不可遗漏。

1. TSP 模型

旅行商问题(traveling salesman problem,TSP)是单回路运输问题中最为典型的一个问题,它指的是一个旅行商从某一城市出发,到 n 个城市去售货,要求访问每个城市各一次且仅一次,然后回到原城市,问这个旅行商应该走怎样的路线才能使走过的总里程最短(或旅行费用最低)。到目前为止,还没有针对 TSP 问题的多项式算法,这是一个典型的 NP-Hard 问题。对于较大规模的这个问题(如 n 大于 40)常要通过启发式算法获得近似最优解。

TSP 问题的模型可以描述如下:在给出一个有 n 个顶点的连通图中(有向或无向)寻求一条包含所有 n 个顶点的具有最小总权(可以是距离、费用、时间等)的回路(tour)。

TSP 模型的数学描述为:

$$\min Z = \sum_{i=1}^{m} \sum_{j=1}^{n} c_{ij} x_{ij} \tag{6.12}$$

$$\text{s.t.} \quad \sum_{j=1}^{n} x_{ij} = 1, \; i = 1, 2, \cdots, n \tag{6.13}$$

$$\sum_{i=1}^{n} x_{ij} = 1, \; j = 1, 2, \cdots, n \tag{6.14}$$

$$x_{ij} \in \{0 \; 1\}, \; i = 1, 2, \cdots, n; \; j = 1 \; 2 \tag{6.15}$$

其中,决策变量 $x_{ij}=0$,表示不连接 i 到 j 的边;$x_{ij}=1$,表示连接 i 到 j 的边。c_{ij} 是 i 到 j 边上的权数。式(6.13)表示每个顶点只有一条边出去,式(6.14)表示每个顶点只有一条边进入;只有式(6.13)与式(6.14)两个约束条件,可能会出现子回路现象,即出现多条回路,因此需要加上式(6.15)这一约束,即除了起点边与终点边以外,其他选中的边不构成回路。如何列出消除子回路的约束条件式子,后面再讨论。这个模型是 0~1 整数规划问题。对于此模型的小规模问题的求解可用分支定界法求解,可选用一些现成的优化软件;对于大规模问题也可用现代优化技术,如模拟退火算法、禁忌搜索、遗传算法、蚁群优化算法等启发式算法。当然,对于不同规模的问题可选用其他简便可行的启发式算法来求解,如节约算法等,节约算法将在下一节中介绍,下面介绍两种较简单的启发式算法。

2. 最近邻点法

最近邻点法算法十分简单,但是得到的解并不十分理想,有很大的改善余地。由于该算法计算快捷,但精度低,可以作为进一步优化的初始解。

最近邻点法可以由以下四步完成:

①从零点开始,作为整个回路的起点;

②找到离刚刚加入到回路的上一顶点最近的一个顶点,并将其加入到回路中;

③重复第②步,直到所有顶点都加入到回路中;

④将最后一个加入的顶点和起点连接起来。

这样就构成了一个 TSP 问题的解。

【例 6.6】　现有一食品公司(位置在 v_1 处)每天用一辆车给固定区域内的 5 家超市送货,要求货车到每个超市只能去一次,送完货后返回公司。这些超市间的距离矩阵如表 6-14 所示,距离具有对称性,它们的相对位置如图 6-14 所示。请设计一条派送货物的行驶距离最短的路径。

表 6-14　距离矩阵

元素	v_1	v_2	v_3	v_4	v_5	v_6
v_1	—	10	6	8	7	15
v_2		—	5	20	15	16
v_3			—	14	7	8
v_4				—	4	12
v_5					—	6
v_6						—

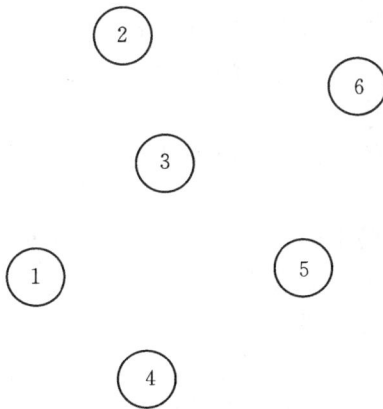

图 6-14　节点相对位置

解　先将节点 1 加入到回路中，$T=\{v_1\}$。从节点 v_1 出发，比较其到节点 2、3、4、5、6 的距离，选择最小值，加入到回路中。从距离矩阵中可知，从 v_1 节点到 v_3 的距离最小，为 6。因此，将节点 v_3 加入到回路中，$T=\{v_1, v_3\}$。然后从 v_3 出发，观察离 v_3 最近的节点（除了回路中已经有的节点），得到 v_2 点，将 v_2 节点加入到回路中，$T=\{v_1, v_3, v_2\}$。

从节点 v_2 出发，同理找到 v_5 点。依次分别再将 v_4、v_6 加入到回路中，得到最后的解为：$T=\{v_1, v_3, v_2, v_5, v_4, v_6, v_1\}$。线路图如图 6-15 所示。

总的行驶距离为：$D=6+5+15+4+12+15=57$。

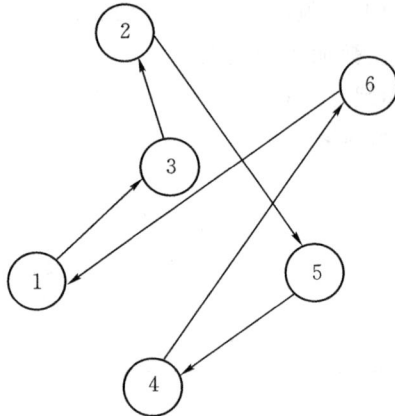

图 6-15　最近邻点法求解结果

3. 最近插入法

最近插入法比最近邻点法复杂，但是可以得到相对比较满意的解。

最近插入法由以下四个步骤完成。

① 找到距离 c_{1k} 最小的节点，形成一个子回路 (v_1, v_k)。

② 在剩下的节点中，寻找一个距离子回路中某一个节点最近的节点。

③ 在子回路中找到一条弧 (i, j)，使得 $c_{ik}+c_{kj}-c_{ij}$ 最小，然后将节点 v_k 加入到子回路中，插入到节点 v_i 和 v_j 之间；用两条新弧 (i, k)，(k, j) 代替原来的弧 (i, j)。

④ 重复②、③步骤，直到所有的节点都加入到子回路中。

下面用最近插入法对【例 6.6】求解。

比较表中从 v_1 出发的所有路径的大小，得出 $c_{13}=6$，则由节点 v_1 和 v_3 构成一个子回路，$T=\{v_1, v_3, v_1\}$，如图 6-16 所示。

然后考虑剩下的节点 v_2、v_4、v_5、v_6 到子回路 $T=\{v_1, v_3, v_1\}$ 某一节点的最小距离，求得 v_2 点，$c_{23}=5$，将节点 v_2 插入 v_1 和 v_3 之间，构成新的回路，$T=\{v_1,$

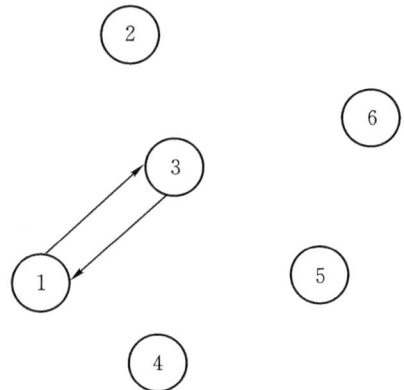

图 6-16　插入第二个节点

v_3，v_2，v_1 }，如图 6 - 17 所示。

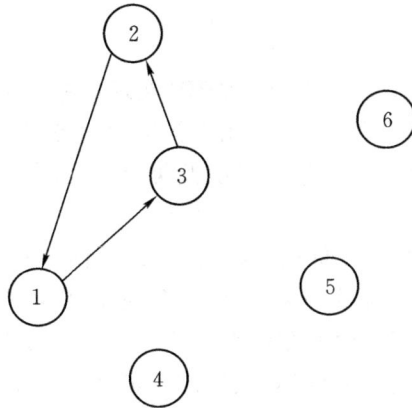

图 6 - 17　插入第三个节点

同理，接着找到 v_5，$c_{15}=7$，$c_{35}=7$。但是 v_5 应该插入的具体位置需要进一步计算分析：

①插入(1,3)之间，$\Delta=c_{15}+c_{35}-c_{13}=8$；

②插入(3,2)之间，$\Delta=c_{35}+c_{25}-c_{23}=17$；

③插入(2,1)之间，$\Delta=c_{25}+c_{15}-c_{12}=12$。

分析可得 v_5 插入(1,3)之间距离增量最小，所以 v_5 节点应该插入到 v_1 和 v_3 之间，结果为 $T=\{v_1,v_5,v_3,v_2,v_1\}$，如图 6 - 18 所示。

同理，可将 v_4，v_6 点依次插入，可到最终解为 $T=\{v_1,v_4,v_5,v_6,v_3,v_2,v_1\}$，如图 6 - 19 所示。

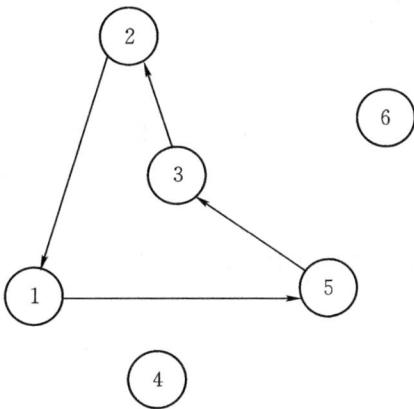

图 6 - 18　插入第四个节点

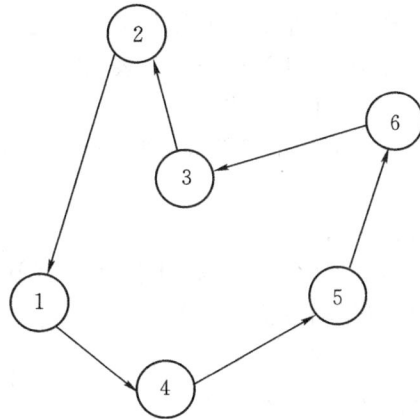

图 6 - 19　最近插入法求解结果

总行驶距离为：$D=8+4+6+8+5+10=41$。

一般来说，用最近插入法求得的解比用最近邻点法求得的解更优越，但其计算量较大。

6.3.4 多回路运输——VRP 模型及求解

1. VRP 模型

车辆调度问题(vehicle routing problem, VRP)在现实中普遍存在,特别对于有大量服务对象的实体,对于拥有上千个客户的公司,当用车辆运输服务时,由于条件的限制,不能用一条回路来完成任务,需要有多条回路来运输。解决此类调配问题时,核心问题是如何对车辆进行调度。

所谓 VRP,一般是指对一系列发货点和收货点,组织调用一定的车辆,安排适当的行车路线,使车辆有序地通过,在满足指定的约束条件下(货物的需求量与发货量、交货发货时间、车辆可载量限制、行驶里程限制、行驶时间限制等),力争实现一定的目标(如车辆空驶总里程最短、运输总费用最低、车辆按一定时间到达、使用的车辆数量最小等)。

车辆路线调度问题的分类法很多:根据车辆是否满载可分为满载问题与非满载问题;根据任务特征可分为纯装、纯卸或装卸混合问题;根据使用的车场数目可分为单车场问题与多车场问题;根据可用车辆的车型数可分为单车型问题与多车型问题;等等。

运用 VRP 模型对实际问题进行研究时,需要考虑以下几个方面的问题:

①仓库,即仓库级数,每级仓库存的数量、地点与规模。

②车辆,即车辆型号和数量,容积和运作费用,出发时间和返回时间、司机休息时间,最大的里程和时间限制。

③时间窗,即各处的工作时间不同,需要各地协调。

④顾客,即顾客需求、软硬时间窗、装载或卸载、所处位置、优先级。

⑤道路信息,即车辆密度、道路交通费用、距离或时间属性。

⑥货物信息,即货物种类、兼容性和保鲜要求。

⑦运输规章,即工人每天工作时间规定,车辆的周期维护。

一个典型的 VRP 模型可以表述如下:

(1)基本条件

现有 m 辆相同的车辆停靠在一个共同的源点 v_0,需要给 n 个顾客提供货物,顾客为 $v_1, v_2, \cdots, v_n$。

(2)模型目标

确定所需要的车辆的数目 N,并指派这些车辆到一个回路中,同时包括回路内的路径安排和调度,使得运输总费用 C 最小。

(3)限制条件

①$N \leqslant m$;

②每一个订单都要完成;

③每辆车完成任务之后都要回到源点;

④车辆的容量限制不能超过,特殊问题还需要考虑时间窗的限制;

⑤运输规章的限制。

情况不同,车辆调度问题的模型及构造都有很大差别。为简化车辆优化调度问题的求解,常常应用一些技术使问题分解或转化为一个或几个已经研究过的基本问题,再用相对比较成熟的基本理论和方法,以得到原问题的最优解或满意解。VRP 常用的基本问题有旅行商问题、分派问题、运输问题、背包问题、最短路径问题、最小费用流问题和中国邮递员问题。

下面以扫描算法为例，求解 VRP 问题。

2. 扫描算法

扫描算法分以下四个步骤完成：

①以起始点作为极坐标系的原点，并以连通图中的任意一顾客点和原点的连线定义为角度零，建立极坐标系。然后对所有的顾客所在的位置，进行坐标系的变换，全部都转换为极坐标系。

②分组。从最小角度的顾客开始，建立一个组，按逆时针方向，将顾客逐个加入到组中，直到顾客的需求总量超出了负载限制，然后建立一个新的组，继续按照逆时针方向，全部都转换为极坐标系。

③重复②的过程，直到所有的顾客都被分类为止。

④路径优化。各个分组内的顾客点，就是一个个单独的 TSP 模型的线路优化问题，可以用前面介绍的 TSP 模型的方法对结果进行优化，选择一个合理的路线。

【**例 6.7**】　现有一个仓库 v_0，需要对 8 个客户提供货物，它们的需求量及极坐标的角坐标值如表 6-15 所示，它们的距离矩阵如表 6-16 所示，位置关系如图 6-20 所示。

表 6-15　需求量及极坐标的角坐标值

顾客	1	2	3	4	5	6	7	8
需求量（单位）	6	4	5	3	6	2	3	4
角坐标/度	130	50	90	280	210	250	330	310

表 6-16　距离矩阵

C_{ij}	v_0	v_1	v_2	v_3	v_4	v_5	v_6	v_7	v_8
v_0	—	11	10	10	7	12	13	11	13
v_1		—	15	8	16	14	15	16	15
v_2			—	6	15	16	18	8	12
v_3				—	12	13	13	12	11
v_4					—	7	5	4	8
v_5						—	2	10	9
v_6							—	11	10
v_7								—	4
v_8									—

设每个车辆的运输能力是 14 个单位的货物，现有足够多的车辆。试用扫描算法对该运输问题进行求解。

解　①建立极坐标系。本例题中已经直接给出，如图 6-20 所示。

②分组过程。从角度为零向逆时针方向进行扫描,第一个被分组的是顾客 2,LOAD1＝4;继续转动,下一个被分组的是顾客 3,LOAD1＝4＋5＝9。由于负载还没有超过限制,LOAD LIMIT＝14,继续转动。下一个被分组的是顾客 1,如果继续分到一组,则 LOAD1＝4＋5＋6＝15＞14＝LOAD LIMIT。按照此分组规则,需要一个新的组,这样在第一个组里面只有顾客 1 和 3。在第二组中有顾客 1,LOAD2＝6,继续上面步骤,直到所有顾客均被分配完毕。得到如图 6-21 所示的分配结果。

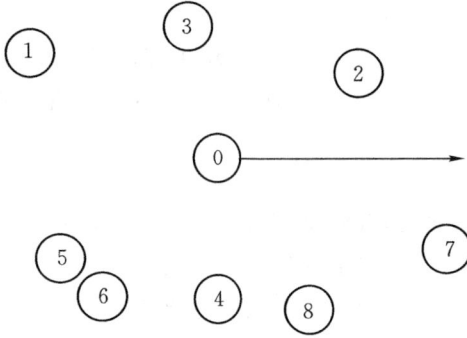

图 6-20　顾客和仓库位置图　　　　　　　图 6-21　扫描算法求解结果

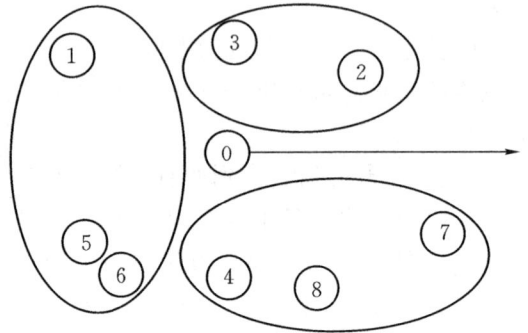

③组内的线路优化。对上面的三个组,每个组都是单回路运输问题,可用 TSP 模型进行路径优化。用 TSP 的最近插入法算法求解,求得结果为 $v_0 \rightarrow v_4 \rightarrow v_7 \rightarrow v_8 \rightarrow v_0$,$v_0 \rightarrow v_6 \rightarrow v_5 \rightarrow v_1 \rightarrow v_0$,$v_0 \rightarrow v_3 \rightarrow v_2 \rightarrow v_0$ 这三条线路,运输量分别为 10、14、9,总里程数为 94。

3. 节约算法

节约算法是 Clark 和 Wright 在 1964 年提出的,又称为 C-W 节约算法。图 6-22 所示为节约算法示意图。

(1)核心思想

将运输问题中存在的两个回路 $(0,\cdots,i,0)$ 和 $(0,j,\cdots,0)$ 合并成为一个回路 $(0,\cdots,i,j,\cdots,0)$,在上述合并操作中,整个运输的总距离将会发生变化,如果变化后总的运输距离下降,则节约了运输距离。此节约距离为节约值 $s(i,j)$,其计算公式为:

$$\Delta c_{ij} = c_{i0} + c_{0j} - c_{ij} = s(i,j)$$

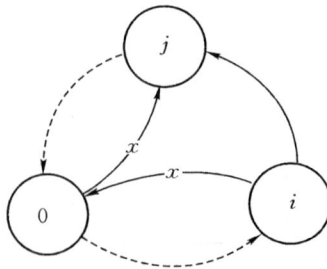

图 6-22　节约算法示意图

(2)求解步骤

第一步:计算各点到源点 0 的距离,以及各点间的距离;同时计算点 i 和点 j 连接后的费

用节约值 $s(i,j)$。节约法的初始解是将各送货点与源点相连,构成一条仅含一个送货点的送货路线。

第二步:若 $s(i,j)$ 的值均为 0 或空时,则终止。否则,在 $s(i,j)$ 中求出值为最大的那一项,进入下一步。

第三步:考察对应的 (i,j),若满足下列条件之一,则转第五步,否则转下步。

①点 i 和点 j 均不在线路上;

②点 i 不在线路上,点 j 为线路的起点或终点;

③点 i 为一线路的终点,而点 j 为另一线路的起点。

第四步:判断点 i 和点 j 是否交换过。若没有,交换后转第三步;否则转第七步。

第五步:约束条件计算。计算连接点 i 和点 j 后线路的总货运量 Q,若 $Q \leqslant q$,并满足其他约束条件,则转下步,否则转第七步。

第六步:连接点 i 和点 j,将该 $s(i,j)$ 的值赋为 0 或空,并将已成为回路中间的点所涉及的 $s(i,j)$ 值也赋为 0 或空,转第二步。

第七步:将该 $s(i,j)$ 的值赋为 0 或空,转第二步。

对于 VSP 求解问题,还有不少其他启发式算法,在解决实际问题时,可同时用几种算法,从中选取最好的结果。

【例 6.8】 以【例 6.7】为例,用节约算法计算配送线路的安排。

解 ①首先根据表 6-16 距离矩阵表计算出各点间的节约值矩阵表,如表 6-17 所示。

表 6-17 节约值矩阵表

S_v	V_1	V_2	V_3	V_4	V_5	V_6	B_7	最大值
V_1	0							
V_2	6	0						
V_3	13	14	0					
V_4	2	2	5	0				
V_5	9	6	9	12	0			
V_6	9	5	10	15	23	0		
V_7	6	13	9	14	13	13	0	
V_8	9	11	12	12	16	16	20	
最大值	13	14	12	15	23	16	20	23

②从表 6-17 中选出节约值最大值为 23,其对应的两个顶点为 5、6。5、6 两处的需求量之和为 8,未超过一辆车的运输能力 14,因此,连接 5、6 成回路,即 0-5-6-0。再将顶点 5 与 6 的节约值赋为 0。结果如表 6-18 所示。

表 6 - 18　节约矩阵过程表(1)

S_v	V_1	V_2	V_3	V_4	V_5	V_6	B_7	最大值
V_1	0							
V_2	6	0						
V_3	13	14	0					
V_4	2	2	5	0				
V_5	9	6	9	12	0			
V_6	9	5	10	15	0	0		
V_7	6	13	9	14	13	13	0	
V_8	9	11	12	12	16	16	20	
最大值	13	14	12	15	16	16	20	23

③从表 6 - 18 中再选出节约值最大值为 20,其对应的两个顶点为 7、8。7、8 两处的需求量之和为 7,未超过一辆车的运输能力 14,因此,连接 7、8 成回路,即 0 - 7 - 8 - 0。再将顶点 7 与 8 的节约值赋为 0。结果如表 6 - 19 所示。

表 6 - 19　节约矩阵过程表(2)

S_v	V_1	V_2	V_3	V_4	V_5	V_6	B_7	最大值
V_1	0							
V_2	6	0						
V_3	13	14	0					
V_4	2	2	5	0				
V_5	9	6	9	12	0			
V_6	9	5	10	15	0	0		
V_7	6	13	9	14	13	13	0	
V_8	9	11	12	12	16	16	0	
最大值	13	14	12	15	16	16	0	16

④从表 6 - 19 中再选出节约值最大值为 16,其对应的两个顶点为 5、8 或 6、8。如连接 5 与 8,则上述两条回路合并,其总需求量为 15,超过一辆车的运输能力 14,因此,5 与 8 不能连接,同样 6 和 8 也不能连接,则将顶点 5、8 和 6、8 的节约值赋为 0。结果如表 6 - 20 所示。

表 6-20　节约矩阵过程表(3)

S_v	V_1	V_2	V_3	V_4	V_5	V_6	B_7	最大值
V_1	0							
V_2	6	0						
V_3	13	14	0					
V_4	2	2	5	0				
V_5	9	6	9	12	0			
V_6	9	5	10	15	0	0		
V_7	6	13	9	14	13	13	0	
V_8	9	11	12	12	0	0	0	
最大值	13	14	12	15	13	13		15

⑤从表 6-20 中再选出节约值最大值为 15,其对应的两个顶点为 4、6。如连接 4 与 6,则形成 0-5-6-4-0 回路,其总需求量为 11,未超过一辆车的运输能力 14,因此,连接 4、6 成新回路,即 0-5-6-4-0。再将顶点 4 与 6 的节约值赋为 0。同时,由于顶点 6 成为回路的中间点,则与顶点 6 相关的节约值都赋为 0,表示顶点 6 不可能再与其他点相连,其结果如表 6-21 所示。

表 6-21　节约矩阵过程表(4)

S_v	V_1	V_2	V_3	V_4	V_5	V_6	B_7	最大值
V_1	0							
V_2	6	0						
V_3	13	14	0					
V_4	2	2	5	0				
V_5	9	6	9	12	0			
V_6	0	0	0	0	0	0		
V_7	6	13	9	14	13	0	0	
V_8	9	11	12	12	0	0	0	
最大值	13	14	12	14	13	0	0	14

⑥按算法步骤迭代运算,直到节约值矩阵表中的值均为 0 时,迭代结束。最终的结果为:0-2-3-0,0-5-6-4-0,0-7-8-1-0 这三条线路,其运输量分别为 9、11、13,总里程数为 93。

一般来说,节约算法可以得到比较好的结果,但此算法也是一种贪婪启发式算法,对于一些特殊的算例,得不到最优解。【例 6.7】的全局最优解是:选择 0-1-3-0,0-2-7-8-0,0-

5－6－4－0 这三条线路，其运输量分别为 11、11、11，总里程数为 90。

思考题

1. 简述物流运输系统的组成。
2. 简述物流运输系统的功能和特点。
3. 简述运输方式的种类与特征。
4. 选择运输方式时应该考虑哪些因素？
5. 何为多式联运？其组织方式有哪些？
6. 图 6－23 为一单向连通图，试用 Dijkstra 算法求点 1 到点 8 的最短路程。

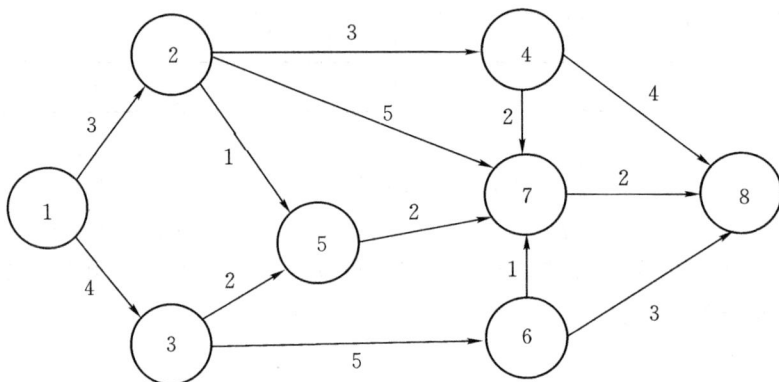

图 6－23　单向连通图

8. 某食品公司有四个生产工厂 A_1、A_2、A_3、A_4，每周生产食品数量为 1000 箱、1200 箱、900 箱、1100 箱，该食品每周配送给四个零售店 B_1、B_2、B_3、B_4，四个零售店的需求量分别为 800 箱、900 箱、1200 箱、1300 箱。从各个工厂到零售店单位产品的运费如表 6－22 所示。

表 6－22　单位运费表（元/箱）

工厂 ＼ 零售店	B_1	B_2	B_3	B_4
A_1	8	6	7	8
A_2	7	8	9	10
A_3	9	7	10	8
A_4	10	8	6	9

试求：在满足各零售店需求情况下，使得总运费最小的调运方案。

9. 现有一个连通图 $|A|=7$，它们的距离矩阵如表 6－23 所示，它们的相对位置如图 6－24 所示，假设 i,j 两点之间的距离是对称的。试用最近邻点法与最近插入法分别求解该 TSP 问题。

表 6 - 23 距离矩阵表

元素	V_1	V_2	V_3	V_4	V_5	V_6	V_7
V_1	—	10	8	9	6	11	14
V_2		—	16	12	10	14	9
V_3			—	12	15	10	11
V_4				—	7	12	8
V_5					—	15	12
V_6						—	13
V_7							—

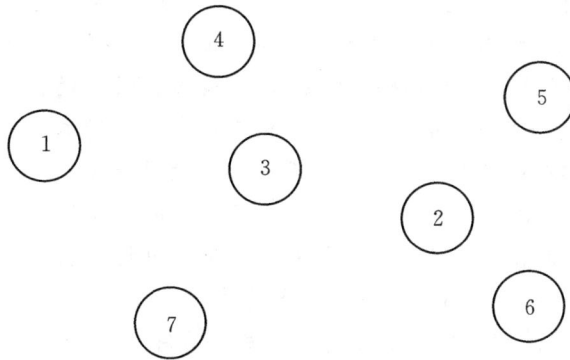

图 6 - 24 连通图位置示意

10. 现有一个仓库 V_0,需要对 6 个客户提供货物,它们的需求量及极坐标的角坐标值如表 6 - 24 所示,距离矩阵如表 6 - 25 所示。设每一车辆的运输能力是 13 个单位的货物,并有足够多的车辆。试用扫描算法与节约里程算法分别对该运输问题进行求解。

表 6 - 24 需求量、角坐标表

顾客/人	1	2	3	4	5	6	7
需求、单位货物		8	7	6	7	5	6
角坐标/度	20	120	50	200	260	340	300

表 6 - 25 距离矩阵表

元素	V_1	V_2	V_3	V_4	V_5	V_6	V_7
V_1	—	6	8	13	11	7	9
V_2		—	13	4	6	10	12
V_3			—	11	8	12	11

元素	V_1	V_2	V_3	V_4	V_5	V_6	V_7
V_4					7	11	8
V_5					—	15	7
V_6						—	13
V_7							—

案 例

UPS 借助信息技术优化配送路径

UPS 最初作为一家信使公司于 1907 年在美国成立,现已成长为一家年营业额达到数百亿美元的全球性公司,致力于以支持全球商业发展为目标。如今的 UPS,或者称为联合包裹服务公司,是一家全球性公司,其商标是世界最知名、最值得景仰的商标之一。作为世界上最大的快递承运商与包裹递送公司,同时也是专业的运输、物流、资本与电子商务服务的领导性的提供者。每天,UPS 都在世界 200 多个国家和地域管理着物流、资金流与信息流。

收到过 UPS 递送包裹的人都知道这家公司的送货司机都携带一个小型掌上计算机,该公司称此计算机为"交货信息采集设备",或 DIAD。这是公司持续长达 20 年的项目"把数据变成洞察力"的最明显的证据。2013 年推出的"行车集成优化和导航"或 ORION 项目,多达10000 条路径。据 UPS 的流程管理总监杰克·刘易斯透露,公司在利用数据方面已经经过了三个阶段,即从描述性分析到预测分析,再到最后的路径优化。

UPS2018 年在美国的 55000 条路径上部署 ORION。刘易斯介绍,20 年前,UPS 开始使用 DIAD 采集数据,并用于内部目的,但后来他们意识到数据可以洞察业务。他们开始建立数据仓库,并建立业内描述性分析工具。这些描述性分析工具会告诉"你今天你在哪里"。"在10 年前,我们从描述性分析得知'今天我在哪儿?'然后期待着'我明天将会在哪里?'这就是UPS 预测分析。"

当时 UPS 的首席执行官迈克尔(2002—2007 年)说:"我们必须把每一个客户都当作唯一的客户来对待,每笔交易都当作唯一的交易。所以流程管理部门构建了一个模型,测定出每个包裹每一个时刻的位置,公司知道它将去哪儿,也知道它应该去哪儿,还知道为什么它应该去那儿。"

刘易斯说:"我们的想法是,如果我们构建了一个模型,可以知道货物都去哪儿,然后只要一点点变动我们就可以改变未来的走向,或者改变计算机程序,模拟货物通过 UPS 系统的运动。我们设立了一些工具,从内部来预测包裹将在何时到达目的地,预测从现在起几天内会有多少货物交付,以保持预测的滚动更新。"

UPS 公司建造计划工具,用于分析预测。这样的工具会向运营商提供接下来两天中哪些线路会任务繁重,哪些是很轻松的,哪些是效率低下的。货单规划员甚至可以在包裹出现之前调整路线。如果有必要,公司流程管理部门的"总中心"可以把一个包裹从一条路径移到另一条路径,然后不断升级司机的掌上计算机,作为采集数据的设备。

刘易斯说："我们为什么不给司机信息让他做出更好的决定呢？不仅仅是 DIAD 获得的数据，我们的模型也给了 DIAD 信息，司机就会知道他们需要交付的所有货物，他们有一个通用的交付顺序。所以 10 年前建立的模型指出'这里有你将交付货物的所有信息，也有你通过此区域的一般路径'。但是最终决定权会留给司机，所以，如果司机想在某一个包裹之前传递另一个包裹，或者空运的包裹必须首先交付，他可能会修改路线。"

这也显示了 UPS 在业内独一无二的特点。UPS 的司机负责运送所有的商务包裹、居民包裹、空运包裹和国际包裹。而其他竞争对手可能会让四个司机分别负责这四类包裹中的每一类，因而他们四个人都在路上，都去同一个地方，因为他们有四个各自相互独立的网络。而 UPS 只有一个网络。

1. 一年少走 8500 万英里路

UPS 的司机可能安排他的货车在上午 10:30、中午 12 点、下午 2 点和下午 3 点交货，并在指定的时间收货。任务的复杂性促使司机做出如何向所有的客户提供最好的服务的决定，但总中心给了他们这样做的信息，然后总中心将数据模型实时更新。总中心要调整所有要经过的路线直到最后的包裹装载在车上，以确保公司这一天的路线是高效率的。总中心准确地知道在每一个时刻每个司机在哪里，他们已经完成了什么工作，什么工作尚未完成。如果客户想见司机，总中心会通知司机附近的客户有需要。10 年前就把这些东西都部署好了，这就是预测领域。

如果有两个司机去同一个地点，总中心可以避免发生这样的事。当公司使用预测分析时，系统可能会指出，在即将到来的一天，在某一条路线上某一位司机会有过多的工作。所以在 UPS 系统中，由系统指引的司机，将提出一个替代方案。

UPS 配送人员不需要自己思考配送路径是否最优，UPS 通过系统可实时分析 20 万种可能路线，3 秒找出最佳路径。UPS 通过大数据分析规定：卡车不能左转，原因是左转会导致货车长时间等待。未来，UPS 将用大数据预测快递员将做什么并及时控制纠正问题。通过运用大数据，物流运输效率将得到大幅提高，大数据为物流企业间搭建起沟通的桥梁，物流车辆行车路径也将被最短化、最优化定制。所以，UPS 的司机会宁愿绕个圈，也不要往左转，听着些许荒唐，因为左转而绕远路的费时和耗油真的可以忽略不计吗？根据往年的数据显示，因为执行尽量避免左转的政策，UPS 货车在行驶路程减少 2.04 亿的前提下，多送出了 350000 件包裹。

刘易斯说："当我们使用预测分析工具时，我们已经把一切都做好了，通过数据模型我们一年节省了 8500 万英里的行程，这使我们节省了 850 万加仑的燃油，少排放了 85000 吨的二氧化碳。所以预测模型比描述性模型给我们带来更多的收益。这种有效的操作使我们可以更好地预测明天、计划明天、简化工作。"

UPS 估计，如果每一名司机每天将运送路程减少 1 英里，那么公司每年就可以多获得 5000 万美元收益。公司还利用专业的司机，把这些信息植入系统。公司还通过创造产品，如"我的选择"——允许收货人延迟收货，或改变交货地点——向客户开放 UPS 的内部供应链和物流系统。以前，UPS 曾经每天都会去客户的住址而不论是否有包裹。现在，利用智能传感器优化了技术服务，客户可以自由选择何时分拣扫描，UPS 只负责在所有的包裹都准备妥帖后上门取货即可。

UPS 工业工程部的副总裁查克·荷兰德说，随着电子商务的普及、送货上门服务的增加，以及进入城市的人越来越多,像"我的选择"这样的服务已变得越来越重要。他说,家庭用户派送数量的增长速度明显快于商务派送,司机停靠的站点也越来越多。"如果20年前我们没有做好相应的基础准备工作,那么我们今天会很难对需求做出快速反应。"

2013年UPS开始推出ORION,从给司机一般的路线建议到非常具体按照顺序访问地址的指示的转变,ORION考虑了顾客的优化目标、UPS的优化目标和一体化的优化规则,给司机指出一条最优路径。还需要建造公司的数据库,其中含有大量的附加信息,包括运输车的空间大小,司机如何行走最方便,以及企业获得商务快递的最后期限。

2.从静态清单向动态清单迈进

UPS的首席运营官大卫·阿布尼在美国公路用户联盟(AHUA)的一次会议上说,在他21岁从密西西比州的一所学院毕业后成为一名快递员时,在使用另一个司机提供的手绘地图之前他不得不在他从未去过的一个小镇周围摸索行驶。从那时以来,虽然情况有了很大的改善,但是现在偶尔还会出现没有现成的地图和GPS系统不能准确定位的情况。例如,问问你的GPS装置或谷歌地图怎么去沃尔玛,它可能让你停在商店对面的街上。客户的车道可能半英里长,或两个商店可能在不同的街道,但被司机知道的一条小巷连接着。

要真正优化路径,计算机系统需要知道所有的细微差别,并更新司机对这一区域的认知。刘易斯说:"我们有2.5亿个地址。所以如果你曾经使用过GPS系统,说你到达某个地方,但你发现还距离目的地很远。我们不会这样做。我们确切地知道ORION,然后使用高等数学和运筹学为司机找到最好的路径。这是一个不能仅仅依靠检查所有可能的路径可以解决的令人惊讶的复杂问题。"比如,即使只有25个目的地,也会产生有15.5万亿种不同的运行路线。UPS的司机每天可能会到达125~175个地点。当然,UPS路线的变化是巨大的。一些司机可以整天奔波在曼哈顿的一个或两个建筑物之间,而其他司机可能在怀俄明州的乡村地区驱车数百英里。UPS司机在一天内可以走的路线的组合数量远远大于地球上已经存在的。

据UPS的数据,其专有的ORION算法相当于近1000页的代码,一条线路可以有超过20万个可选择的方法。就如何更好地服务于140个站点的问题,ORION可以在6~8秒内找到最优路径。当司机使用ORION,你肯定是改变了他们要做的事情。ORION会发现不正确的运行路径。比如,作为一个司机,通常不希望错过路上经过的一个交货点。"我开着车看到三个交货点,此刻我正在街上行驶,我为什么不现在就交货呢?"然而,ORION可能会说不,这不是一个好的决定。因为它会从整体考虑最优行驶路径。

ORION软件经过数学模型成千上万次的运算与调整,直到找到成本最低的路径。成本最低的路径起初通常会绕过一些站点,但将会在当天晚些时候看出所节省的路程和成本。选定的最优路径看起来弯弯曲曲,但是往往在这里节省四分之一英里,在那里节省半英里,等结束时会发现节省了大量的路程。

刘易斯说:"我们不是宣传节省了什么。但我可以告诉你,我们监控每一个星期,绝对有望完成我们最初设定的收益目标。事实上,我们已经超过了我们最初的预期,这就是为什么我们对于ORION如此兴奋的原因。公司有1万名司机使用ORION,到目前为止一共节省150万加仑的燃油。"这并不是说ORION不能进一步改善。系统给司机一个静态清单,但在特定的时间(比如开车经过一个购物中心或圣诞节前一周)或者在高速公路上发生重大事故时,由于约束条件变化,计算过程也应该做出相应的调整和变化。

刘易斯预测,ORION在将来的某个时候能够产生动态清单。如果司机在一个站点遇到迟到的情况,或面临交通堵塞,它将考虑进行实时更新。刘易斯说:"我们的司机的首要请求是在他们每次做决定后都进行实时更新。ORION 现在并没有这样做,但是它将来会这样做。这将意味着我们将获得更多收益。这只是一种基础设施建设。"

据美国著名的计算机技术咨询和评估集团佳庭纳集团(Gartner Group)的调查发现,大约 70% 的物流公司使用描述性分析工具,16% 使用预测分析工具,而只有 3% 的物流公司使用优化工具。显然,UPS 在应用运筹学开展业务方面处于行业的前沿。

案例讨论:

1. 本案例中主要使用了哪些典型的技术对配送路径进行优化?

2. 结合本案例,你认为社会物流系统规划与交通基础设施建设有何关系?

3. 结合本案例,试对未来智能化配送技术进行展望。

第7章 物流配送中心内部布置规划与设计

本章要点

- 物流配送中心的功能与作业区域结构
- 内部布置规划设计的主要内容
- 内部布置规划设计的目标和原则
- 物流配送中心内部布置的主要方法
- 内部布置的优化模型
- 系统布置方法(SLP法)

7.1 物流配送中心内部布置规划设计概述

物流配送中心等设施的内部布置规划设计应遵循一般设施规划设计的理论与方法。设施规划理论起源于早期制造业的"工厂设计"的研究,最初主要解决操作法工程(methods engineering)、工厂布置(plant layout)和物料搬运(material handling)。在此期间,主要凭设计者个人的主观判断、经验积累或其他定性分析方法开展工厂布局设计。随着研究的深入,运筹学、统计数学、概率论广泛应用到生产建设领域,同时系统工程理论、电子计算机技术也得到普遍应用,工厂设计和物流分析逐渐运用系统工程的概念和系统分析方法,"工厂设计"也逐渐被"设施规划""设施设计"所涵盖。管理科学、工程数学、系统分析的应用也为布置规划设计由定性分析转向定量分析创造了条件。

当然,随着应用数学与计算机技术的发展,人们越来越多地利用先进的数学建模或是计算机仿真等技术来解决物流设施平面布置问题。

7.1.1 物流配送中心的功能与作业区域结构

1.物流配送中心的功能

(1)商品展示与交易功能

商品展示交流与交易是现代物流配送中心的一个重要功能。在互联网时代,许多直销商通过网站进行营销,并通过物流配送中心完成交易,从而降低经营成本。同时中心也是实物商品展览的场所,可以进行常年展览与定期展览。在日本东京和平岛物流(配送)中心就专门设立了商品展示与贸易大楼。

（2）集货转运功能

此功能主要是将分散的、小批量的货物集中起来，便于集中处理与中转。生产型物流中心往往需要从各地采购原材料、零部件，在进入生产组装线之前进行集货处理；同时对产成品集中保管、统一配送。商业型物流中心也需要采购上万种商品进行集货处理、统一配送与补货。而社会公共物流中心则要实现转运、换载、配载与配送等功能。

（3）储存保管功能

考虑到市场需求的及时性与不确定性，不论是哪一类物流配送中心，或多或少都有一定的安全库存。根据商品的特性及生产闲置时间的不同，安全库存的数量也不同。因此，物流配送中心均具备储存保管功能。在物流配送中心一般都有库存保管的储放区。

（4）分拣配送功能

物流配送中心的另一重要功能是分拣配送功能。中心根据客户的多品种小批量的需求进行货物分拣配货作业，并以最快的速度送达客户手中或在指定时间内配送到客户。这种分拣配送的效率是物流服务质量的集中体现。

（5）流通加工功能

物流配送中心还会根据客户的需要，进行一些流通加工作业，这些作业包括原材料简单加工、货物分类、大包装拆箱改包装、产品组合包装、商标与标签粘贴作业等。流通加工功能是提升物流配送中心服务品质的重要手段。

（6）信息提供功能

集多种功能于一身的物流配送中心必然是物流信息的集散地，物流配送中心具有信息中心的作用，货物到达、配送、装卸、搬运、储存保管、交易、客户、价格、运输工具及运行时间等各种信息在这里交汇、收集、整理和发布。

2. 物流配送中心的作业区域结构

与上述各项功能相适应，物流配送中心的作业区域结构一般由如下工作区组成：

（1）管理指挥区（办公区）

这个区域既可集中于物流中心某一位置，也可分散设置于其他区域中。该区域主要包括营业事务处理场所、内部指挥管理场所、信息处理与发布场所、商品展览展销场所等，其职责是对外负责收集、汇总和发布各种信息，对内负责协调、组织各种活动，指挥调度各种资源，共同完成物流中心的各种功能。

（2）接货区

该区域完成接货及入库前的工作，如接货、卸货、清点、检验、分类等各项准备工作。接货区的主要设施包括进货铁路或公路、装卸货站台、暂存验收检查区域。

（3）储存区

在该工作区域内，存储或分类存储经过检验的货物。进货在该工作区域要有一定时间，并且占据一定的位置。该工作区域和进出的接货区相比，该区域所占面积较大，在许多物流（配送）中心里往往占总面积的一半左右。对于某些特殊物流配送中心（如水泥、煤炭），其面积占总面积的一半以上。

（4）理货、备货区

在该区域内，主要进行货物的分货、拣货、配货作业，目的是为送货做准备。区域面积随物流配送中心的不同而有较大变化,如对多用户、多品种、少批量、多批次处理的物流配送中心,分货、拣货、配货工作复杂,该区域所占面积很大。而在另一些中心里,该区域面积却较小。

（5）分放、配装区

在这一工作区内,按用户需求,将配好的货暂放暂存等待外运,或根据每一个用户货物状况决定配送方式,然后直接装车或运到发货站台装车。该区域的货物是暂存的,时间短,周转快,所占面积相对较小。

（6）发货区

在这个区域内将准备好的货物装入外运车辆发出。该工作区结构与接货区类似,有站台、外运线路等设施。发货区一般位于整个工作区域的末端。

（7）加工区

许多物流配送中心都设有加工区,在该作业区内,进行分装、包装、切裁、下料、混配等各种类型的流通加工。加工区的物流配送中心所占面积较大,但设施设备随加工种类不同有所区别。

除了以上主要工作区外,物流配送中心还包括其他一些附属区域,如停车场、生活区、区内道路等。

7.1.2 内部布置规划设计的主要内容

物流配送中心内部布置规划设计的主要内容包括物流作业区布置、辅助作业区布置和建筑外围区域布置。

1. 物流作业区的布置

以物流作业为主,仅考虑物流相关作业区域的配置形成,由于物流配送中心内的基本作业形态大部分为流程式作业,不同订单具有相同的作业程序,因此适合以生产线式的布置方法进行配置规划。若是订单种类、货物特性或拣取方法有很大的差别,则可以考虑将物流作业区分为多个不同形态的作业线,以区分处理订单内容,再经由集货作业予以合并,如此可有效率地处理不同性质的物流作业,这有些类似于传统制造工厂中的成组布置。

2. 辅助作业区的布置

除了物流作业以外,物流配送中心还包括一些行政管理、信息服务等内容的辅助作业区域,这些区域与物流作业区之间无直接流程性的关系,因此适合以关系型的布置模式作为区域布置的规划方法。这种配置模式有两种参考方法:

①可视物流作业区为一个整体性的活动区域,分析各辅助作业区域与物流作业区之间的相关活动的紧密关系,来决定各区域之间相邻的程度。

②将各物流作业区分别独立出来,与各辅助作业区一起综合分析其活动的相关性,来决定各区域的配置。

采用第一种方法较为普遍,也较为简便,可以减少相关分析阶段各区域间的复杂度,但也会增加配置空间的限制。因此在规划时,要配合规划人员的一些经验判断,作适当的人工调整。

3. 建筑外围区域的布置

除了各作业区的布置规划外,还需对建筑外围的相关区域进行布置,如内部通道、对外出入大门及外围道路形式等。在进行建筑外围区域布置时特别需要注意未来可能的扩充方向及经营规模变动等因素，以保留适当的变动弹性。

在一般情况下，整个区域布置规划是按上述顺序进行的，如果实际道路形式、大门位置等条件已有初步方案或已确定，则需要先规划建筑外围区域的布置形式，再进行物流作业区与辅助作业区的规划，这样可以减少不必要的修正调整工作，以适应实际的地理空间限制。

7.1.3　内部布置规划设计的目标和原则

1. 物流配送中心内部布置规划设计的目标

在物流配送中心内部布置规划设计时合理地布置各个功能区的相对位置非常重要，物流配送中心内部布置规划设计要达到的目标如下：

①有效地利用空间、设备、人员和能源；

②最大限度地减少物料搬运；

③简化作业流程；

④缩短生产周期；

⑤力求投资最低；

⑥为员工提供方便、舒适、安全和卫生的工作环境。

2. 规划设计的原则

为了达到这些目标，在规划设计时应遵循如下一些基本的原则：

①运用系统的观点。运用系统分析的方法，求得整体化，同时也要把定性分析与定量分析结合起来。

②以物流的效率作为区域布置的出发点，并贯穿于整个设计过程。

③先从整体到局部进行设计，再从局部到整体实现。布置设计总是先进行总体布置，再进行详细设计；而详细设计的方案要回到总体布置方案中去评价，并加以改进。

④减少和消除不必要的作业流程，这是提高生产效率和减少消耗的最有效的方法之一。

⑤重视人的因素，以人为本。作业地点的规划，实际是人机环境的综合，要注意中心周围的绿化建设，以创造一个良好、舒适的工作环境。

⑥对土地使用进行合理规划，注重保护环境和经营安全。土地的使用要根据明确的功能加以划分，货物存储区域应按照无污染、轻度污染和重度污染分开。还要根据实际需要和货物吞吐能力，合理地规划设计各功能区的占地，同时还要考虑防洪排涝、防火因素对规划设计的指标要求。

7.1.4　布置规划的基本形式

设施规划布置形式一般有四种基本类型，即工艺原则布置（process layout）、产品原则布置（product layout）、定位原则布置（fixed layout）和成组技术布置（group layout）。

1. 工艺原则布置

工艺原则布置又称机群布置或功能布置，是一种将相似设备或功能相近设备集中布置的规划布置形式，比如按车床组、磨床组等分区。被加工的零件，根据预先设定好的流程顺序，从一个地方转移到另一个地方,每项操作都由适宜的机器完成。这种布置形式通常适用于单件生产及多品种小批量生产模式,医院是采用工艺原则布置的典型例子。工艺原则布置的优缺点如表7-1所示。

表7-1 工艺原则布置的优缺点

优点	缺点
1.机器利用率高,可减少设备数量 2.可采用调用设备 3.设备和人员的柔性程度高,便于更改产品品种和数量 4.设备投资相对较少 5.操作人员作业多样化,提高人员的工作兴趣和职业满足感	1.流程长,搬运路线不确定,运费高 2.生产计划与控制较复杂 3.生产周期长 4.库存量相对较大 5.由于操作人员从事多种作业,因此需要较高的技术等级

2. 产品原则布置

产品原则也称装配线布置、流水线布置或对象原则布置,是一种根据产品制造的步骤安排设备或工作过程的方式。产品流程是一条从原料投入到成品完工为止的连续线。固定制造某种部件或某种产品的封闭车间,其设备、人员按加工或装配的工艺过程顺序布置,形成一定的生产线。它适用于少品种、大批量生产方式,是大批量生产中典型的设备布置方式。产品原则布置的优缺点如表7-2所示。

表7-2 产品原则布置的优缺点

优点	缺点
1.布置符合工艺过程,物流顺畅 2.上下工序衔接,存放量少 3.生产周期短 4.物料搬运工作量少 5.可做到作业专业化,对工人的技能要求不高,易于培训 6.生产计划简单,易于控制 7.可使用专用设备和机械化、自动化搬运方法	1.设备发生故障时将引起整个生产线中断 2.产品设计变化将引起布置的重大调整 3.生产线速度取决于最慢的机器 4.相对投资较大,因为在生产线上有的机器负荷不满 5.生产线上重复作业,易使工人单调乏味,产生厌倦感 6.维修和保养费用高

3. 定位原则布置

定位原则布置适用于大型设备(如飞机、轮船)的制造过程,产品固定在一个固定位置上,所需设备、人员、物料均围绕产品布置。这种布置方式在一般场合很少应用,如飞机制造厂、造船厂、建筑工地等是这种布置方式的实例。定位布置的优缺点如表7-3所示。

表 7 - 3　定位布置的优缺点

优点	缺点
1.物料移动少	1.人员和设备的移动增加
2.当采用班组方式时,可提高作业连续性	2.设备需要重复配备
3.提高质量,因为班组可以完成全部作业	3.工人需要较高的技能
4.高度柔性,可适应产品和产量的变化	4.会增加面积和工序间储存
	5.生产计划需要加强控制和协调

4.成组技术布置

在产品品种较多、每种产品的产量又是中等程度的情况下,将工件按其外形与加工工艺的相似性进行编码分组,同组零件用相似的工艺过程进行加工,同时将设备成组布置,即把使用频率高的机器群按工艺过程顺序布置,组合成成组制造单元,整个生产系统由数个成组制造单元构成。这种成组技术布置方式适用于多品种、中小批量生产。成组技术布置的优缺点如表7-4所示。

表 7 - 4　成组技术布置的优缺点

优点	缺点
1.产品成组,设备利用率较高	1.需要较高的生产控制水平,以平衡各单元之间的生产流程
2.流程通顺,运输距离较短,搬运量少	2.如果单元之间流程不平衡,需要中间储存,增加了单元之间的物料搬运
3.有利于发挥班组合作精神	3.班组成员需要掌握所有作业技能
4.有利于扩大工人的作业技能	4.减少使用专用设备的机会
5.缩短生产准备时间	5.兼有产品原则布置和工艺原则布置的缺点
6.兼有产品原则布置和工艺原则布置的优点	

7.2　物流配送中心内部布置的方法

7.2.1　内部布置的主要方法

物流配送中心内部布置的方法总结起来可以分为以下几类:

1.摆样法

摆样法是一种最早的布局方法。利用二维平面比例模拟方法,按一定比例制成的样片在同一比例的平面图上表示设施的组成、设施、设备或活动,通过相互关系分析,调整样片位置可得到较好的布置方案。这种方法适用于简单的布局设计,对复杂的系统就不能十分准确,而且花费的时间较多。

2.图解法

图解法产生于20世纪50年代,有螺线规划法、简化布置规划法以及运输行程图等。其优点在于将摆样法与数学模型结合起来,但现在应用较少。

3. 系统布置方法(SLP)

SLP 是最具代表性的布局方法,它使工厂布局设计从定性阶段发展到定量阶段。它以大量的图表分析和图形模型为手段,把量的概念引入设计分析的全过程,通过引入量化的关系密切级别的概念,建立各作业单元之间的物流相关关系与非物流的作业单元相关关系图表,从而构成布置设计的模型,是当前布置设计的主流方法。

4. 数学模型法

把物流系统抽象为一种数学表达式,通过求解数学表达式找到最优解,运用运筹学、系统工程中的模型优化技术研究最优布局方案,用数学模型提高系统布置的精确性和效率。常用的运筹方法有最短路法、最小费用最大流法、线性规划、随机规划、多目标规划、模糊评价法等。

但是数学模型的求解往往很困难,可以利用计算机的强大功能,帮助人们解决设施布置的复杂任务。计算机辅助求解的布置方法很多,根据算法可分为两大类:

①构建法。这类方法根据 SLP 理论由物流、非物流信息出发,逐一设施进行选择和放置决策,从无到有,生成比较好的(可能是最优的)平面布置图,如:CORELAP、ALDEP。

②改进算法。对初始布局方案改进,交代待布置部门的位置,通过对布置对象间有规律的交换,保留新的优化方案,寻找一个成本最小的布局方案。如:CRAFT、MultiPLE。

近十几年来,人工智能技术(AI)的发展为平面布置提供了功能强大的算法。由于平面布置是典型的 NP(nondeterministic polynomial)问题,人工智能技术成为在有效时间内寻找满意解的可行算法。它们应用快速并行处理,可以同时得到多个解,丰富了被选方案;并且它们允许代价更高的解出现,从而可以跳出局部最优点,解决对初始解敏感的问题。

7.2.2 内部布置的优化问题

设施内部平面布置问题是一种组合优化问题。其数学模型的变量是各个工作区在空间中的位置组成的向量,其约束条件是各个工作区在空间中的位置约束,而目标根据实际需要,可以是单一的,也可以是多个的,大多数设施内部平面布置问题都是以工作区间物料搬运费用最小为目标的。因此,物流配送中心的内部布置优化问题的数学模型可以抽象为如下形式:

$$\min f = \sum_{i,j} \sum_{k,m} c d_{ij} l_{km} x_{ik} x_{jm} + \sum_{i,k} F_{ik} x_{ik} \tag{7.1}$$

$$\text{s. t.} \quad \sum_{i} x_{ik} = 1, \ k = 1, 2, \cdots, n \tag{7.2}$$

$$\sum_{k} x_{ik} = 1, \ i = 1, 2, \cdots, n \tag{7.3}$$

$$x_{ik} \in \{0, 1\} \tag{7.4}$$

式中:c——单位物流量移动单位距离的费用;

　　d_{ij}——第 i 个工作区与第 j 个工作区之间的物流量;

　　l_{km}——第 k 个位置与第 m 个位置间的距离;

　　F_{ik}——第 i 个工作区布置在第 k 个位置所需的固定费用;

　　x_{ik}——0~1 决策变量,1 表示第 i 个工作区布置在第 k 个位置上。

式(7.1)为目标函数,式(7.2)表示一个工作区只能布置在一个位置上,式(7.3)表明一个位置只能被一个工作区布置。这是一个非线性整数规划模型。

7.3　系统布置方法——SLP

1. 概述

最初的设施布置设计主要直接凭经验和感觉,但到了20世纪50年代,布置设计从传统的只涉及较小系统发展到大而复杂的系统设计,凭经验已难以胜任。于是,在综合各学科发展的基础上,布置设计中运用了系统工程的概念和系统分析的方法。

1961年,美国学者理查德·缪瑟提出了极具代表性的系统布置设计(systematic layout planning)理论,简称 SLP 法。缪瑟的系统布置方法是一种条理性很强、物流分析与作业单位关系密切程度分析相结合、求得合理布置的技术,因此,在布置设计领域获得极其广泛的运用。20世纪80年代,该方法传入中国并逐步成为工厂布局设计的主流方法。SLP 将设施规划和设计向科学家化、精确化和量化方向迈进了一步。其主要有以下特点:

①定性分析与定量分析有机结合;

②以大量的图表分析和图形模型分析为手段,直观清晰;

③采用了严密的系统分析手段和规范的设计步骤,逻辑性和条理性较强;

④着眼于整个物流系统,反复修正与调整,设计方案具有很强的合理性和实用性;

⑤操作性和实践性强,适用范围广,可以应用于各种类型的企业。

但由于历史的局限性,SLP 方法没有充分考虑利用计算机技术。传统的 SLP 主要是手工布置,受主观经验、自身知识及能力等多种因素的影响,往往得不到较优解。

因此,针对 SLP 的这些优缺点,相关学者作了相应的改进。20世纪60年代以来,以 J. M. 摩尔等为代表的一批设施规划与设计学者开始利用计算机的强大功能,帮助人们解决设施布置的复杂任务,节省了大量的人力、物力。

20世纪80年代,日本物流技术研究所铃木震提出的 EIQ 分析应用于系统布置设计,一定程度上大大改善了 SLP 方法,拓宽了 SLP 方法的应用范围。

缪瑟自己也于20世纪90年代在 SLP 的基础上,针对日常处理最多的布置设计中的中小项目,提出了简化的系统布置设计(simplified systematic layout planning,SSLP),SSLP 比 SLP 在工作过程方法更简捷。

同时,威廉·温拿等工厂设计师们在实践中不断对 SLP 进行发展和完善,在20世纪90年代提出了新的战略设施规划(strategic facilities planning,SFP)。其核心思想表现为两个方面:

①把设施布置提升至战略高度,通过一次根本性的再聚集以及精益原则来提高企业整体生产力。实施的关键是企业流程再造原理,进行业务重组。

②新的战略设施规划融合了优良的计算机辅助设施布置方法,一定程度上实现了设施布置的快速响应,在设施布置项目向大型化、复杂化方向发展的今天,考虑到时效性,计算机辅助设施布置方法已经逐渐成为设施布置设计的主流。

2. SLP 方法的基本思路

在 SLP 方法中,Muther 将研究设施布置问题的依据和切入点,归纳为 P(产品)、Q(产量)、R(工艺过程)、S(辅助部门)、T(时间)这五个基本要素,采用 SLP 法进行总平面布置的首要工作是对各作业单元之间的相互关系作出分析,包括物流关系和非物流关系,经过综合得到作业单元相互关系图,然后根据相互关系图中作业单元之间相互关系的密切程度,决定各作业单元之间距离的远近,安排各作业单元的位置,绘制作业单元位置相关图,将各作业单元实际占地面积与作业单元位置相关图结合起来,形成作业单元空间相关图;通过作业单元空间相关图的修正和调整,得到数个可行的布置方案;最后采用系统评价方法对各方案进行评价择优,以得分最多的布置方案作为最佳布置方案。具体流程如图 7-1 所示。

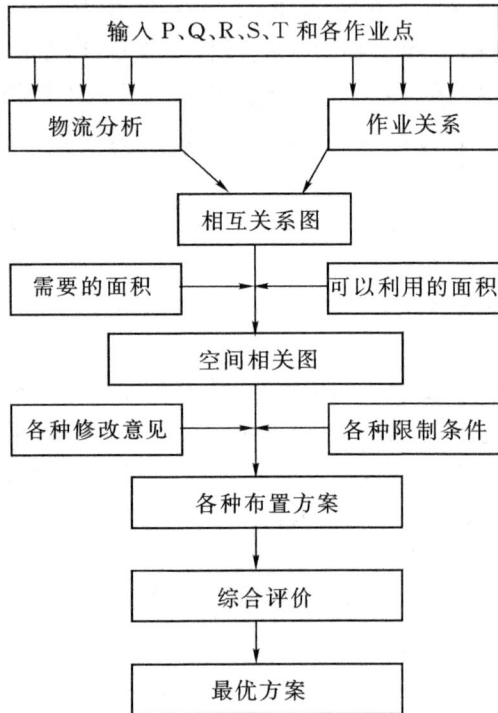

图 7-1 SLP 流程图

整个物流系统布置设计要分四个阶段进行,称为"布置设计四个阶段",即确定位置阶段、总体区划阶段、详细布置阶段和施工安装阶段。这四个阶段交叉进行,其中总体区划阶段与详细布置阶段是布置设计最重要的阶段,也是布置设计的关键所在。而在物流配送中心的整个规划设计中,需要经历物流配送中心选址、平面布置、搬运系统设计、辅助部门设置、方案评价与选择等众多细化的工作,而平面布置设计处于其中的核心位置,其主要任务就是确认各作业单元、职能管理部门、辅助管理部门的功能,确定它们的占地面积和外形尺寸,根据它们之间的联系和运作流程,确定其平面位置。

3.原始资料分析

在 SLP 方法中,缪瑟最初是以工厂布置问题为依据和出发点的,故把产品 P、数量 Q、生产路线 R、辅助部门 S 和时间安排 T 作为五个基本要素。这五项基本要素是设施规划时不可缺少的基础资料。而在物流配送中心布置规划中,可以把这些要素的概念适当修正为:物流对象 P、物流量 Q、物流作业路线 R、辅助部门 S 和作业时间安排 T。其中物流对象 P、物流量 Q、物流作业路线 R 是重点分析的对象。

(1)P:产品或材料或服务(production)

产品或材料或服务指规划设计的对象所生产的产品、原材料、加工的零部件或提供服务的项目,包括原材料、进厂物料、工序间储备、产品、辅助材料、废品、废料、切屑、包装材料等。产品这一要素影响着设施的组成及其相互关系、设备的类型、物料搬运的方式等。

(2)Q:数量或产量(quantity)

数量或产量指所生产、供应或使用的材料或产品的数量或服务的工作量。这一要素影响着设施规模、设备数量、运输量、建筑物面积等。

(3)R:生产路线或工艺过程(routing)

生产路线或工艺过程指根据所生产的产品品种、数量等设计出的工艺流程、物流路线、工序顺序等,可以用设备表、工艺路线卡、工艺过程图等表示。它影响着各作业单位之间的关系、物料搬运路线、仓库及堆放地的位置等。

常见的物流作业路线类型及描述如表 7-5 所示。

表 7-5　作业单位的物流作业路线类型

项次	作业单元间的物流路线类型	图示	描述
1	直线型		适用于出入口在作业区域两侧、作业流程简单、规划较小的物流作业,无论订单大小与配货品种多少,均需通过作业区域全程
2	双直线型		适用于出入口在作业区域两侧、作业流程相似,但是有两种不同进出货形态或作业需求的物流作业
3	锯齿形或 S 型		适用于较长的流程,需要多排并列的作业区
4	U 型		适用于出入口在作业区域的同侧的作业,可依进出货频率大小安排接近进出口端的储区,以缩短拣货搬运路线

项次	作业单元间的物流路线类型	图示	描述
5	分流型		适用于批量拣取后进行分流配送的作业
6	集中型		适用于因储存区特点将订单分割在不同区域后进行集货的作业

（4）辅助服务部门（supporting service）

辅助服务部门指保证生产正常运行的辅助服务性活动、设施以及服务的人员。它包括道路、生活设施、消防设施、照明、采暖通风、办公室、生产管理、质量控制及废物处理等；它是生产的支持系统，从某种意义上来说对生产系统的正常运行起着举足轻重的作用。

（5）时间或时间安排（time）

时间或时间安排指在什么时候、用多长的时间生产出产品，包括作业、工序、流动、周转等标准时间。这些因素决定着设备的数量、需要的面积和人员、工序的平衡安排等。

4.物流分析

物流分析是设施布置设计的另一个基本分析，即工艺流程和物流路线的分析。物流分析通过对基础数据相互之间的依赖关系分析，为后续的布置设计提供参考。物流分析方法通常由物流对象 P 和物流量 Q 的性质决定，不同的运作类型，应采用不同的分析方法。分析的基本手段有工艺过程图（作业程序图）、多种产品工艺过程图、从至表和物料流程图等。

（1）工艺过程图（operation process chart）

工艺过程图就是把工艺路线卡和装配程序图汇总到一起而形成的一种流程图。绘制过程先在图的右上部从第一个装配作业的主要组件开始，在垂直线上按工艺路线卡的作业顺序用圆圈表示加工和装配，用正方形表示检验其他零部件。如果自制，分别用垂直线画出其作业顺序；如果外购，则分别用水平线进入装配作业。物料形态的表示符号如表 7-6 所示。

表 7-6　物料形态表示符号

符号	行动类别	主要结果
○	操作	生产或完成
⇨	运输	移动
□	检验	鉴定
▷	停滞	干扰
▽	储存	保存

工艺过程图可以用来详细描述产品生产过程中各工序之间的关系,也可以描述全厂各部门之间的工艺流程。其重要作用是在分析工艺过程的基础上,通过产品加工、组装、检验等各加工阶段及加工路线的分析,计算出每个工艺过程的各工序(作业单位)间的物流强度,从而为作业单位位置的确定找到基础数据。

图 7-2 表示某产品的加工工艺流程图,其毛坯重 0.49,经热处理的毛坯重 0.19,机加工中需返回热处理的为 0.1。由此可知,1~4 之间的物流强度为 0.3。

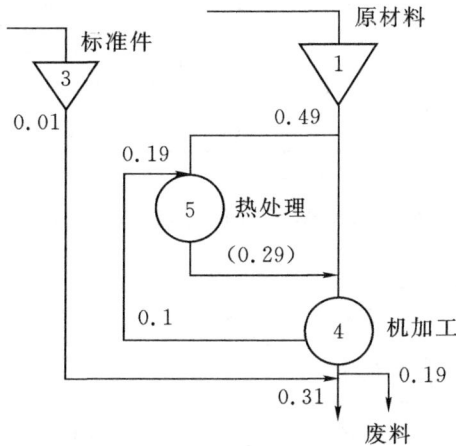

图 7-2　工艺流程图

(2)从至表(from-to charts)

从至表通常用以表示建筑物之间、部门之间或机器之间的物流量、物料搬运总量等。表上横行和竖行的标题内,按同样顺序列出全部作业单位(建筑物、机器、部门)。将每个产品或零件在两个作业单位之间的移动,分别用字母表示产品或零件、数字代表搬运总量,将其填入两个作业单位横行和竖行相交的方格内,注意,从至表的左上角至右下角,划一条对角线,零件前进记在右上方,退回记在左下方。

表 7-7　物流从至表

至 / 从	原料	锯床	车床	钻床	铣床	检验	包装	成品	合计
原料		104		108					212
锯床			60		288				343
车床				80	264				344
钻床			48		40	144			232
铣床				64		416			480
检验			80				192		272
包装								128	128
成品									0
合计	0	104	188	252	592	560	192	128	2016

再按作业单位对强度划分等级,物流强度等级划分采用著名的 A、E、I、O、U 等级。如表7-8所示。

表7-8 物流作业强度等级

物流强度等级	符号	物流路线比例(%)	承担的物流量比例(%)
超高物流强度	A	10	40
特高物流强度	E	20	30
较大物流强度	I	30	20
一般物流强度	O	40	10
可忽略搬运	U		

根据表7-7和表7-8对作业单位关系进行等级划分,得到物流相关图,如图7-3所示。

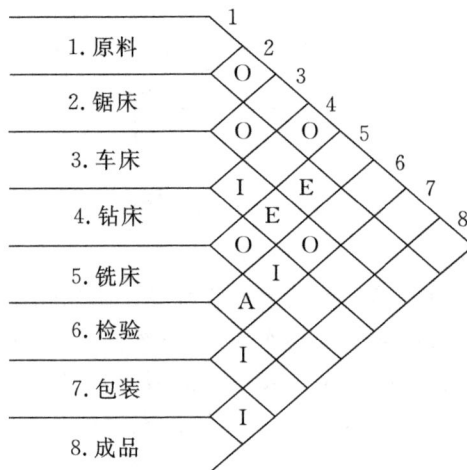

图7-3 物流相关图

5.作业单元相关性分析(非物流分析)

物流分析是布置规划的重要依据,但有时还存在一些非物流关系。这些非物流关系可能对物流运作产生重大影响,是必须重视的。另外,在物流配送中心内还存在一些管理或辅助性的功能区域,这些区域尽管本身没有物流活动,但却与作业区有密切的业务关系,而这些非物流的业务关系必须通过作业单元相关性分析来反映。不同的是,物流分析的基础是物流对象P、物流量Q、物流路线R,而作业单元关系分析是以物流对象P、物流量Q和辅助部门S为基础的。

根据相关要素,可以对任何两个区域的相关性进行评价。评价相关紧密性程度的参考因素主要包括人员往返接触的程度、文化往返频度、组织与管理关系、使用共享设备与否、使用相同空间区域与否、物料搬运次数、配合业务流程的顺利、是否进行类似性质的活动、作业安全上的考虑、工作环境改善、提高工作效率及人员作业区域的分布等内容。工作区之间的关系的密切程度可划分为 A、E、I、O、U、X 六个等级,其含义及表示方法如表 7 - 9 所示。根据 Heragu 的建议,一般来说,一个布置内 A、E、I 级的关系,不超过 10%～30%,其余为一般关系(O、U 级),X 的关系需视具体情况而定。

表 7 - 9　作业单元相互关系等级及表示方法

符号	含义	说明	比例(%)
A	绝对重要		2～5
E	特别重要		3～10
I	重要		5～15
O	一般密切程度		10～25
U	不重要		45～80
X	负的密切程度	不希望接近、酌情而定	

影响作业单位间相互关系密切程度的典型因素一般可以考虑以下方面:
①物流;
②工艺流程;
③作业性质相似;
④使用相同的设备;
⑤使用同一场所;
⑥使用相同的文件档案;
⑦使用相同的公用设施;
⑧使用同一组人员;
⑨工作联系频繁程度;
⑩监督和管理方便;
⑪噪声、振动、烟尘、易燃易爆危险品的影响;
⑫服务的频繁和紧急程度。

缪瑟建议,每个项目中重点考虑的因素不应超过 10 个。

非物流相关图的制作:利用与物流相关图相同的表格形式,菱形框上半部分为密切关系等级代码,下半部分为理由代码,如图 7 - 4 所示。

6.作业单位综合相互关系分析

在内部布置规划中,各作业单元之间既有物流联系,又有非物流联系。在 SLP 中,要将作业单元之间的物流关系和非物流关系进行合并,求出综合相互关系,然后由这个综合相互关系出发,实现各作业单元的合理布置。综合过程按以下步骤进行。

①确定物流关系与非物流关系的相对重要性。一般来说,物流与非物流之间的比重应介于 1∶3～3∶1 之间。在实际布置中,一般相对重要性的比值 $m∶n$ 取 3∶1,2∶1,1∶1,1∶2,1∶3 几个值。

②将关系密切程度等级量化。一般取 A=4,E=3,I=2,O=1,U=0,X=-1。

③计算两个作业单元之间综合相互关系的量化值。设两作业单元为 i,j,其综合相互关系

序号	作业单位名称
1	原材料库
2	油料库
3	标准件、外购件库
4	机加工车间
5	热处理车间
6	焊接车间
7	变速器车间
8	总装车间
9	工具车间
10	油漆车间
11	试车车间
12	成品库
13	办公服务楼
14	车库

编号	理由
1	工作流程的连续性
2	生产服务
3	物料搬运
4	管理方便
5	安全与污染
6	共用设备及辅助动力源
7	振动
8	人员联系

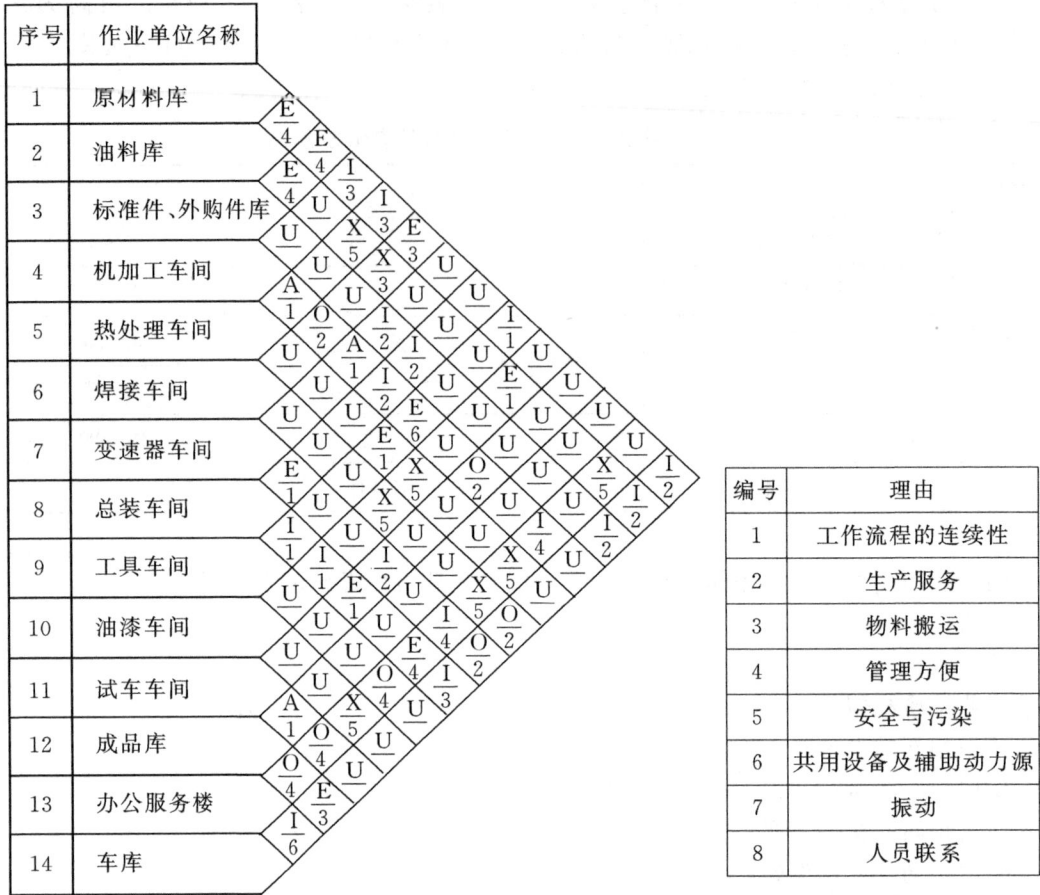

图 7-4 非物流相关图

的值为 TR_{ij}，物流关系的量化值表示为 LR_{ij}，非物流关系密切程度的量化值为 NR_{ij}，则 $TR_{ij} = m \times LR_{ij} + n \times NR_{ij}$。

④综合相互关系等级划分。对 TR_{ij} 进行等级划分，建立作业单元综合相互关系表，根据递减的 TR_{ij} 值再将关系等级划分为 A、E、I、O、U、X 六个等级。划分等级的比例如表 7-10 所示。

表 7-10 综合相互关系等级表及比例

符号	含义	占有比例（%）
A	绝对重要	1~3
E	特别重要	2~5
I	重要	3~8
O	一般	5~15
U	不重要	20~85
X	禁止	

在对物流与非物流相互关系进行合并时,任何一级物流相互关系与 X 级非物流相互关系等级合并后的等级不应该超过 O 级,对于某些极不希望靠近的作业单元可以设为 XX 级,表示绝对不能相互靠近。作业单位综合相互关系表如表 7 - 11 所示。

表 7 - 11　作业单位综合相互关系计算表

序号	作 业单位对	关系密切程度				综合关系	
		物流关系(加权值:1)		非物流关系(加权值:1)			
		等级	分值	等级	分值	分值	等级
1	1—2	U	0	E	3	3	I
2	1—3	U	0	E	3	3	I
3	1—4	I	2	I	2	4	E
4	1—5	E	3	I	2	5	E
5	1—6	E	3	E	3	6	E
6	1—7	U	0	U	0	0	U
7	1—8	U	0	U	0	0	U

(表中只填部分,后面的照推)

⑤经过调整,建立综合相互关系图,如图 7 - 5 所示。

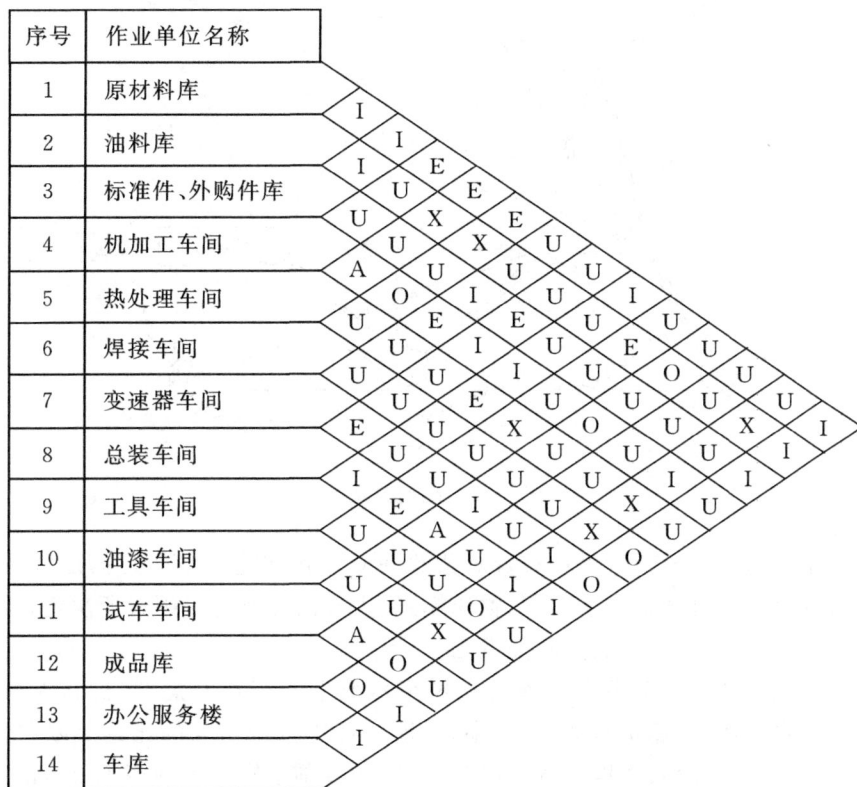

序号	作业单位名称
1	原材料库
2	油料库
3	标准件、外购件库
4	机加工车间
5	热处理车间
6	焊接车间
7	变速器车间
8	总装车间
9	工具车间
10	油漆车间
11	试车车间
12	成品库
13	办公服务楼
14	车库

图 7 - 5　作业单位综合相关图

7.作业单元位置和空间关系图确定

在布置设计确定位置时,首先根据综合相互关系图中级别高低按顺序先后确定不同级别作业单元的位置,关系级别高的作业单元之间距离近,关系级别低的作业单元之间距离远,而同一级别的作业单元按综合接近程度的分值高低顺序来进行布置。作业单元综合接近程度分值高的应处于中间位置,分值低的处于边缘位置。

具体做法:把作业单位综合相互关系图,变换成右上三角矩阵与左下三角矩阵表格对称的方阵表格。然后量化关系密级,并按行或列累加关系密级分值。

在 SLP 中,Muther 采用了线型图"试错"来生成空间关系图。在绘制线型布置图时,首先将 A、E 级关系的作业单元放进布置图中,同级别的关系用相同长度的线段表示。经过调整,使 E 级关系的线段长度约为 A 级关系的 2 倍。随后,按同样的规则布置 I 级关系。若作业单元比较多,线段比较混乱,则可不必画出 O 级关系,但 X 级关系必须表示出来。调整各作业单元的位置,以满足关系的亲疏程度。根据图 7-5 的作业单元相互关系图的关系等级可生成初步线型图,如图 7-6 所示。

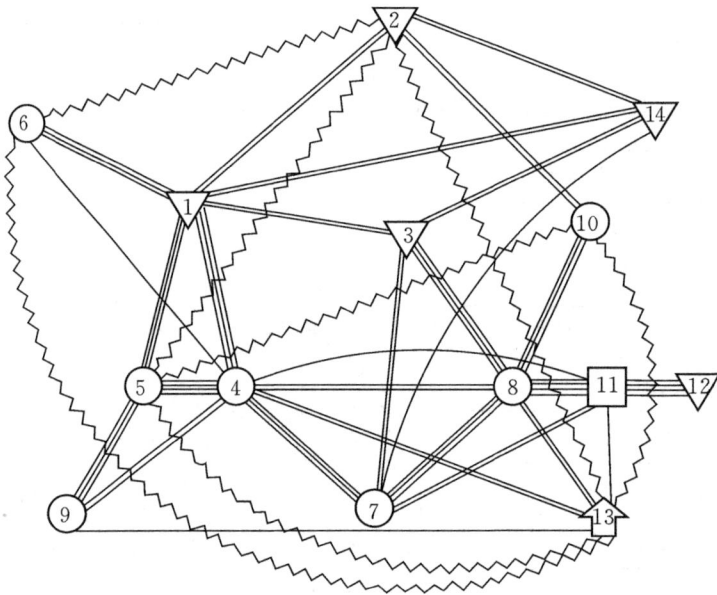

图 7-6　线型关系图

而作业单元空间形状的确定是和布置对象的平面形状和建筑空间几何形状结合起来的。各作业单元的占地面积由设备占地面积、物流模式、人员活动场地等因素所决定。将各个作业单元的面积加入到布置图中,生成空间关系图。

SLP 中直接生成的空间关系图只能代表理想情况下的布置方案,在实际规划中,还需要考虑场址条件和周围情况、建筑特征、容积率、绿地与环境保护空间的比例及限制、人员需要、搬运方法、资金等实际限制条件以及各种修改意见,通过调整修正得到多个可行的布置方案。

8.方案评价与选择

对调整修正得到的多个可行的布置方案进行综合评价,在综合评价的基础上,最后选择一个最优的布置方案,图 7-7 为该案例最终优化后得到的平面布置方案。

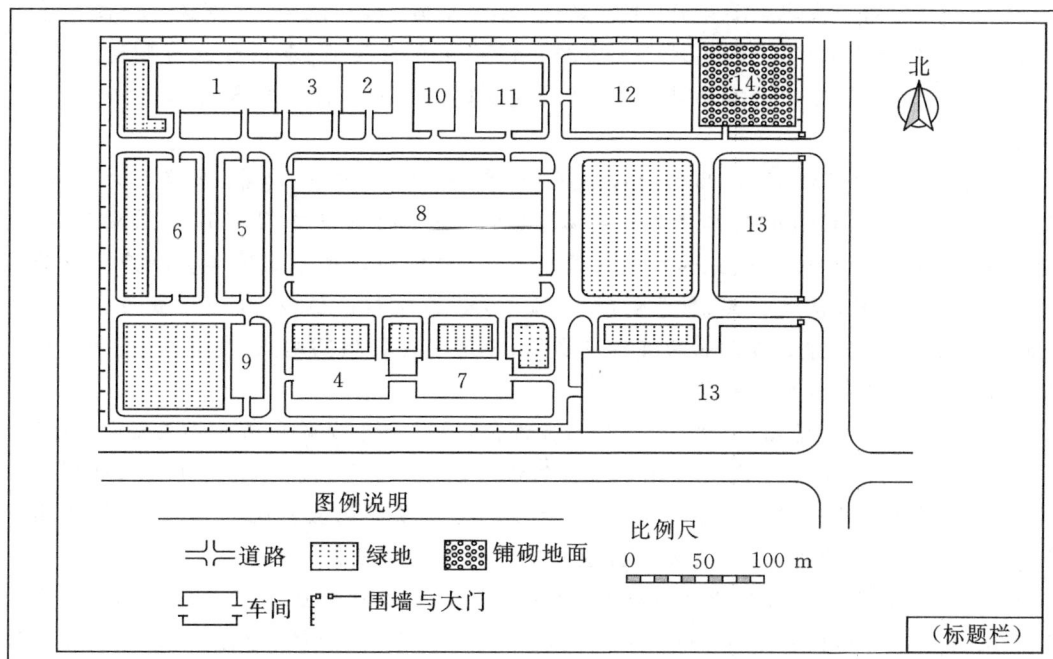

图 7-7　平面布置图

思考题

1.物流配送中心一般有哪些作业区域?这些作业区域分别具有什么功能?

2.物流配送中心内部布置规划设计的主要内容有哪些?

3.物流配送中心内部布置规划设计要考虑哪些因素?

4.物流配送中心内部布置规划设计主要有哪些方法?

5.简述系统布置方法的步骤。

6.如何来绘制线型布置图?它需要哪些信息?

7.在评价作业单元相互关系时主要考虑哪几个方面因素?相互关系的密切程度又划分为哪几个等级?

8.物流配送中心的物流作业路线类型有哪几种?

案例

上汽大通售后配件中心内部布置规划设计

上汽大通汽车有限公司(以下简称"上汽大通"),是上海汽车集团股份有限公司全资子公司。公司成立于 2011 年 3 月 21 日,坐落在上海市杨浦区军工路 2500 号,注册资金 58.2 亿元人民币,下设无锡申联专用汽车有限公司、无锡分公司、南京分公司、上汽大通房车科技有限公司、上汽大通汽车销售服务有限公司。现拥有上汽大通MAXUS、LDV和伊思坦纳三大品牌，在无锡、南京和溧阳拥有三个生产基地。无锡基地主要生产"上汽大通MAXUS"品牌产品，产能为20万台/年；南京基地主要生产"上汽跃进"轻中型货车，产能为10万辆/年；溧阳基地是全球最大的房车专业工厂，产能超过2.5万辆。同时在马来西亚、泰国设立有制造基地，主要生产V80、G10以及伊思坦纳等品牌产品，产品覆盖宽体及窄体轻型客车、轻型卡车、特种改装车等领域。

上汽大通立足全球视野，产品已进入澳新、南美、东南亚、中东、南非、北非六大区域42个国家和地区。公司以CVDP汽车产品开发体系、集成全球的供应链、TS16949质量管理体系、SCPS柔性化精益生产系统、领先的智能化信息系统、便捷的二手车及汽车金融产业链等体系能力，坚持"团队合作、持续改善、勇于创新、追求卓越"的核心价值观，致力于成为具有国际竞争力的汽车公司，实现员工与企业的可持续发展，为消费者提供高起点、高品质、高水准的汽车产品及服务，为用户创造更多的价值。

上汽大通以"科技、信赖、进取"为全新品牌价值，通过业务模式和商业模式创新，逐步转型为数字化C2B跨界车企。上汽大通率先探索的汽车制造"C2B理念"，就是通过互联网和云计算，实现企业与用户及伙伴的数字化直联，用户参与全价值链的数据化互动和决策，与用户建立终身相伴的有温度的关系，为消费者打造订制化的产品和服务。

上汽大通售后配件中心位于江苏溧阳，是全球最大的房车专业工厂。售后配件中心是上汽商用车Maxus大通纯正配件集成中心。具备从收货、翻包、分拣、储存、配送及发运全过程的运营管理能力，其运营品种约30000种。服务面向上汽商用车全国各地维修站、经销商及海外客户。仓库内目前分为收货工段、发货工段、库控（数据）工段，三个工段为仓库的正常运转各司其职。现要对售后配件中心进行整体布局规划。

SLP的实施思路是以未来的物流需求为出发点，从全新的物流流程的角度，对物流作业功能区进行规划，同时考虑各种农产品作业流程，对整个售后中心内的物流资源进行整合，从而探讨布置优化的可能性。

1.售后配件中心作业的流程

售后配件中心主要的操作流程分为卸货、验收、翻包装、上架入库、拣配、核箱。具体操作流程示意图如图7-8所示。

(1)卸货作业流程

收货人员接收"上汽商用车售后配件送货清单"；引导供应商送货司机将车辆停放在卸货道口边上的指定停车位，并将停车牌及流程牌放好；根据零件的大小及数量多少选择合适的存放器具，利用叉车协助铲运。

(2)翻包装流程

按照收货日期先后顺序从收货区用液压车把大件拉到包装区；准备好存储器具两面围及包材纸箱开始包装（参照售后配件中心仓库物流标准化包装），发现有送货包装不符合要求时通知工段长，包装过程中发现有零件质损或少货时插上小红旗并用对讲机通知入库班组长并记录在异常记录表上；从扫描枪界面找出零件号点击包装完成任务，张贴唛头信息、零件号、数量、日期、姓名，拉至上架暂存区。

(3)上架、入库流程

提前做好上架准备工作，从待上架区提取货物；检查外观是否符合高架上架标准、唛头填

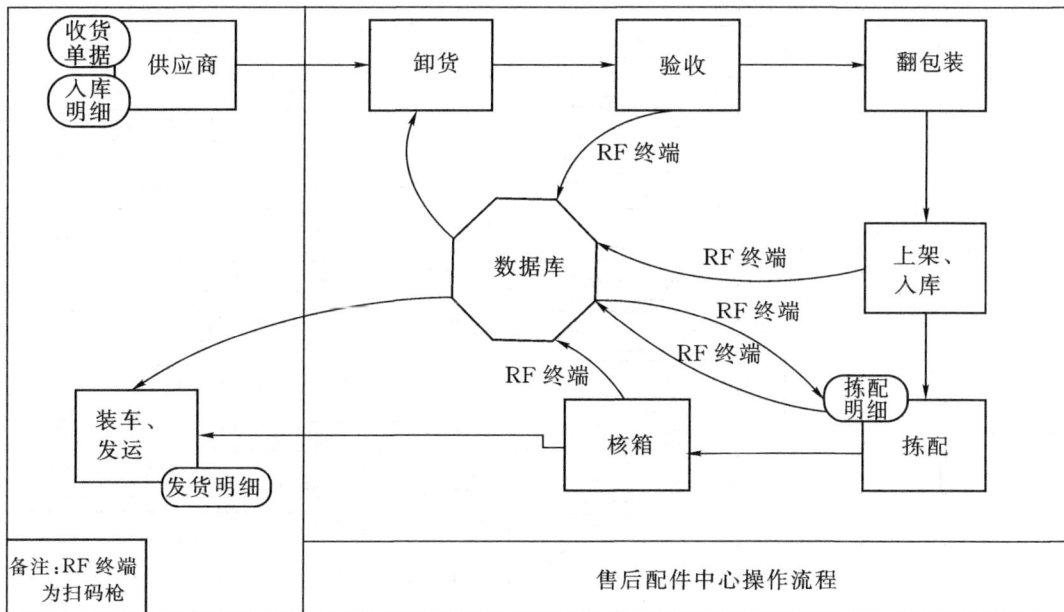

图 7 - 8　售后配件中心操作流程图

写是否规范,如发现问题插小红旗上报班组长并记录在异常记录表上;扫描枪扫描零件号,根据系统推荐库位输入数量,入库上架(参照 PDC 仓库物流标准化—高架上架);如主库位需变动,填写库位调整单并交给数据员。

（4）拣配、核箱流程

提前做好拣配准备工作;从出库班组长拿到拣配箱号、堆垛库位(拣配核料单);开始拣配(参照 PDC 仓库物流标准化堆垛拣配),若拣配过程中发现异常情况插小红旗上报出库班组长;把拣配核料单放在拣配完成的物料上一块送至核料区进行核箱。

（5）发运流程

引导承运商将车辆停放在仓库指定的停车位;核箱完毕后,交接给承运商发运;协助承运商装车并提供出门证;归档"上汽商用车售后发运单"。

2.售后中心功能区域划分

目前售后配件中心仓库面积约 10000 平方米,售后配件中心具备从收货、翻包、分拣、储存、配送及发运全过程的运营管理能力,功能区是实现某种特定功能的区域场所地。为适应商品快速周转的需要,现代仓库内作业区域更加细分,不同作业区域实现不同功能,发挥不同作用,作业相互配合共同完成仓库的仓储与配送业务。

根据售后配件中心的运作情况可以分为以下功能区:收货区、待包装区、包装区、待处理区、待上架区、高架区、小件区、堆垛区、管路货架区、核料区、发货区、包材区、厕所、办公室、休息区、会议室,共 16 类。大致又可分为物流功能区和非物流功能区两大类。如图 7 - 9 所示。

3.物流分析

配件从收货进入售后配件中心内需要包装的零件占流通量总量的 99%,即 300 万件;待处理区的零件占包装区零件的 0.1%,即 3 万件,这其中主要指一些零件有止损或者状态不对

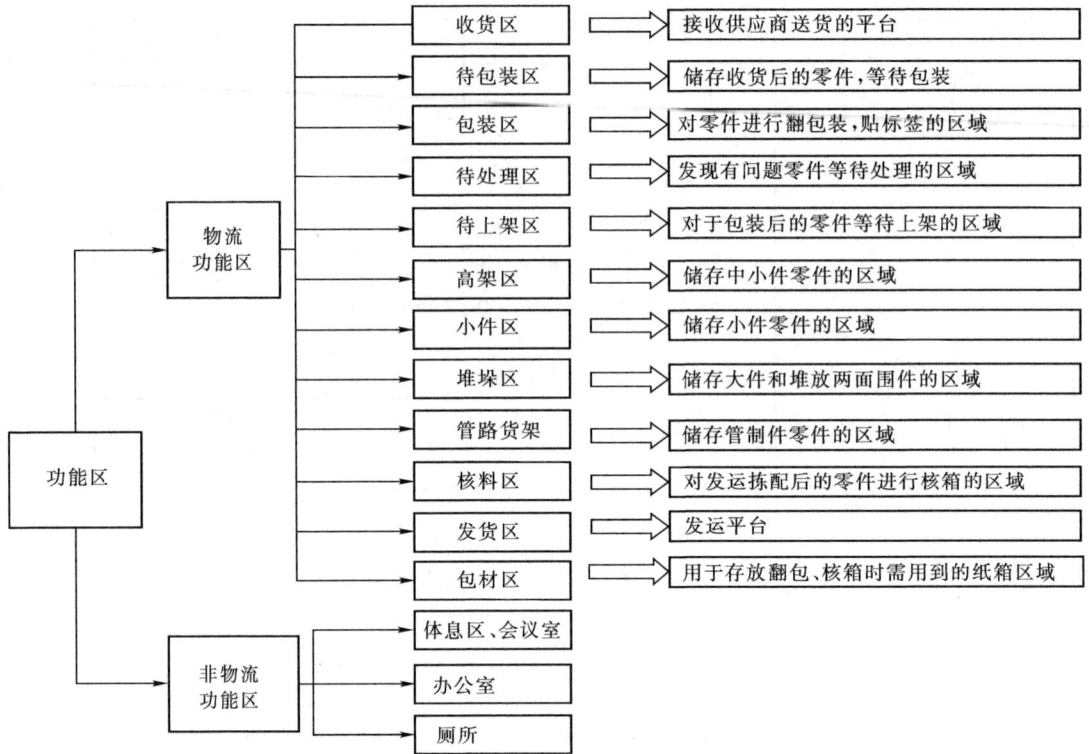

图 7-9 功能区域划分

的情况。

小件区的零件占包装区零件的 10%，即 30 万件；高架区零件占包装区的 70%，即 210 万件；堆垛区零件占包装区零件的 15%，即 45 万件；管路货架区零件占包装的 5%，即 15 万件。

核料区的零件占库存所有零件的 100%，即 300 万件；发运区零件占核料区零件的 100%，即 300 万件。

（1）作业单位及代号

根据售后配件中心运作情况，可分为以下几个功能区，如表 7-12 所示。

表 7-12　作业单位及代号

功能区编号	功能区名称	功能区编号	功能区名称
1	收货区	7	堆垛区
2	待处理区	8	核料区
3	包装区	9	发货区
4	小件区	10	办公区
5	高架区	11	休息区、会议室
6	管路货架区	12	厕所

（2）工艺流程图

从售后配件中心功能区的划分中可以将其工艺图绘制如图 7-10 所示（单位：万件）。

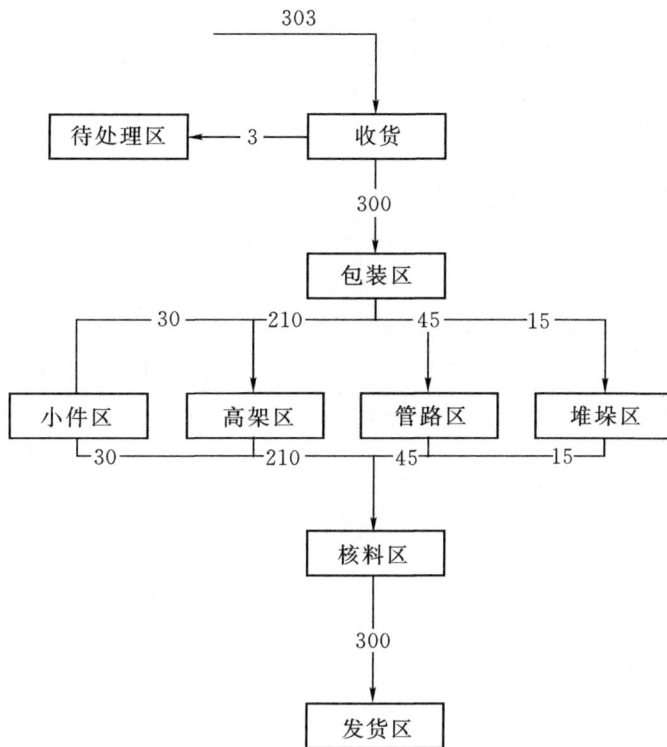

图 7-10 工艺流程图

（3）物流从至表

根据售后配件中心的的工艺流程，绘制出物流从至表如表 7-13 所示。

表 7-13 物流从至表

从＼至	收货区	待处理区	包装区	小件区	高架区	堆垛区	管路区	核料区	发货区	合计
收货区		3	300							303
待处理区										0
包装区				30	210	45	15			300
小件区								30		30
高架区								210		210
堆垛区								45		45
管路区								15		15
核料区									300	300
发货区										0
合计	0	3	300	30	210	45	15	300	300	1203

根据从至表分析的结果,对各作业单元之间的物流强度进行等级划分,等级就分为 A、E、I、O、U 五级。划分结果如下:A 级:收货区—包装区、核料区—发运区;E 级:包装区—高架区、高架区—核料区;I 级:包装区—小件区、包装区—堆垛区、包装区—管路货架区、小件区—核料区、堆垛区—核料区、管路货架区—核料区;O 级:收货区—待处理区。如图 7-11 所示。

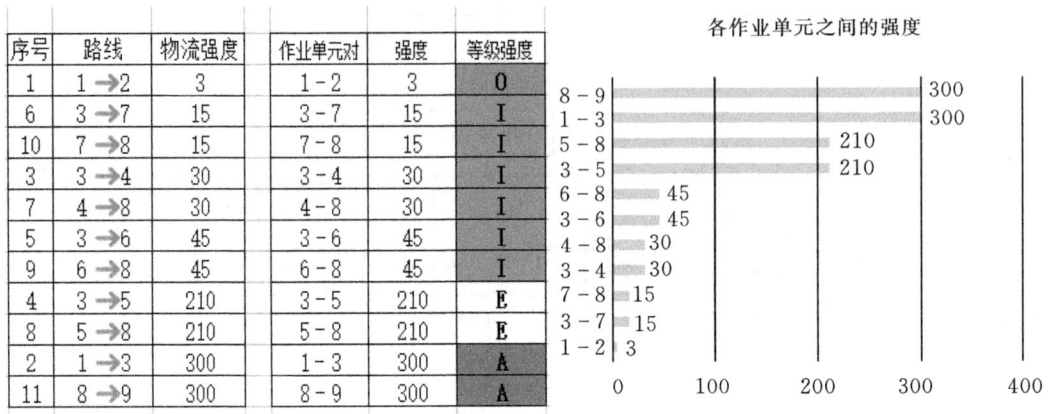

序号	路线	物流强度	作业单元对	强度	等级强度
1	1→2	3	1-2	3	O
6	3→7	15	3-7	15	I
10	7→8	15	7-8	15	I
3	3→4	30	3-4	30	I
7	4→8	30	4-8	30	I
5	3→6	45	3-6	45	I
9	6→8	45	6-8	45	I
4	3→5	210	3-5	210	E
8	5→8	210	5-8	210	E
2	1→3	300	1-3	300	A
11	8→9	300	8-9	300	A

各作业单元之间的强度

作业单元对	强度
8-9	300
1-3	300
5-8	210
3-5	210
6-8	45
3-6	45
4-8	30
3-4	30
7-8	15
3-7	15
1-2	3

图 7-11 物流强度划分

(4)物流相关图

根据划分的物流强度等级,绘制出各作业单元的相互关系如图 7-12 所示。

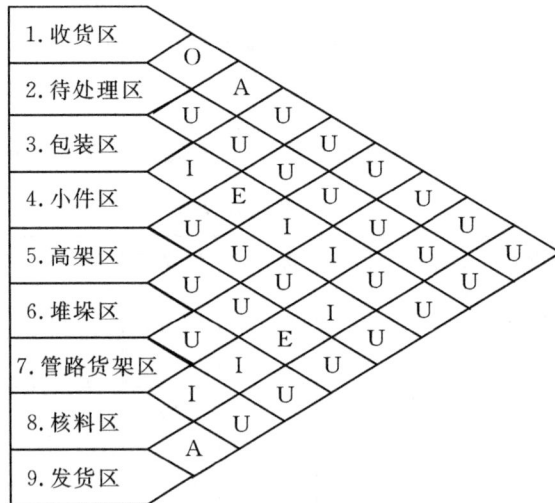

图 7-12 物流相关图

4. 非物流相关图

在售后配件中心规划布局设计中,每个作业单位之间不仅有物流关系,还有相对的非物流关系。非物流关系是除了考虑物流关系外,还考虑与物流无关但影响物流的因素。非物流关系按照密切程度也可以划分六个等级:A、E、I、O、U、X,等级的划分可以方便综合相互关系的计算。非物流相关图如图 7-13 所示。

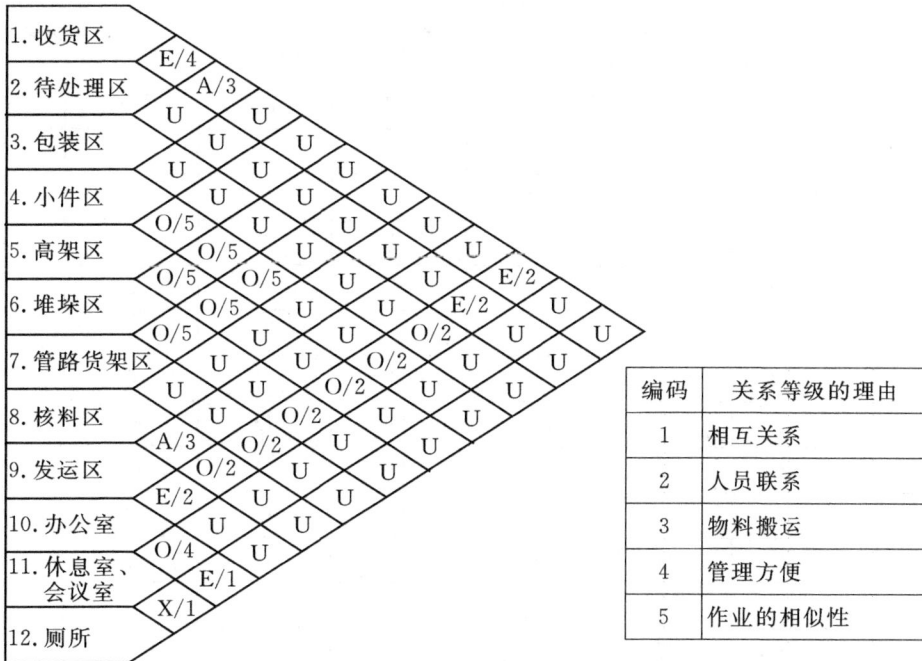

编码	关系等级的理由
1	相互关系
2	人员联系
3	物料搬运
4	管理方便
5	作业的相似性

图 7-13　非物流相关图

5. 综合关系计算

由图 7-12、图 7-13 可知，两个图表存在不一样，为了确定每个作业单位之间的关系，制定了等级值表，如表 7-14 所示，按照物流关系和非物流关系进行密切程度的划分，将两个相关图综合，就可以得出综合关系，如表 7-15 所示。

表 7-14　等级值表

等级	A	E	I	O	U	X
等级值	4	3	2	1	0	-1

表 7-15　作业单位之间综合相互关系计算表

| 序号 | 作业单元对 | 关系密切程度 | | | | 综合关系 | |
| | | 物流关系(1) | | 非物流关系(1) | | | |
		等级	分值	等级	分值	分值	等级
1	1-2	O	1	E	3	4	I
2	1-3	A	4	A	4	8	A
3	1-4	U	O	U	0	0	U
4	1-5	U	0	U	0	0	U
5	1-6	U	0	U	0	0	U

序号	作业单元对	关系密切程度				综合关系	
		物流关系(1)		非物流关系(1)			
		等级	分值	等级	分值	分值	等级
6	1-7	U	0	U	0	0	U
7	1-8	U	0	U	0	0	O
8	1-9	U	0	U	0	0	O
9	1-10	U	0	E	3	3	I
10	1-11	U	0	U	O	0	U
11	1-12	U	0	U	O	0	U
12	2-3	U	0	U	O	0	U
13	2-4	U	0	U	O	0	U
14	2-5	U	0	U	O	2	O
15	2-6	U	0	U	0	0	U
16	2-7	U	0	U	0	0	U
17	2-8	U	0	U	0	0	U
18	2-9	U	0	U	0	0	U
19	2-10	U	O	E	3	3	I
20	2-11	U	0	U	0	0	O
21	2-12	U	0	U	0	0	U
22	3-4	I	2	U	0	2	O
23	3-5	E	3	U	0	3	I
24	3-6	I	3	U	0	3	I
25	3-7	I	2	U	0	2	O
26	3-8	U	O	U	0	0	U
27	3-9	U	0	U	0	0	U
28	3-10	U	0	O	1	1	O
29	3-11	U	0	U	0	0	U
30	3-12	U	0	U	0	0	O
31	4-5	U	0	O	1	1	O
32	4-6	U	O	O	1	1	O
33	4-7	U	O	O	1	1	O
34	4-8	I	2	U	0	2	O
35	4-9	U	0	U	0	0	U
36	4-10	U	0	O	0	0	U

序号	作业单元对	关系密切程度				综合关系	
		物流关系(1)		非物流关系(1)			
		等级	分值	等级	分值	分值	等级
37	4 - 11	U	0	U	0	0	U
38	4 - 12	U	0	U	0	0	U
39	5 - 6	U	0	O	1	1	O
40	5 - 7	U	0	O	1	1	O
41	5 - 8	E	3	U	0	3	I
42	5 - 9	U	0	U	0	1	O
43	5 - 10	U	0	O	1	1	O
44	5 - 11	U	0	U	0	0	U
45	5 - 12	U	0	U	0	0	U
46	6 - 7	U	0	O	1	1	O
47	6 - 8	I	2	U	0	2	O
48	6 - 9	U	O	U	0	0	O
49	6 - 10	U	O	O	1	1	O
50	6 - 11	U	0	U	0	0	U
51	6 - 12	U	0	U	0	0	U
52	7 - 8	I	2	O	1	3	I
53	7 - 9	U	0	O	1	1	O
54	7 - 10	U	0	O	1	1	I
55	7 - 11	U	0	U	0	0	U
56	7 - 12	U	0	U	0	0	U
57	8 - 9	A	4	A	4	8	A
58	8 - 10	U	0	O	1	1	O
59	8 - 11	U	0	U	0	0	U
60	8 - 12	U	0	U	0	0	U
61	9 - 10	U	0	E	3	3	I
62	9 - 11	U	0	U	0	0	U
63	9 - 12	U	0	U	0	0	U
64	10 - 11	U	0	O	1	1	O
65	10 - 12	U	0	E	3	3	I
66	11 - 12	U	0	X	-1	-1	X

由表 7 - 15 中综合关系的分值得出图 7 - 14 作业单位综合关系相关图。

1.收货区
2.待处理区
3.包装区
4.小件区
5.高架区
6.堆垛区
7.管路货架区
8.核料区
9.发运区
10.办公室
11.休息室、会议室
12.厕所

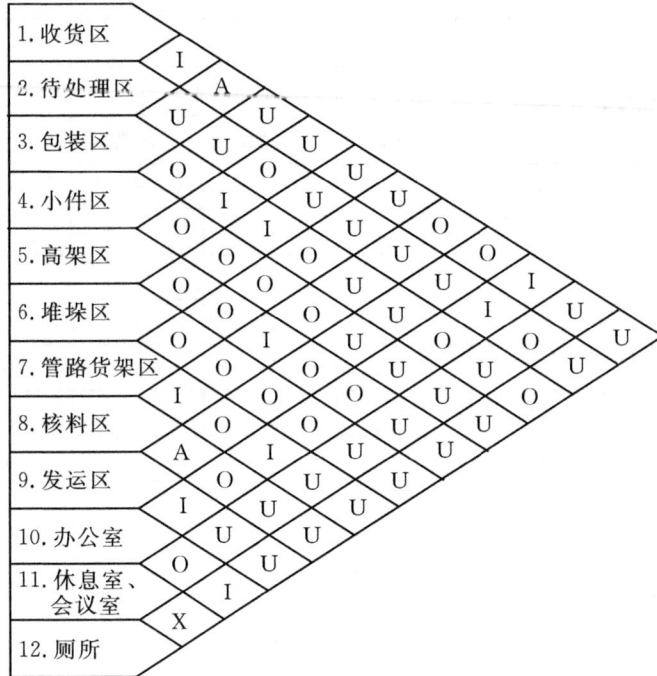

图 7-14 综合关系相关图

6.作业单元综合接近程度计算(见表 7-16)

表 7-16 作业单元综合接近程度计算

	1	2	3	4	5	6	7	8	9	10	11	12
1		I	A	U	U	U	U	O	O	I	U	U
2	I		U	U	O	U	U	U	U	I	O	U
3	A	U		O	I	I	O	U	U	O	U	O
4	U	U	O		O	O	O	O	U	U	U	U
5	U	O	I	O		O	O	I	O	O	U	U
6	U	U	I	O	O		O	O	O	O	U	U
7	U	U	O	O	O	O		I	O	I	U	U
8	O	U	U	O	I	O	I		A	O	U	U
9	O	U	U	U	O	O	O	A		I	U	U
10	I	I	O	U	O	O	I	O	I		O	I
11	U	O	U	U	U	U	U	U	U	O		X
12	U	U	O	U	U	U	U	U	U	I	X	
	10	6	12	5	10	8	9	12	9	15	1	2

根据作业单位综合接近程度计算得出等级值如表 7-17 所示。

表 7-17　等级值表

作业单位代号	1	2	3	4	5	6	7	8	9	10	11	12
综合接近程度	10	6	12	5	10	8	9	12	9	15	1	2
排序	4	9	2	10	4	8	6	2	6	1	12	11

7.作业单元位置线型图(见表 7-18)

表 7-18　符号标识表

符号	系数值	线条值	密切程度
A	4	4	绝对重要
E	3	3	特别重要
I	2	2	重要
O	1	1	一般
U	0	0	不重要
X	-1	弯曲线型	远离

根据 SLP 的介绍,再按照综合相互关系等级的高低来确定不同等级作业单位之间的位置,再根据"试错法"生成简易的位置相关图,如图 7-15 所示。

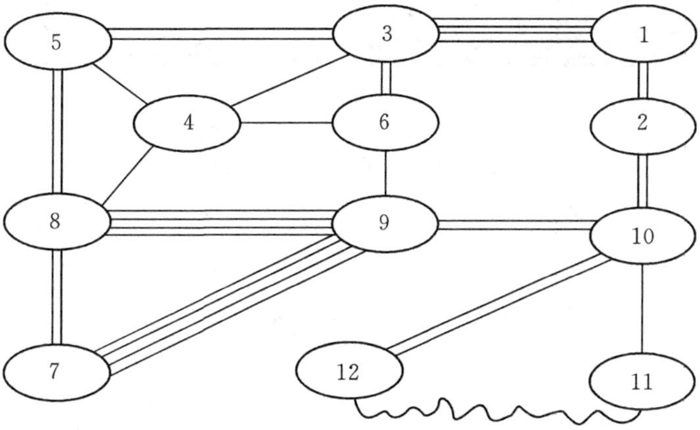

图 7-15　作业单元位置相关图

8.平面布局图

根据售后配件中心的实际情况与场地实际情况,将平面布局图进行分析后,得出售后配件中心的符合实际情况的平面布局示意图,如图 7-16 所示。

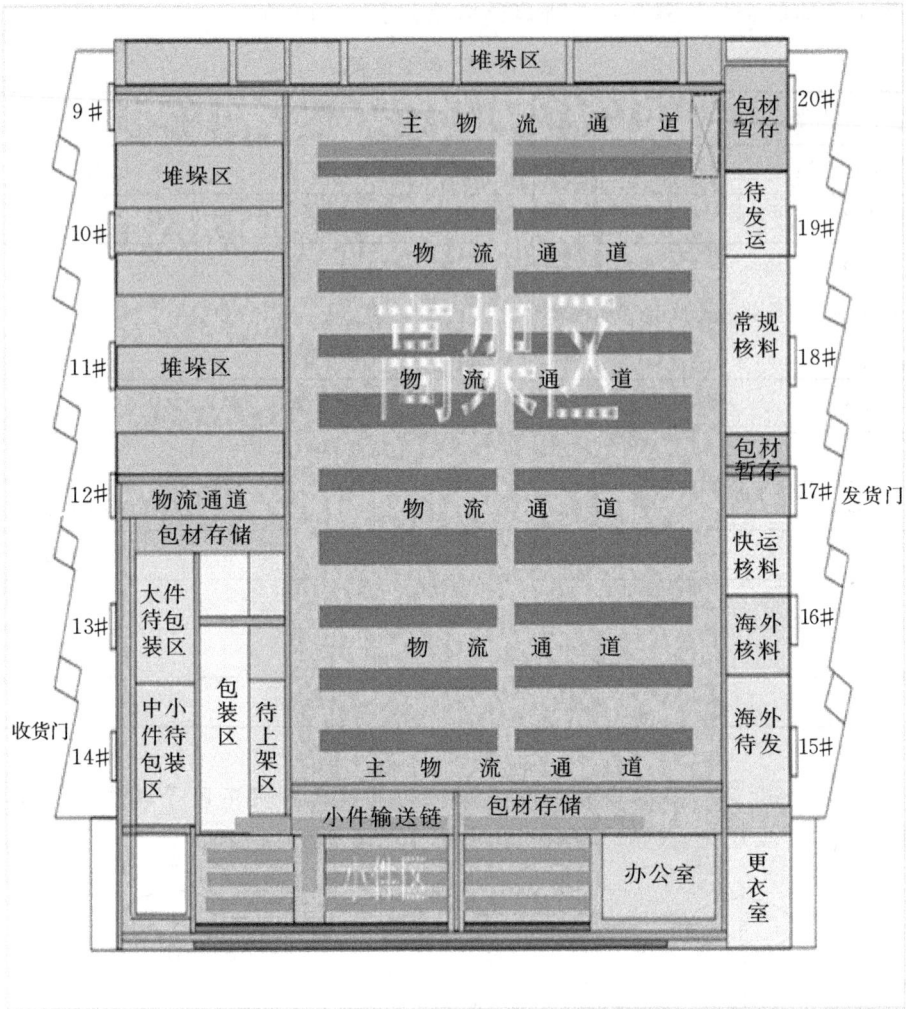

图 7 - 16 平面布局示意图

第8章　物流数据 EIQ 统计与分析

本章要点

- EIQ 规划分析的方法
- EIQ 规划分析的步骤
- EIQ 规划分析的基础知识
- 运用 EIQ 技术对配送中心订单相关图表数据进行判读

8.1　EIQ 数据分析概论

EIQ 分析就是利用"E""I""Q"这三个物流关键要素，来研究配送中心的需求特性，从而为配送中心提供规划依据。该理论由日本的铃木震最先提出并积极推广。其中，"E"是指"entry"（订单），"I"是指"item"（品项），"Q"是指"quantity"（数量）。该理论是从客户订单的数量、品项、订货次数等方面出发，进行配送特性和出货特性的分析。

8.1.1　EIQ 规划分析的基本内容

1. 当前作业内容

（1）基本营运内容

基本营运内容包括业务形态、营业范围、营业额、人员数、车辆数等。

（2）商品要素

商品要素包括商品形态、分类、品项数、供应来源、保管形态（自有/他人）等。

（3）订单内容

订单内容包括订购商品的种类、数量、单位、订货日期、交货日期、订货厂商等资料，最好能包含一个完整年度的订单资料，以及以月别或年别分类的历年订单的统计资料。

（4）物品特性要求

物品特性要求包括物态、气味、温度或湿度需求、腐蚀变质特性、装填性质等包装特性要求，物品重量、体积、尺寸等包装规格要求，商品储存特性、有效期限等要求。包装规格部分另需区分单品、内包装、外包装单位等可能的包装规格。

（5）销售数据整理

可依地区类别、商品类别、渠道通路类别、客户类别及时间类别分别统计的销售额，并可依相关产品单位换算为同一计算单位的销货量（体积、重量等）。

（6）物流作业流程

物流作业流程包括一般物流作业（进货、储存、拣货、补货、流通加工、出货、运输、配送等）、退货作业、盘点作业、仓储配合作业（移仓调拨、容器回收流通、废弃物回收处理）等作业流程现场情况。

（7）业务流程与使用单据

业务流程与使用单据包括接单、订单处理、采购、拣货、出货、配派车等作业及相关单据流程，以及其他进、销、存的库存管理和应收与应付账款系统等作业。

（8）厂房设施情况

厂房设施情况包括厂房仓库使用来源、厂房大小与布置形式、地理环境与交通状况、使用设备主要规格、产能与数理等。

（9）人力与作业工时要求

人力与作业工时要求包括人力组织架构、各作业区使用人数、工作时数、作业时间与时间顺序分布。

（10）物料搬运情况

物料搬运情况包括进货、出货及在库的搬运单位，车辆进货、出货频率与数量，进货、出货车辆类型与时段等。

（11）供货厂商要素

供货厂商要素包括供货厂商类型、供货厂商规模及特性、供货厂商数量及分布、送货时段、接货地需求等。

（12）配送据点与分布

配送据点与分布包括配送通路类型，配送据点的规模、特性及分布，卸货地状况，交通状况，收货时段，特殊配送需求等。

2.未来规划内容

（1）企业战略与中长期发展规划

此项内容需要考虑所服务企业的历史背景、文化、未来发展战略与中长期发展规划、外部环境变化及政府政策调整变化等因素的影响。

（2）商品未来需求预测

按照目前所服务企业的商品市场成长率及所服务企业的未来商品发展战略，预测未来物流配送市场的发展趋势。

（3）品项数量的变动趋势

分析所服务企业在商品种类方面可能发生的变化及未来的变化趋势。

（4）可使用的场址与面积

分析是否可利用现有场地或考虑有无发展的空间。

（5）业务范围的发展

分析物流配送中心的服务范围，是否需要包含服务企业的经营项目范围，有无新的经营项目或新的企业单位的加入。

（6）物流作业功能的发展

分析物流配送中心是否需要考虑未来物流功能的增加，如流通加工、包装、储位出租等，以及是否需要配合商流与物流通路拓展等目标。

（7）预算的可行性与物流模式的变化

预先估计可行的资金预算额度范围及可能的资金来源，必要时必须考虑独资、合资、部分出租或与其他经营者合作的可能性。此外，也可以考虑建立物流联盟或开展共同配送等物流营运模式。

（8）时程限制

预计物流配送中心营运年度，并考虑是否以分年、分阶段的方式落实计划的可行性。

（9）估计未来的工作时数与人力需求

估计未来的工作时数、作业班次及人力组成，包括正式、临时及外包等不同性质的人力编制。

（10）未来扩充的需求

考虑到未来实际情况有可能超出现有规划设计，因此需要在硬件和软件上保留一定的冗余量，或者留有相应的扩充接口，以保证系统具有一定的柔性。

8.1.2 EIQ 分析的基础规划资料相关分析

1. PCB 分析

考察物流配送中心的各个作业（进货、拣货、出货）环节，可以看出这些作业均是以各种包装单位（pallet——托盘、carton——箱子、bulk——单品）作为作业的基础，如图 8-1 所示。从图中可看出，每一个作业环节都需要人员、设备的参与，即每移动一种包装单位或转换一种包装单位都需要用人和设备，而且不同的包装单位可能要求不同的人与不同的设备。因此掌握物流过程中的单位转换相当重要，要将这些包装单位（P、C、B）要素加入 EIQ 分析。

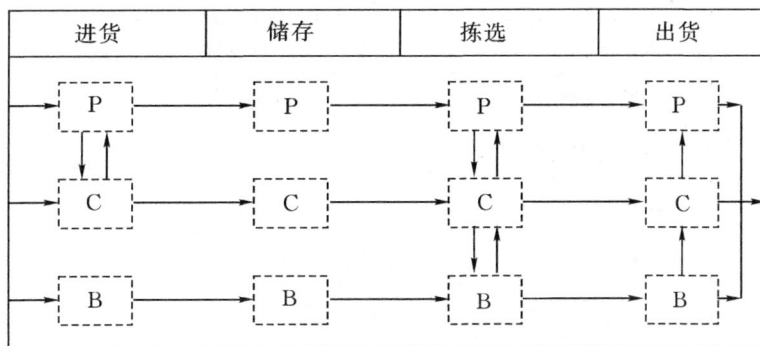

图 8-1 物流作业时商品包装单位的变化

所谓 PCB 分析，即以物流配送中心里各种接受订货的单位来进行分析，对各种包装单位的 EIQ 资料表进行分析，以得出物流包装单位特性。

进行 EIQ 分析时，如能配合相关物品特性、包装规格及其特性、储运单位等因素，进行关联及交叉分析，则更易于对仓储及拣货区域进行规划。结合订单出货要求与物品包装储运单位分析，可将订单以 PCB 的单位加以分类，再按照各商品类别分别进行分析。

一般企业的订单中含有各种商品出货形式，如订单中有包括整箱与单品两种类型同时出货的情况。为合理规划储存与拣货区，必须将订单依出货单位类型加以区分，以正确计算各作业区域实际的需求。常见的物流配送中心的储运单位组合形式如表 8-1 所示。

表 8-1 物品特性与包装单位分析表

入库单位	储存单位	拣货单位
P	P	P
P	P、C	P、C
P	P、C、B	P、C、B
P、C	P、C	C
P、C	P、C、B	C、B
C、B	C、B	C、B

2.物品特性分析

其他物品特性资料也是物品分类的参考因素,如按照物品的储存保管特性分为干货区、冷冻区及冷藏区,或者按照物品重量分为重物区、轻物区,也有按照产品价值分为贵重物品区及一般物品区等。针对一般基本物品特性与包装单位的情况分析整理出分析表,如表 8-2 所示。

表 8-2 物品特性与包装单位分析表

特性	资料项目	资料内容
物品性质	1.物态	□气味 □液体 □半液体 □固体
	2.气味特性	□中性 □散发气味 □吸收气味 □其他
	3.储存保管特性	□干货 □冷冻 □冷藏
	4.温湿度需求特性	_____℃,_____%
	5.内容物特性	□坚硬 □易碎 □松软
	6.装填特性	□规则 □不规则
	7.可压缩性	□可 □否
	8.有无磁性	□有 □无
	9.单品外观	□方形 □长条形 □圆筒 □不规则形 □其他
单品规格	1.重量	_____(单位:____)
	2.体积	_____(单位:____)
	3.尺寸	长×宽×高(单位:)
	4.物品基本单位	□个 □包 □条 □瓶 □其他

特性	资料项目	资料内容
基本包装单位规格	1.重量	_____（单位：　　　　）
	2.体积	_____（单位：　　　　）
	3.外部尺寸	长×宽×高（单位：　　　　）
	4.物品基本单位	□个　□包　□条　□瓶　□其他
	5.包装单位个数	_____（个/包装单位）
	6.包装材料	□纸箱　□捆包　□金属容器 □塑料容器　□袋　□其他
外包装单位规格	1.重量	_____（单位：　　　　）
	2.体积	_____（单位：　　　　）
	3.外部尺寸	长×宽×高（单位：　　　　）
	4.物品基本单位	□个　□包　□条　□瓶　□其他
	5.包装单位个数	_____（个/包装单位）
	6.包装材料	□纸箱　□捆包　□金属容器 □塑料容器　□袋　□其他

3. 订单需求变动趋势分析

所有利用历史资料的分析过程，均是利用过去的经验值来推测未来趋势的变化。在物流配送中心的规划过程中，首先需要针对历史销货或出货数据进行分析，以了解销货趋势及变动情况。如能找出各种可能的变动趋势或周期性变化，则有利于后续 EIQ 资料的分析。

一般分析过程的时间单位需视资料收集的范围及广度而定。如要预测未来成长的趋势，通常以年为单位；如要了解季节变动的趋势通常以月为单位；而要分析月或周内的变动趋势，则需将选取的时间展开至旬、周或日等时间单位。这样分析资料会更为充实，但是所需花费的时间及分析过程也会繁复许多。如果在分析时间有限的情形下，找出特定单月、单周或单日平均及最大、最小量的销货数据来分析，也是可行的方法。变动趋势分析常用的方法包括时间数列分析、回归分析等。

常见的变动趋势包括以下几种。

（1）长期趋势

在长时间内呈现持续渐增或渐减的趋势，应配合年周期的成长趋势加以判断，但必须在时间数列中去除其他可能的变动影响因素。在进行规划分析时可以以中期的需求量为规模依据。若需考虑长期递增的需求，则可以预留空间或考虑设备扩充的弹性，以分阶段投资方式设置物流配送中心。

（2）季节变动

以一年为周期的循环变动，发生原因通常是由于自然气候、文化传统、商业习惯等因素。在旺季时可考虑部分外包或租用设备方式，以避免设施过多的投资造成平时的闲置；在淡季时应争取互补性的商品业务以增加仓储设施利用率。

（3）循环变动

以一个固定周期（如月、周）为单位的变动趋势，部分长期的循环（如景气循环）有时长达数年以上。如果需求高低峰差距不大且周期较短，可以按周期变动内的最大值规划。

（4）偶然变动

偶然变动是一种不规则的变动趋势，无明显规律，可能为多项变动因素的混合结果。系统较难规划，规划时宜采用泛用型的设施，以增加使用的弹性，仓储格位亦应采用容易调整和扩充者为宜，来应付可能突增的作业需求量。

8.2　EIQ 规划分析方法

EIQ 分析是利用"E""I""Q"这三个物流关键因素来研究物流系统的特征，从而可以进行基本的配送中心规划的方法。EIQ 分析起着历史订单资料与具体分析之间的衔接作用。规划前期通过 EIQ 分析，可以避免规划人员迷失在庞大的资料数据中。通过 EIQ 分析还可从订单的详细内容中了解客户、品项及数量等关键规划要素之间的关系，这对配送中心的系统规划和改善具有重要意义。

8.2.1　EIQ 分析的作用

EIQ 分析对配送中心规划的作用可以概括为如下内容。

1. 了解物流特性

（1）订单内容

订单上的内容，即客户订购何种物品、多少数量，这些"种类"及"数量"为物流系统的基本要素。

（2）订货特性

从客户处接收的订单，依客户的不同而具有不同的特性。统计分析这些特性，可得出客户的订货特性。

（3）接单特性

从各个具有"订货特性"的客户而来的订单，加以收集累积后，即成为一天的接单，长久分析后可看出配送中心的"接单特性"。

（4）配送中心特性

除了接单特性外，再加上入库特性、保管特性，即构成物流配送中心特性。

（5）EIQ 特性

将客户订单（E）的内容中的种类（I）、数量（Q）加以收集，得到一天、一个月、一年中的接单特性，当业务状态稳定时即形成一定的特性，此特性即为 EIQ 特性。

2. 得出配合物流系统特性的物流系统模块

尽管配送中心的形态有许多变化，但它由许多子系统和模块组成，并按照一定规则运行。物流配送中心的子系统有自动仓储系统、自动拣货系统、自动分货系统；子模块有流动货架、旋转货架、输送机等；系统要素有台车、叉车等。

从 EIQ 分析资料中可以得到选择子系统、模块、要素的条件,再依据这些条件,即可选出候选的各个子系统、模块、要素,这样可以节省许多设计时间。

3.选择物流设备

事先建立物流设备选择所需的条件时,只要 EIQ 分析结果符合这些条件要求,即可得出所需的物流设备。

4.仿真分析

EIQ 分析内容为日常物流作业内容,这些资料可用以仿真分析系统得出所需作业人员数、作业时间。

5.进行物流系统的基础规划

在规划物流系统时必须先确定的问题有:物流配送中心规模应为多大? 有多少出货量? 有多少入货量? EIQ 分析可得出过去(历史)的需求状况等,这些数据可以当作是假定的需求,将这些数据与阶层式的系统设备条件加以对应,即可得到大概的系统轮廓。得到的方案可能有好几个可供选择,若将入库条件、库存条件、预算金额、建筑法规等约束条件列入考虑因素,就可进一步将系统的轮廓细致化,最后确定的物流系统的设备规格也可依据实际的情况加以展开。

8.2.2　EIQ 分析方法

EIQ 分析以量化分析为主,常用的统计方法包括平均值、最大最小值、总数、柏拉图分析、次数分布、ABC 分析及交叉分析等。以下就柏拉图分析、次数分布、ABC 分析进行说明。

1.柏拉图分析

在一般物流配送中心的作业中,如将订单或单品品项出货量经排序后绘图(EQ、IQ 分布图),并将其累计量以曲线表示出来,即为柏拉图。此为数量分析时最基本的绘图分析工具,如图 8-2 所示。其他只要可表示成项与量关系的资料,均可以用柏拉图方式描述。

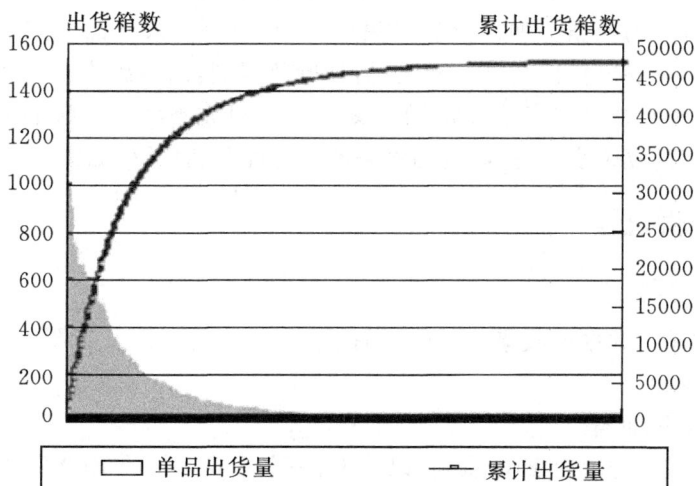

图 8-2　商品出货量 EQ 分布

2. 次数分布

绘出 EQ、IQ 等柏拉图分布图,但是若想进一步了解产品出货量的分布情形,可将出货量范围作适当的分组,并计算各产品出货量出现于各分组范围内的次数,如图 8-3 所示。

由图 8-3 可知,次数分布图的分布趋势与资料分组的范围有密切关系,在适当的分组之下,将得到进一步有用的信息,并可找出数量分布的趋势及主要分布范围。但是在资料分组的过程中,仍要依靠规划分析者的专业素养与对资料认知的敏感性,才能快速找出分组的范围。

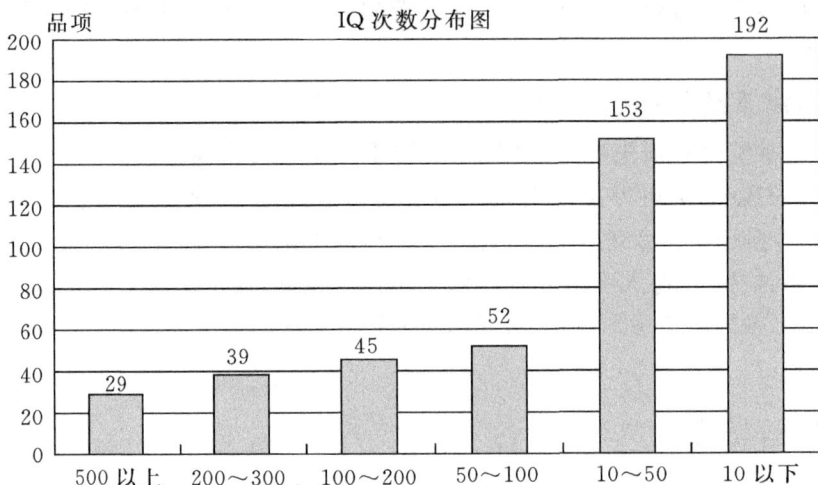

图 8-3 商品出货量品项次数分布

3. ABC 分析

在制作 EQ、IQ、EN、IK 等统计分布图时,除可由次数分布图找出分布趋势,进一步还可用 ABC 分析法将一特定百分比内的主要订单或产品找出,然后作进一步的分析及重点管理。通常先按照出货量排序,通过前 20% 及 50% 的订单件数(或品项数),计算出所占出货量的百分比,并作为重点分类的依据。如果出货量集中在少数订单(或产品),则可针对这一产品组(品项数较少但占有重要出货比例)作进一步的分析及规划,以达到事半功倍的效果。相对于出货量很少而产品种类很多的产品组群,在规划过程中可先不考虑或按照分类分区规划方式处理,从而简化系统的复杂度,并提高规划设备的可行性及利用率,如图 8-4 所示。

8.2.3 EIQ 分析过程

1. EIQ 分析步骤

EIQ 分析步骤是从数据的收集、取样、分解、整理到数据分析及其图表制作,整个 EIQ 分析过程如图 8-5 所示。

步骤 1:资料收集、取样。

进行分析之前需要先取得 EIQ 资料,以一天、一个月或一年的 EIQ 资料进行分析。

要了解物流配送中心实际运作的物流特性,单从一天的资料分析将无法进行有效判断并得出结论,但是若需分析一年以上的资料,往往因资料量庞大,使分析过程费时费力。

度数百分比图

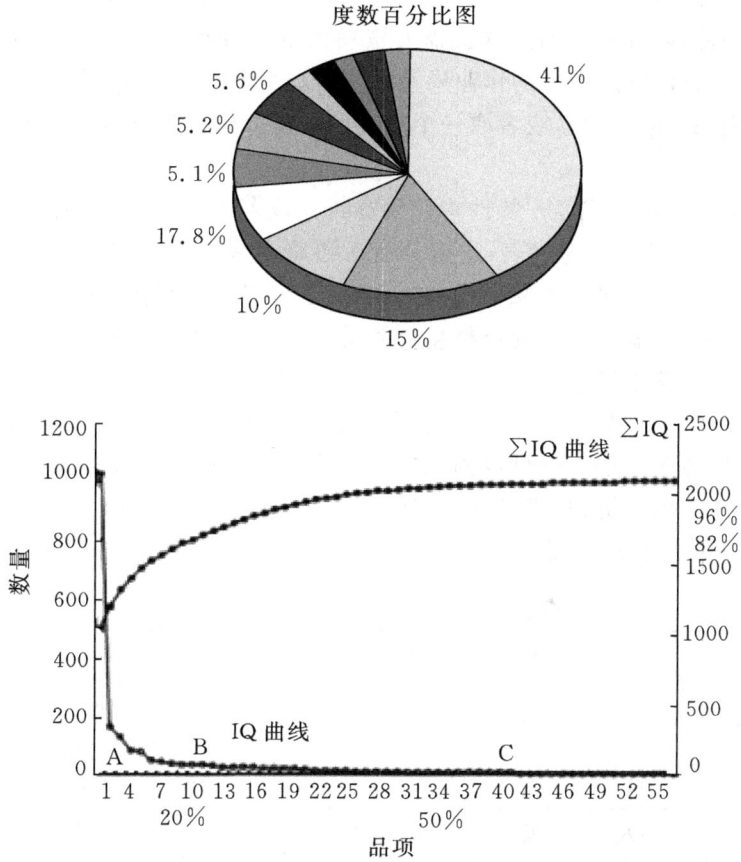

图 8-4　品项、数量、度数与 ABC 分析

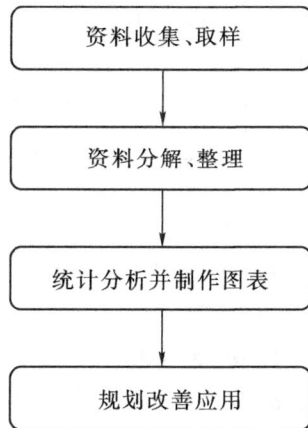

图 8-5　EIQ 分析步骤

　　如能找出可能的作业周期,使分析较易进行,则可将分析资料缩至一月份、一年中每月月初第一周或一年中每周的周末等范围。

但是，一般物流配送中心一天的订单可能有上百张，订货品项可能上百项，要集中处理这么多的资料不是一件容易的事，因此这就需要资料的取样分类。若 EIQ 的资料量过大、不易处理时，通常可依据物流配送中心的作业周期性，先取一个周期内的资料加以分析（若物流配送中心作业量有周期性的波动），或者取一个星期的资料分析。若有需要可再进行更详细的资料分析。

同时也可依据商品特性或客户特性将订单资料分成若干个群组，针对不同的群组分别进行 EIQ 分析；或者是以某群组为代表，进行分析后再将结果乘上倍数，以求得全体资料；或者是采取抽样方式，分析后再将结果乘上倍数，以求得全体资料。不管采用何种分类和抽样方式进行资料取样，都必须注意所取样的资料是否能反映、代表全体的状态。

步骤 2：资料的分解、整理。

EIQ 分析就是利用订单"E"、品项"I"、数量"Q"这三个物流关键要素，来研究物流配送中心的需求特性，为物流配送中心提供规划依据。因此物流配送中心规划者从原始资料获取以后，应对资料作进一步的分解、整理，以作为规划设计之参考依据。同时还应注意考虑 EIQ 资料时间的范围与单位。表 8-3 是以某一工作日为单位的主要订单出货资料分解格式。

表 8-3　EIQ 资料统计格式（单日）

出（订）货订单（E）	出（订）货品项（I）						订单出（订）货数量（Q'）	订单出（订）货品项数（N）
	I_1	I_2	I_3	I_4	I_5	…		
E_1	Q_{11}	Q_{12}	Q_{13}	Q_{14}	Q_{15}	…	Q'_1	N_1
E_2	Q_{21}	Q_{22}	Q_{23}	Q_{24}	Q_{25}	…	Q'_2	N_2
E_3	Q_{31}	Q_{32}	Q_{33}	Q_{34}	Q_{35}	…	Q'_3	N_3
⋮	⋮	⋮	⋮	⋮	⋮		⋮	⋮
单品出（订）货量	Q_1	Q_2	Q_3	Q_4	Q_5	…	Q'	N
单品出（订）货次数	K_1	K_2	K_3	K_4	K_5	…	—	K

其中：

①Q_1（订单 E_1 的出货量）$= Q_{11} + Q_{12} + Q_{13} + Q_{14} + Q_{15} + \cdots$；

②Q_1（品质 I_1 的出货量）$= Q_{11} + Q_{21} + Q_{31} + Q_{41} + Q_{51} + \cdots$；

③N_1（订单 E_1 的出货品项数）$= $ 计数$(Q_{11}, Q_{12}, Q_{13}, Q_{14}, Q_{15}, \cdots) > 0$ 者；

④K_1（品项 I_1 的出货次数）$= $ 计数$(Q_{11}, Q_{21}, Q_{31}, Q_{41}, Q_{51}, \cdots) > 0$ 者；

⑤N（所有订单的出货总项数）$= $ 计数$(N_1, N_2, N_3, N_4, N_5, \cdots) > 0$ 者；

⑥K（所有产品的总出货次数）$= K_1 + K_2 + K_3 + K_4 + K_5 + \cdots$。

订单出货资料的分解目的是由此可以展开 EQ、EN、IQ、IK 四个类别的分析。

在资料整理过程中，要注意数量单位的一致性，必须将所有订单品项的出货数量转换成相同的计算单位，否则分析将失去意义，如体积、重量、箱、个或金额等单位。金额的单位与价值功能分析有关,常用于按货物价值进行分区管理的场合。体积与重量等单位则与物流作业有直接和密切的关联,影响到整个物流配送中心系统的规划,因此在资料整理过程中,需再将物品特性资料加入,才可以进行单位转换。

上述 EIQ 格式是针对某一天的出货资料进行分析,另外若分析资料范围为一时间周期内(如一周、二月或一年等),则另需加入时间的参数,即为 EIQT 分析,如表 8-4 所示。

表 8-4　EIQT 资料分析格式(加入时间范围)

日期	出货订单	出货品项						订单出货数量	订单出货品项数
		I_1	I_2	I_3	I_4	I_5	⋯		
T_1	E_1	Q_{111}	Q_{121}	Q_{131}	Q_{141}	Q_{151}	⋯	Q_{11}	N_{11}
	E_2	Q_{211}	Q_{221}	Q_{231}	Q_{241}	Q_{251}	⋯	Q_{21}	N_{21}
	⋮	⋮	⋮	⋮	⋮	⋮		⋮	⋮
	单品出货量	Q_{11}	Q_{21}	Q_{31}	Q_{41}	Q_{51}	⋯	Q_1	N_1
	单品出货次数	K_{11}	K_{21}	K_{31}	K_{41}	K_{51}	⋯	—	K_1
T_2	E_1	Q_{112}	Q_{122}	Q_{132}	Q_{142}	Q_{152}	⋯	Q_1	N_{12}
	E_2	Q_{212}	Q_{222}	Q_{232}	Q_{242}	Q_{252}	⋯	Q_2	N_{22}
	⋮	⋮	⋮	⋮	⋮	⋮		⋮	⋮
	单品出货量	Q_{12}	Q_{22}	Q_{32}	Q_{42}	Q_{52}	⋯	Q_1	N_2
	单品出货次数	K_{12}	K_{22}	K_{32}	K_{42}	K_{52}	⋯	—	K_2
⋮	⋮	⋮	⋮	⋮	⋮	⋮		⋮	⋮
合计	单品总出货量	Q_1	Q_2	Q_3	Q_4	Q_5	⋯	Q'	N
	单品出货次数	K_1	K_2	K_3	K_4	K_5	⋯	—	K

其中:

①Q_1(品项 I_1 的出货量)$=Q_{11}+Q_{12}+Q_{13}+Q_{14}+Q_{15}+\cdots$;

②Q(所有品项的总出货量)$=Q_1+Q_2+Q_3+Q_4+Q_5+\cdots$;

③K_1(品项 I_1 的出货次数)$=K_{11}+K_{12}+K_{13}+K_{14}+K_{15}+\cdots$;

④K(所有产品的总出货次数)$=K_1+K_2+K_3+K_4+K_5+\cdots$。

一般收集到的企业订单出货资料,通常其资料量庞大且资料格式不易直接应用,最好能从企业信息系统的数据库中直接取得电子化数据,便于数据格式转换,并便于借助计算机运算功能处理大量的分析资料。

步骤 3:进行统计分析并制作分析图表。

将步骤 1 取样得到的 EIQ 资料经第二步分类统计整理后,则可利用统计方法进行 EQ/EN/IQ/IK 及 PCB 等分析。EQ、EN、IQ、IK 四个类别的分析含义如表 8-5 所示。

表 8-5　主要分析项目及意义

分析项目	说明	目的
订单量(EQ)分析	单张订单出货数量的分析	研究订单对货物搬运作业能力的要求
订货品项数(EN)分析	单张订单出货品项数的分析	研究订单对拣选设备及作业能力的要求
品项数量(IQ)分析	每单一品项(SKU)出货总数量的分析	研究出货的拆零比例
品项受订次数(IK)分析	每单一品项(SKU)出货次数的分析	对拣选作业频率的统计,主要决定拣选作业方式和拣选作业区的规划

在进行 EQ/EN/IQ/IK 及 PCB 等分析后,还应将所得出的分析数据加以图表化,这些数据、图表即为 EIQ 的资料分析结果。

通过 EIQ 分析,可以得到许多有用的信息,对物流配送中心的规划和改善具有重要意义。

步骤 4:规划改善应用。

通过前三个步骤所得到的 EIQ 统计结果,结合案例的具体情况,可以从作业人员组织、拣选与搬运设备选型、商品出货拆零比例确定、拣选作业方式选择等方面进行实际优化。

8.3　EIQ 图表数据判读与分析

EIQ 分析最重要的是如何判读与应用图表数据,可根据 EIQ 分布图来推断配送中心的需求状况、平均每日的出货量和进货量等,将这些数据当作假定的需求,与设计中的系统设备条件加以对应,即可初步得到配送中心的系统规划方案。

EIQ 图表分析是订单资料分析过程中最重要的步骤,通常需要对各个图表进行认真分析,并配合其他相关资料交叉分析,做出综合判断的结论。

8.3.1　订单数量(EQ)分析

EQ 分析主要是了解单张订单订购量的分布情形,决定订单处理的原则,针对此原则可以对拣货系统进行规划。EQ 分析通常以单一营业日为主,各种 EQ 图表的分析类型如表 8-6 所示。

表 8-6　EQ 分布图的类型分析

EQ 分布图类型	分析	应用
	为一般配送中心常见模式,由于订单数量分布呈两极化,可利用 ABC 分析做进一步分类	规划时可将订单分类,少数而量大的订单可重点管理,相关拣货设备的使用也可分级

EQ 分布图类型	分析	应用
	大部分订单量相近，仅少部分有特大量及特小量	可以就主要量分布范围进行规划，少数差异较大者可以特例出现，但需注意规范特例的处理模式
	订单量分布呈逐次递减趋势，无特别集中于某些订单或范围	系统较难规划，宜采用泛用型的设备，以增加运用的弹性，货位也以容易调者为宜
	订单量分布相近，仅少数订单量较少	可区分成两种类型，部分少量订单可以采用批处理方式或以零星拣货方式进行规划
	订单量集中于特定数量而无连续性递减，可能为整数（箱）出货，或者为大型货物的少量出货	可采用较大单元负载单位规划，而不考虑零星出货

　　EQ 分布可作为决定储区规划及拣货方式的参考，当订单量分布趋势越明显时，则分区规划的原则越易运用，否则应以弹性化较高的设备为主。当 EQ 量很小的订单数所占比例很高（＞50％）时，可将该类订单另行分类，以提高拣货效率。如果以订单别拣取（订单别拣取即针对每一张订单，巡回于各个存储区将所需物品取出的拣货方式）则需设立零星拣货区；如果采取批量拣取则需视单日订单数及物品特性是否具有相似性，综合考虑物品分类的可行性，以决定是否在拣取时分类或是物品拣出后在分货区进行分类。

8.3.2　品项数量(IQ)分析

　　品项数量分析主要了解各类产品出货量的分布状况，分析产品的重要程度与运量规模。IQ 分析可用于仓储系统的规划选用、储位空间的估算，它将影响拣货方式及拣货区的规划。各 IQ 类型分析如表 8－7 所示。

表 8－7　IQ 分布图的类型分析

IQ 分布图类型	分析	应用
	为一般配送中心常见模式，由于出货数量分布呈两极化，可利用 ABC 分析做进一步分类	规划时可将产品分类以划分储区方式储存，各类产品的储存单位、存货水平可设定不同水平

IQ 分布图类型	分析	应用
	大部分出货量相近，仅少部分有特大量及特小量	可以对同一规格的储存系统及寻址型储位进行规划，少数差异较大者可以特例处理
	各产品出货量分布呈逐次递减趋势，无特别集中于某些订单或范围	系统较难规划，宜规划泛用型的设备，以增加运用的弹性，货位也以容易调者为宜
	各产品出货量分布相近，仅部分品项出货量较少	可分为两种类型，部分小量、少量产品可以用轻量型储存设备存放
	产品出货量集中于特定数量而无连续性递减，可能为整数（箱）出货或为大型对象，但出货量较小	可以较大单位负载单位规划，或者以重量型储存设备规划，但仍需配合物品特性加以考虑

在规划储存区时应以某一时间周期的 IQ 分析为主（通常为一年），若配合进行拣货区的规划时，则需参考单日的 IQ 分析。另外，单日 IQ 量与全年 IQ 量是否对称也是分析观察的重点，因为结合出货量与出货频率进行关联性的分析时，整个仓储与拣货系统的规划将更趋于实际，因此可进行单日 IQ 量与全年 IQ 量的交叉分析。

若将单日及全年的 IQ 图以 ABC 分析，将品项按照出货量分为 ABC（大、中、小）三类，并产生对照组合后进行交叉分析，则将其物流特性分成以下几类，如表 8-8 所示。

表 8-8 物流特性分类

全日 ＼ 单日	A	B	C
A	I	II	II
B	I	V	V
C	III	III	IV

表 8-8 中，I、II、III、IV、V 所代表的品项具体情况如下。

I：年出货量及单日出货量均很大，为出货量最大的主力产品群，仓储与拣货系统的规划应以此类为主，仓储区以固定储位为较佳，进货周期宜缩短而存货水平较高，以应付单日可能出现的大量出货，通常为厂商型配送中心或工厂发货中心。

II：年出货量大但单日出货量较小，通常出货天数多且出货频繁，从而使累积的年出货量放大。可考虑以零星出货方式规划，仓储区可以固定储位规划，进货周期宜缩短并采取中等存货水平。

Ⅲ:年出货量小但单日出货量大,虽然总出货量很少,但是可能集中于少数几天内出货,是容易造成拣货系统混乱的因素之一。若以单日量为基础进行规划,则易造成空间浪费及产生多余库存,宜以弹性储位规划,基本上平时不进货,当接到订单后再开始进货,但前提是必须缩短进货前置时间。

Ⅳ:年出货量小且单日出货量也小,虽然出货量不高,但是所占品项数通常较多,是容易造成占用仓储空间使周转率降低的主要产品群。因此仓储区可以弹性储位规划,以便于调整货位大小的储存设施为宜,通常拣货区可与仓储区合并规划以减少多余库存,进货周期宜缩短并降低存货水平。

Ⅴ:年出货量中等但单日出货量较小,为分类意义较不突出的产品群,可视实际产品分类特性再归入相关分类中。

8.3.3 订单品项数(EN)分析

订单品项数(EN)分析主要了解订单别订购品项数的分布,该分析对于订单处理的原则及拣货系统的规划有很大的影响,并将影响出货方式及对出货区的规划。通常对单一订单出货品项数、总出货品项数、订单出货品项累计次数三项指标进行分析。

以 Q_{ei}=数量(e 代表订单,i 代表品项)符号表示单一订单订购某品项的数量,则分析各指标的意义如下。

1. 单一订单出货品项数

计算单一订单中出货量大于 0 的品项数,就个别订单来看,可视为各订单拣取作业的拣货次数。

$$N_1=\text{COUNT}(Q_{11},Q_{12},Q_{13},Q_{14},Q_{15},\cdots)>0$$

2. 总出货品项数

计算所有订单中出货量大于 0 或出货次数大于 0 的品项数。$N_1=\text{COUNT}(Q_{11},Q_{12},Q_{13},Q_{14},Q_{15},\cdots)>0$ 或 $\text{COUNT}(K_1,K_2,K_3,K_4,K_5,\cdots)>0$,并且 $N \geqslant Ne$(总出货品项数必定大于单一订单的出货品项数)。

此值表示实际有出货的品项总数,其最大值即为配送中心内所有品项数。若采用订单批次拣取策略,则最少的拣取次数即为总出货品项数。

3. 订单出货品项累计次数

将所有订单出货品项数相加后所得的数值,即为 EN 绘制柏拉图累计值的极值。

$$GN=N_1+N_2+N_3+N_4+N_5+\cdots$$

$$GN \geqslant TN(\text{若个别订单间的品项重复率越高,则 }TN\text{ 越小})$$

此值可能会大于总出货品项数甚至所有产品的品项数。若采用订单别拣取方式作业,则拣取次数即为订单出货品项累计次数。

由以上分析,针对 EN 图与总出货品项数、订单出货品项累计次数两项指标,再比较物流配送中心库存商品总品项数,可整理如表 8-9 所示的模式。基本上图中各判断指标的大小,需视物流配送中心产品特性、品项数、出货品项数的相对大小及订单品项的重复率来决定,并配合其他的因素进行综合考虑。

表 8 - 9　**EN 分布图的类型分析**

EN 分布图类型	分析	应用
N 品项数　N 总品项数　GN 出货品项累计数　TN 总出货品项数　EN＝1	单一订单的出货品项数较小，EN＝1 的比例很高，总品项数不大而总出货品项数差距不大	订单出货品项重复率不高，可考虑订单别拣取方式作业，或者采用批量拣取，配合边拣边分类作业
N 品项数　N 总品项数　GN 出货品项累计数　TN 总出货品项数　EN≥10	单一订单的出货品项数较大，EN≥10，总出货品项数及出货品项累计数均占总品项数的小部分，通常为经营品项数很多的配送中心	可以订单别拣取方式作业，但由于拣货区路线可能很长，可以订单分割方式分区拣货再集中，或者以接力方式拣取
N 品项数　N 总品项数　GN 出货品项累计数　TN 总出货品项数　EN＝1	单一订单的出货品项数较小，EN＝1 的比例很高，由于总品项数很多，总出货品项数及出货品项累计数均占总品项数的小部分	可以订单别拣取方式作业，并将拣货区分区规划，由于各订单品项少，可将订单以区域别排序并分区拣货
N 品项数　GN 出货品项累计数　N 总品项数　TN 总出货品项数	单一订单的出货品项较大，而产品总品项数不多，出货品项累计数较总出货品项数大出数倍，并较总品项数多	订单出货品项重复率高，可以批量拣取方式作业，另需参考物品特性及物流量大小取决于拣取时分类或拣出后再分类
N 品项数　GN 出货品项累计数　N 总品项数　TN 总出货品项数	单一订单的出货品项数较大，而产品品项数不多，出货品项累计数较总出货品项数大出数倍，并较总品项数多	可考虑以批量拣取方式作业，但若单张订单品项数多且重复率不高，需考虑分类的困难度，否则可以订单分割方式拣货为宜

8.3.4　品项受订次数(IK)分析

品项受订次数(IK)分析主要分析产品别出货次数的分布，对于了解产品别的出货频率有很大的帮助,主要功能是可配合 IQ 分析决定仓储与拣货系统的选择。另外,当储存、拣货方式已决定后,有关储区的划分及储位配置,均可利用 IK 分析的结果作为规划参考的依据,基本上仍以 ABC 分析为主,并从而决定储位配置的原则。各类型分析如表 8-10 所示。

表 8-10　IK 分布图的类型分析

IK 分析图类型	分析	应用
K（出货次数）　A B C　　I	为一般配送中心常见模式,由于量分布趋两极化,可利用 ABC 分析做进一步分类	规划时可依产品分类划分储区及储位配置,A 类可接近入口、出口或便于作业的位置及楼层,以缩短行走距离,若品项多时可考虑作为订单分割的依据来分别拣货
K（出货次数）　　I	大部分产品出货次数相近,仅少部分有特大量及特小量	大部分品项出货次数相同,因此储位配置需依物品特性决定,少部分特异量仍可依 ABC 分类方法决定配置位置,或者以特别储存规划

8.3.5　IQ 及 IK 交叉分析

将 IQ 及 IK 以 ABC 分析分类后,可为拣货策略的决定提供参考的依据。将 IQ 及 IK 以 ABC 分析分类后,所得交叉分析的分类整理如表 8-11 所示。依其品项分布的特性,可将物流配送中心规划为以订单别拣取或批量拣取的作业形态,或者以分区混合处理方式运作。实际上拣货策略的决定,仍需视品项数与出货量的相对量来作为判断的依据。

表 8-11　IQ 及 IK 交叉类型分析

IK ＼ IQ	高	中	低
高	可采用批量拣货方式,再配合分类作业处理	可采用批量拣货方式,视出货量及品项数是否便于拣取时分类来决定	可采用批量拣货方式,并以拣取时分类方式处理
中	以订单别拣取为宜	以订单别拣取为宜	以订单别拣取为宜
低	以订单别拣取为宜,并集中于接近出入口位置处	以订单别拣取为宜	以订单别拣取为宜,可考虑分割为零星拣货区

思考题

1. 简述 EIQ 分析的步骤。

2. EIQ 常用的统计方法有哪些?

3. 某公司目前有 8 种产品,客户在某月下了 8 张订单,各订单所订产品品种数目如表 8-12 所示。根据上述资料,制作 EQ、EN、IQ、IK 分布图。

表 8-12　EIQ 资料统计表

E \ I	I_1	I_2	I_3	I_4	I_5	I_6	I_7	I_8	EQ	EN
E_1	2	5	0	0	2	0	0	0	9	3
E_2	0	0	0	5	9	4	0	0	18	3
E_3	0	0	4	3	0	1	5	0	13	4
E_4	1	2	0	0	2	0	0	5	10	4
E_5	0	0	2	0	4	0	2	0	8	3
E_6	0	2	6	0	0	6	0	3	17	4
E_7	4	1	4	2	3	0	0	0	14	5
E_8	0	7	0	5	0	0	3	1	16	4
IQ	7	17	16	15	20	11	10	9	105	
IK	3	5	4	4	4	4	3	3		30

案 例

大数据提升亚马逊物流作业效率

亚马逊从成立至今经历了 20 多年的发展,同时也是引领电商仓储物流发展的 20 多年。记得贝佐斯曾经说过:你可以学会亚马逊的过去、学会亚马逊的现在,但你学不会亚马逊的未来。从 20 多年前贝佐斯的汽车房到今天的机器人库房、直升机配送,亚马逊开创了一整套以高科技为支撑的电商仓储物流的模式,在过去 20 多年的快速稳健的发展中,亚马逊已经形成了成熟的覆盖全球的运营网络。

通过 20 多年的积累,亚马逊已经构建了一个通达全球的网络,通过遍布全球的 109 个运营中心,可到达 185 个国家和地区。在中国,亚马逊有 13 个运营中心,近 300 多条干线运输线路,可向 1400 多个区县的消费者提供当日达、次日达服务。这样的规模,足以让亚马逊跻身世界一流物流企业的行列。

亚马逊是最早玩转物流大数据的电商企业:亚马逊在业内率先使用了大数据、人工智能和云技术进行仓储物流的管理。创新地推出预测性调拨、跨区域配送、跨国境配送等服务,不断给全球电商和物流行业带来惊喜。

1. 亚马逊的智能机器人 Kiva 技术

亚马逊 2012 年以 7.75 亿美金收购了 Kiva Systems,大大提升了亚马逊的物流系统。时至 2015 年,亚马逊已经将机器人数量增至 10000 台,用于北美的各大运转中心。Kiva 系统作业效率要比传统的物流作业提升 2～4 倍,机器人每小时可跑 30 英里,准确率达到 99.99％。机器人作业颠覆传统电商物流中心作业"人找货、人找货位"模式,通过作业计划调动机器人,实现"货找人、货位找人"的模式,整个物流中心库区无人化,各个库位在 Kiva 机器人驱动下自动排序到作业岗位。

2. 无人机送货

早在 2013 年 12 月,亚马逊就发布 Prime Air 无人快递,顾客在网上下单,如果重量在 5 磅以下,可以选择无人机配送,在 30 分钟内把快递送到家。整个过程无人化,无人机在物流中心流水线末端自动取件,直接飞向顾客。2014 年亚马逊 CEO 贝佐斯公开表示,亚马逊正设计第八代送货无人机,将采用无人机为亚马逊生鲜提供配送服务。

3. 订单与客户服务中的大数据应用

亚马逊是第一个将大数据推广到电商物流平台运作的企业。电商完整的端到端的服务可分为五大类,即浏览、购物、仓配、送货和客户服务等。

1)用户浏览

亚马逊有一套基于大数据分析的技术来帮助精准分析客户的需求。具体方法是:后台系统会记录客户的浏览历史,随之会把顾客感兴趣的库存放在离他们最近的运营中心,这样方便客户下单。

2)购物便捷下单

在这方面可以帮助客户不管在哪个角落,都可以快速下单,也可以很快知道他们喜欢的商品。

3)仓储运营

大数据驱动的仓储订单运营非常高效,在中国亚马逊运营中心最快可以在 30 分钟之内完成整个订单处理,也就是下单之后 30 分钟内可以把订单处理完出库,从订单处理、快速拣选、快速包装、分拣等一切都由大数据驱动,且全程可视化。由于亚马逊后台的系统分析能力非常强大,因此能够实现快速分解和处理订单。

4)配送

精准送达对于当前电商物流来说,绝对是一个技术活,电商物流的快物流不是本事,真正高技术的电商物流服务是精准的物流配送。亚马逊的物流体系会根据客户的具体需求时间进行科学配载,调整配送计划,实现用户定义的时间范围的精准送达,美国亚马逊还可以根据大数据的预测提前发货,实现与线下零售 PK,赢得绝对的竞争力。

5)CRM 客服

中国亚马逊提供的是 7×24 小时不间断的客户服务,首次创建了技术系统,识别和预测客户需求,根据用户的浏览记录、订单信息、来电问题,定制化地向用户推送不同的自助服务工具,大数据可以保证客户随时随地电话联系对应的客户服务团队。

4. 智能入库管理技术

亚马逊全球运营中心把大数据技术应用得淋漓尽致,从入库这一时刻就开始了。

1)在入库方面

采用独特的采购入库监控策略,亚马逊基于自己过去的经验和所有历史数据的收集,了解什么样的品类容易坏,坏在哪里,然后给它进行预包装。这都是在收货环节提供的增值服务。

2）商品测量

亚马逊的 Cubi Scan 仪器会对新入库的中小体积商品测量长、宽、高、体积，根据这些商品信息优化入库。例如鞋服类、百货、新的爆款等，都可以直接送过来通过 Cubi 测量直接入库。

这给供应商提供了很大方便。客户不需要自己测量新品，这样能够大大提升他的新品上升速度；同时有了这个尺寸之后，亚马逊数据库可以存储这些数据，在全国范围内共享，这样其他库房就可以直接利用这些后台数据，再把这些数据放到合适的货物里就可以收集信息，有利于后续的优化、设计和区域规划。

5.大数据驱动的智能拣货和智能算法

1）智能算法驱动物流作业、保障最优路径

在亚马逊运营中心，不管是什么时间点，基本上在任何一个区域、任何一个通道里面，不太会看到很多人围在一起，这是因为亚马逊的后台有一套数据算法，它会给每个人随机地优化他的拣货路径。系统会给拣货的员工推荐下一个要拣的货在哪儿，永远不需要走回头路。而且确保全部拣选完了之后，路径最少，通过这种智能计算和智能推荐，可以把传统作业模式的拣货行走路径减少至少 60%。

实现方式：拣货的时候，系统会告诉员工，拿着扫描枪下一步应该去哪个货位检货，这样走的路是最少的，效率最高。

2）图书仓复杂的作业方法

图书仓采用的是加强版监控，会限制那些相似品尽量不要放在同一个货位。图书穿插摆放，批量图书的进货量很大，因为它的需求很大。这样一来，亚马逊通过数据分析发现，这样穿插摆放就可以保证每个员工出去拣货的任务比较平均。

3）畅销品的运营策略

比如奶粉，有些是放在货架上的，有些是放在托拍位上的。像这些商品离发货区会比较近，亚马逊根据后台的大数据，知道它的需求量也比较高，所以它进来的时候都是整批整批地进，然后就会把它放在离发货区比较近的地方，这样可以减少员工的负重行走路程。

6.随机存储

1）随机存储的运营原则

随机存储是亚马逊运营的重要技术，但要说明的是，亚马逊的随机存储不是随便存储，是有一定的原则性的，特别是畅销商品与非畅销商品，要考虑先进先出的原则，同时随机存储还与最佳路径也有重要关系。

2）随机存储与系统管理

亚马逊的随机存储核心是系统 Bin，将货品、货位、数量绑定关系发挥到极致。

（1）收货：把订单看成一个货位，运货车是另一个货位，收货即货位移动；

（2）上架：Bin 绑定货位与货品后随意存放；

（3）盘点：与 Bin 同步，不影响作业；

（4）拣货：Bin 生成批次，指定库位，给出作业路径；

（5）出货：订单生成包裹。

3）随机存储运营特色

亚马逊运营中心的存储方式是随机上架，实现的是见缝插针的最佳存储方式。看似杂乱，实则乱中有序。实际上这个乱不是真正的乱，乱就是说可以打品类和品类之间的界线，可以把它放在一起。有序是说,库位的标签就是它的 GPS,然后这个货位里面所有的商品其实在系统里面都是各就其位,非常精准地被记录在它所在的区域。

7.智能分仓和智能调拨

亚马逊作为全球大云仓平台,智能分仓和智能调拨拥有独特的技术含量。在中国亚马逊,全国 10 多个平行仓的调拨完全是在精准的供应链计划的驱动下进行的。

1)智能分仓、就近备货和预测式调拨

通过亚马逊独特的供应链智能大数据管理体系,亚马逊实现了智能分仓、就近备货和预测式调拨。这不仅仅是用在自营电商平台,在开放的"亚马逊物流＋"平台中应用的更加有效果。

2)智能化调拨库存

全国各个省市包括各大运营中心之间有干线的运输调配,以确保库存已经提前调拨到离客户最近的运营中心。整个智能化全国调拨运输网络很好地支持了平行仓的概念,全国范围内只要有货就可以下单购买,这是大数据体系支持全国运输调拨网络的充分表现。

8.精准预测、二维码精准定位技术

1)精准的库存信息

亚马逊的智能仓储管理技术能够实现连续动态盘点,库存精准率达到 99.99%。

2)精准预测库存、分配库存

在业务高峰期,亚马逊通过大数据分析可以做到对库存需求精准预测,从配货规划、运力调配,以及末端配送等方面做好准备,平衡了订单运营能力,大大降低爆仓的风险。

3)库存精准定位

在亚马逊全球运营中心,每一个库位都一个独特的编码。二维码是每一个货位的身份证,就是一个 GPS,可以在系统里查出商品定位,亚马逊精准的库位管理可以实现全球库存精准定位。

9.可视化订单作业、包裹追踪

1)跨境电商方面

从 2015 年 8 月 13 日亚马逊发布了海外购·闪购,这是依托保税区/自贸区发货的创新模式。亚马逊海外购的商品非常有价格优势,同质同价。

全球云仓库存共享:在中国就能看到来自大洋彼岸的库存,亚马逊实现全球百货直供中国,这是全球电商供应链可视化中亚马逊独特的运营能力。在中国独一无二地实现了全球可视化的供应链管理。

2)国内运作方面

亚马逊平台可以让消费者、合作商和亚马逊的工作人员全程监控货物、包裹位置和订单状态。比如:昆山运营中心品类包罗万象,任何客户的订单执行,从前端的预约到收货,内部存储管理、库存调拨,拣货、包装,以及配送发货、送到客户手中,整个过程环环相扣,每个流程都有数据的支持,并通过系统实现全订单的可视化管理。

10.亚马逊独特发货拣货技术

2017 年"双 11",亚马逊运营中心大量采用了其独特的发货拣货技术。员工形象地把它称之为"八爪鱼"技术,即作业人员像八爪鱼、千手观音一样。该技术会根据客户的送货地址,然后设计出不同的送货路线。不同时间点经过不同的线路,分配不同的流水线方向。在"八爪鱼"作业台操作的员工,主要是负责把在前面已经运作完的货品,分配到专门的路由上去。

这种运营模式使得一个员工站在分拣线的末端就可以非常高效地将所有包裹通过"八爪鱼"工作台分配到各个路由上面,"八爪鱼"是非常高效的,据说这是亚马逊员工自己设计的。站在中间那个位置,一个人可以眼观六路,这个作业可以通达八方,非常高效,没有人员的冗余。而且,"八爪鱼"上全部是滚珠式的琉璃架,没有任何的板台,员工的作业很轻松。图8-6所示为"八爪鱼"技术。

图8-6 "八爪鱼"技术

11.其他重要的技术应用

1)物联网技术

在亚马逊运营中心,安全标准设定很高,人、车、物要分开,所以会有镜子帮助工作人员了解周围路况,有人就停下来。另外,司机有安全带,员工有安全帽,安全帽里有芯片,如果探测到一定范围内有人,也会停下来,镜子的用途即是同理。

2)双库联动模式

亚马逊昆山运营中心有一个类似于天桥的传送带,是全封闭式的,其作用是完成不同品类的合单,可以通过传送带将一个库的货物转到另一个库中,这就是双库联动。而这里又是超大库,在两个超大库之间进行双库联动对效率有非常高的要求,对时间点的把控也很严格。

同时也正是借助于上述技术,亚马逊在2017年的"双11"中的数据尤为可观。根据来自中国亚马逊的最新消息显示,亚马逊"双11"当日全国订单100%按计划完成出库和发货,正点送达率超过98.4%,实现了与平时同样的时效和质量承诺。其中在24个城市,顾客当天上午下单,99%已在当日完成上门配送。

案例讨论:

1.通过大数据分析,亚马逊物流系统在哪些方面效率有了显著提升?

2.大数据分析未来还可以在物流的哪些方面得以应用?

第9章 物流系统评价与方案选择

本章要点

- 物流系统评价的内容
- 物流系统评价的原则和程序
- 物流系统评价指标体系的设计内容与方法
- 物流系统评价指标值的标准化预处理的方法
- 物流系统评价的常用方法
- 层次分析法与模糊综合评价法的应用

9.1 物流系统评价概述

物流系统评价是物流系统规划设计的一个必不可少的步骤和重要组成部分，同时也是物流系统规划设计的一种方法。在对物流系统进行规划、分析与设计之后，提出了在技术上可行、经济财务上有利、社会效益上也较好的多种方案，这时需要对这些方案进行评价。物流系统评价就是要根据物流系统的目标、评价标准及环境对物流系统的要求，从系统整体出发，综合评判这些方案的优劣，从中选出一个较为满意的方案付诸实施。在规划设计与建设中，不仅要提出许多开发系统的可行方案，而且还要通过物流系统评价从众多的可行方案中找出所需要的最优方案，在这一过程中，如何把自然因素、技术因素、经济因素与社会因素等有机地统一起来，如何把技术的先进性与经济性、方案的合理性与现实性、社会的需求与物流系统本身的供给合理地结合起来，是物流系统规划设计取得成功的保证，同时也是物流系统实施与运营过程中对实施方案进行评价的需要。

物流系统规划设计的问题大都是多目标的复杂问题，对其评价往往需要考虑多种因素或指标，一般情况下，指标和方案越多，考虑问题越全面，评价就越复杂。另外，由于对系统的评价以及指标的选择都是由人来完成的，因此人的价值观在系统评价中具有重要的影响。由于评价主体有不同的观点、立场和标准，对同一个问题、不同的评价者可得出不同的评价结论，因此，在评价过程中要充分考虑这些因素，统筹兼顾，运用综合评价的方法进行客观、准确、科学的评价。

物流系统规划的各个阶段都涉及若干方案的评价与选择，规划中每一个阶段和每一个层次都要对有关问题进行若干方案的评价和选择。

9.1.1 从内容上来看

从内容上来看，物流系统评价可对以下三类项目进行评价。

1.物流技术工程

例如建配送中心、仓库基建、修公路、建车队、开发物流新技术等。

2.物流管理项目

例如创建公司、组织机构改革、管理方案、规章制度、企业文化、发展战略等。

3.物流运作方案

例如运输方案、配送方案、仓储方案、包装方案、装卸方案、物流信息化方案、业务外包方案、第三方物流方案等。

对这几类物流项目都有一个方案的评价问题,包括技术上是否可行、经济上是否合理、是否适应市场需要、对社会与环境有何影响、对企业是否合算,等等。

9.1.2 从工作阶段来看

从工作阶段来看,它包括现状评价、方案评价和实效评价三个阶段。

1.现状评价

现状评价是从分析现有物流系统各子系统间的相互关系与内在影响因素入手,对现有物流系统进行诊断评价,找出现有物流系统的问题症结。通过现状评价可以对现有物流系统进行更为全面的了解,弄清存在的问题,进而为提出有效可行的方案做准备。

2.方案评价

方案评价是在对物流系统进行综合调查和整体分析的基础上,对提出的各种技术方案进行论证,选择技术、经济、环境、社会最优结合的方案,为物流系统的决策提供依据。

3.实效评价

实效评价是对最终方案实施的功效进行分析。它一般关心如下三个问题:

①最终方案实施后,物流系统发生了哪些变化?

②这些变化带来的效益和损失以及所需要的成本是多少? 是否达到预期的目标?

③实际功效与原方案的预期目标有差异的原因是什么?

实效评价的关键是建立最终方案与实施效果之间的因果关系,实效评价的结论能定性定量地表明方案达到预期目标的程度,并对下一步物流系统的改进和发展指出方向与途径。

9.2 物流系统评价的方法

9.2.1 评价原则

为了客观而公正地评价物流系统,必须遵循一些基本的评价原则,这些原则有如下几方面。

1.评价的客观公正性

评价的目标是为决策者提供有效的决策依据,因此评价的质量影响着决策的正确性。评价必须客观地反映实际,使评价结果真实可靠,评价的客观公正性、全面性、可靠性与正确性是评价的基本要求。为了上述基本要求的实现,有必要防止评价人员的倾向性,同时谨慎地考虑评价人员的组成,使得人员组成具有代表性。

2. 方案的可比性

对于物流系统的各个阶段来说,所提供的选择方案之间要求具有可比性,对各个方案进行评价时,评价的前提条件、评价的内容要一致,对每一项指标都要进行比较,做到一致性与可比性。要做到可比性需要从以下几个方面考虑:

①效果相同,具有相同的使用价值;

②单位相同,具有相同的量纲、相同的单位;

③时间区段、时间上具有可比性;

④价格可比,不同时间点上的价格、金额不能够直接对比,要转换成可比价格,如不变价。

3. 评价指标的系统性

评价指标必须反映系统的目标,要包括系统目标所涉及的各个方面,全面反映被评价问题,使评价不出现片面性。

4. 评价方法和手段的综合性

物流系统评价要对系统的各个侧面,运用多种方法和工具进行全面综合评价,充分发挥各种方法和手段的综合优势,为系统的综合评价提供全面分析的手段。

9.2.2　评价的程序

对于不同的物流系统研究对象,往往存在着不同的定位,因此对其的评价思路与所采用的评价方法也不同。为了保证系统评价的有效性,评价的程序一般按下列各步骤进行。

1. 明确评价的目的和内容

为了进行有效的系统评价,必须进行详细调查,了解建立这个系统的目标和为完成系统目标所要考虑的各个具体的因素,熟悉其可能的方案,明确评价的目标,根据此目标,收集有关资料和数据,对组成方案的各个因素及物流系统本身的性能特征进行全面分析,确定评价的内容。

2. 确定评价的指标体系

评价指标体系是对照与衡量各种备选方案的统一尺度和标准。建立评价指标体系时,必须客观、全面地考虑各种因素,要根据评价系统的目标与功能来确定指标体系,并明确指标间的相互关系,避免指标的重复使用或相互交叉。各种评价指标可以在调查、讨论与大量资料的分析研究的基础上建立起来。一个评价指标体系是由若干个单项评价指标所组成的整体,应能反映出所要解决问题的各项子目标的要求。

3. 确定评价结构和评价准则

在评价过程中,如果仅仅是定性地描述系统要达到的目标,而没有定量的表述,就难以做到科学、客观的评价,因此要对所确定的指标进行定量化处理。同时每一个具体的指标可能是几个指标的综合,这是由评价系统的特征和评价指标体系的结构所决定的,在评价时要根据体系和系统的特征来弄清指标间的相互关系,确定评价的结构。另外,由于各指标的评价标准与尺度不同,不同的指标就难以统一比较,没有可比性,因此,必须对指标进行规范化,并制定出统一的评价准则,根据指标所反映的因素的特征,确定各指标的结构与权重。

4. 确定评价方法

物流系统在其各个阶段都涉及了多个方案的评价,由于拟评价的对象的具体要求不同,因此采用的评价方法也有所不同,在确定选用何种评价方法时,需要考虑系统目标、分析结果、费用与效果测定方法、评价准则等因素。

5. 单项评价

单项评价是对系统的某一特殊方面进行详细的评价,以查明各项评价指标的实现程度。单项评价只反映方案在单一方面的特征,不能解决整个方案的优劣判定问题,因此它是评价的基础。

6. 综合评价

综合评价就是按照评价准则、各指标的结构与权重,在单项评价的基础上,对物流系统进行全面的评价,利用相关模型与资料,从系统的整体出发,综合分析问题,采用技术经济的方法对比各种可行方案,选择满意而可实施的方案,达到评价的目标。

9.3 评价指标设计与数据处理

9.3.1 物流系统评价指标体系的基本内容

由于物流系统的复杂性,设计一个物流系统的评价指标体系存在一定的困难。一般来说,评价指标范畴越全面,指标数量越多,则方案之间的差异越明显,越有利于判断和评价,但是确定指标的大类与指标的重要程度或权重也就越困难,如在层次分析法评价时,每层指标数量就规定最好不要超过 5 个,否则两两比较时会变得非常复杂,而且还容易产生错误。因此,在确定指标体系时,不仅要考虑指标体系的重要性、层次性的判断,还要考虑数据采集的难易程度、数据处理与建模情况。

为了更好地进行物流系统的评价,使设计出的评价指标体系更加科学、合理,并且符合实际情况,在评价指标设计过程中,要遵循如下几个步骤:

①认真、全面地分析拟评价的物流系统的各项目标要求;

②拟订指标草案,在调查分析基础上,运用头脑风暴法或德尔菲法制定出指标体系;

③经过广泛征求专家意见,反复交换信息、统计处理和综合归纳,不断调整评价指标;

④考虑各种因素后,确定系统的评价指标体系。

而评价指标体系本身的内容通常涉及如下几方面内容:

①政策性指标。政策性指标包括政府的方针、政策、法律、法规和区域经济发展的规划要求等。这一类指标对社会物流系统的评价尤其重要。

②技术性指标。技术性指标包括系统所使用设备的性能、寿命、可靠性、安全性、服务能力与灵活性等。

③经济性指标。经济性指标包括各个方案成本效益、建设周期与投资回收期、财务评价类指标等。

④社会性指标。社会性指标包括社会福利、社会节约、对所在的区域或国家经济所作的贡献、对生态环境与环保的影响因素等。

⑤资源性指标。如物流工程项目中的人、财、物、能源、水源、土地条件等。

9.3.2　评价指标体系设计方法与模型

为了保证整个评价体系的合理性,有必要关注物流评价指标体系的构建过程,需要运用一些理论与方法指导。下面介绍两种评价指标设计模型与方法。

1.关键业绩指标法

关键业绩指标法(key performance indicator,KPI)是通过对系统内部流程的输入端、输出端的关键特征参数(特征值)进行设置、取样、计算与分析,来衡量系统绩效的一种目标式量化管理指标,是把物流系统战略目标分解为可操作的工作目标的工具。

关键业绩指标是一类能衡量物流系统实际运行绩效的标准,它们数量虽少,但对整个物流系统的运行是否成功起到举足轻重的影响。

KPI 的精髓是指出评价指标体系的建立必须与物流系统的战略目标相挂钩,其"关键"一词的含义是指在某一阶段一个物流系统在总体目标上要解决的最主要的问题,解决这些问题便成为对整个物流系统的具有战略意义的关键所在,评价指标体系则相应地必须针对这些问题解决程度设计衡量指标。这些指标的设立有助于对物流系统进行合理的规划和有效的控制,有助于准确反映物流系统合理化状况和评价改善的潜力与绩效。

在指标设计中,会关注如下一些主要的指标。

(1)物流生产率

物流生产率是衡量物流系统的投入产出的效率的指标,即物流系统的产出与投入之比。它通常包括实际生产率、资源利用率、产出完成率、财务指标、库存指标等这样一些指标。

(2)物流质量指标

物流质量是对物流系统产出质量的衡量,由于物流业属于服务业的范畴,服务质量尤其重要,因此物流质量指标是物流系统评价指标体系中的重要组成部分。就物流系统的产出而言,可将物流质量分为物料流转质量与物流业务质量。物料流转质量是对物流系统提供的货物在数量、质量、时间、地点上的正确性的评价,如数量准确率、运输完好率、送货及时率、地点差错率等指标。而物流业务质量是对物流业务在时间、数量上的正确性和工作上的完善性、客户满意度的评价,如供货周期、订单或故障处理时间、业务计划完成率、服务响应率、客户投诉率等指标。

2.平衡记分卡

平衡记分卡模型由 Kaplan 和 Norton 于 1992 年提出,是目前企业绩效评价中使用比较广泛的一种模型。该体系提出了一套系统的评价和激励企业绩效的方法,由四组指标组成,即财务角度、顾客角度、内部运作过程和学习与成长。

(1)平衡记分卡的特征

①以战略为核心。平衡记分卡不仅为企业提供了一种全新的绩效管理系统框架,同时也为企业的战略目标与绩效考核之间建立系统的联系提供了思路与方法,通过财务、顾客、内部

运作过程、学习与成长四个方面指标之间的相互作用来表现企业的战略管理轨迹,从而实现绩效考核与绩效改进以及战略实施与战略修正的目的。

②财务指标与非财务指标并存。财务与非财务指标的并存有助于企业一方面通过财务视角保持对企业短期业绩的关注,另一方面可以通过非财务视角揭示企业如何实现其长期的战略发展目标,并且在对非财务信息的分析过程中,企业也可以找出财务表现的根源,它们之间可以共同作为公司未来财务绩效的驱动器。

③短期目标与长期目标平衡。由于平衡记分卡使用非财务指标和因果关系链,因此它能够帮助企业寻找导致其成功的关键因素和相应的关键绩效指标(KPI),在此基础上确定企业可付诸行动的长期战略目标,使其不脱离实际,具有可行性,并再通过因果关系链将长期目标层层分解为短期目标,使其不偏离长期目标。平衡记分卡绩效管理系统克服了单一财务指标的短期性和片面性,达到了兼顾短期和长期目标的目的,保持了两者之间的平衡。

(2)平衡供应链记分卡相应的评价指标

平衡记分卡可应用在物流系统评价指标体系的设计中。马士华、李华焰等人(2002)提出了在 Kaplan 和 Norton 的平衡记分卡法基础上改进的平衡供应链记分卡法(BSCSC)以及相应的评价指标:客户导向、财务价值、内部运作、未来发展性。

①客户导向角度。系统的目标是在正确的时间、正确的地点,将正确的产品/服务以合理的价格和方式交付给特定的客户,以满足和超过客户的期望。经营中的关键问题是所提供的产品/服务能否增加客户的价值,是否达到客户满意。关键成功因素是建立和保持与客户的密切关系,快速响应并满足客户的特定需求,提高客户群的价值。因此,评价指标的选择有:订单完成总周期、客户保有率、客户对供应链柔性响应的认同和客户价值率。

②内部运作角度。系统的目标是能够在合理的成本下,以高效率的方式进行运作。经营中的关键问题是系统内部流程的增值活动的效率有多高,能否更好地实现核心竞争力。关键成功因素是实现较低的流程运作成本和较高的运作柔性——相应性;提高经营中增值活动的比例,缩短生产提前期。因此,评价指标可选择为:供应链有效提前期率、供应链生产时间柔性、供应链持有成本和供应链目标成本达到比率。

③未来发展角度。系统地集成系统内部的资源,注重改进创新,抓住发展机遇。经营中的关键问题是管理系统是否具备这种机制。关键成功因素是集成合作伙伴,稳定战略联盟;加强信息共享,减少信息不对称;研究可能的生产、组织、管理各方面技术。因此,评价指标可选择为:产品最终组装点、组织之间的共享数据占总数据量的比重。

④财务价值角度。系统的目标是突出供应链的竞争价值,达到供应链伙伴的盈利最大化。经营中的关键问题是供应链伙伴对供应链的贡献率是否是从供应链整体的角度考虑的。关键成功因素是供应链资本收益最大,保证各伙伴在供应链中发挥各自的贡献率;控制成本以及良好的现金流。因此,评价指标可选择为:供应链资本收益率、现金周转率、供应链的库存天数和客户销售增长率以及利润。

3.物流系统评价指标体系设计举例

(1)案例一

背景:某流通企业需要进行物流外包,因此设计了一套第三方物流提供商选择的评价指标体系。在企业进行外包物流业务时,考虑因素首先是服务和质量保证;其次是与成本相关的问题;再次,进一步考虑规模、设施等硬性指标以及管理和经营的效率等软性指标;最后,还要考虑第三方物流供应商的信誉、经验、实力。具体的指标体系如表 9-1 所示。

表 9-1 第三方物流提供商评价指标体系

一级指标	二级指标	三级指标	指标解释
服务质量指标	可靠性	服务质量准时性	包括准时出货、准时到达
		服务质量稳定性	能够提供稳定服务的能力
		服务质量无差错性	指出现装运差错和货损的概率
		服务技术专业性	技术人员所占比例及技术人员的技术能力
	响应性	服务过程的可知性	指运用信息化等手段使得用户能随时知道货物处于物流哪个阶段的能力
		服务的柔性	指如果用户需要特殊的服务,服务提供商的应变能力及服务提供商向客户提供个性化服务的能力
	保证性	与客户有效沟通的能力	沟通的方式和态度
		员工对客户的礼貌和尊敬	员工是否礼貌和尊敬
	移情性	对客户关心问题的了解和态度	是否热情、敏感和周到
		客户投诉处理	指处理态度及处理周期
	有形性	服务材料的外观	指外观的整洁等,不包括设备先进性
		服务人员外表形象	
稳定性指标	盈利能力	资产规模	总资产规模
		总资产利润率	总资产利润表
		资金周转率	资金周转率
	企业凝聚力	公司声誉	公司在业界的口碑
		企业社会责任	企业对社会所作的贡献
		员工满意度	指管理层的凝聚度及普通员工对公司的满足和依赖程度
	联盟性	历史合作情况	历史合作情况
		战略观念兼容性	指提供商与用户企业的战略观点相吻合的程度

一级指标	二级指标	三级指标	指标解释
功能指标	运输能力	运输工具规模	运输工具的总吨位数
		多式运输能力	是否拥有公路、铁路、水运、空运多种运输的能力
		运输工具的先进性	设备现代化水平
		服务范围	指网点的分布和服务可达的地理范围
	仓储能力	可用仓库规模	可用仓库的容量
		仓库现代化水平	设备现代化水平
成本指标	物流成本	收费水平	指运输、仓储等物流中的各环节的总成本
	记账和付款的柔性	财务处理的柔性	指在用户付款期限等方面限制的机动能力

(2)案例二

背景:一个从事国际物流服务业务的管理型物流企业的物流系统评价指标体系。该企业主要承接客户外包的物流业务订单来开展配套的物流服务。

对于这样的物流系统的诊断或规划设计方案的评价应考虑物流系统的效率、质量、顾客满意度以及物流成本、效益方面的内容,评价的指标也主要围绕着这些方面展开。具体的指标体系如表 9-2 所示。

表 9 - 2　国际物流系统评价指标体系

一级指标	二级指标
总体作业质量指标	订单履行率
	货物损耗率
	客户对物流过程的满意率
	物流过程差错率
订单处理系统服务质量	订单平均处理时间
	未及时收到和处理客户订单的比例
	客户对订单处理的满意率
客户服务系统服务质量	客户对退货系统的满意率
	客户对订单追踪查询方面的满意率
	客户对报表分析系统的满意率
	客户对财务结算系统的满意率

一级指标	二级指标
国际物流作业质量	国际运输货物损耗率
	国际运输延迟率
	清关延迟率
	信息提供延迟率
	信息提供差错率
国内运输作业质量	国内运输货物损耗率
	国内运输延迟率
仓储作业质量	库存货物损耗率
	发货准确率
	仓储信息提供延迟率
	仓储信息提供差错率
物流财务指标	销售净利率
	应收账款周转率
	存货周转率
	总资产周转率
	净资产周转率
	净值报酬率

（3）案例三

背景：一个区域性的以物流配送为主要经营业务的物流企业的系统评价指标体系。该企业的客户相对比较固定，其业务经营也相对比较平稳，对某个客户的关键绩效指标体系和服务水平一旦确定，就具有相对的稳定性，其具体的服务质量评价指标体系如表 9 - 3 所示。

表 9 - 3　物流配送系统服务质量评价指标体系

一级指标	二级指标	指标说明
订单处理	订单需求满足率	客户的物流需求（包括一些特殊的物流需求，如不常见的线路的配送、临时配送、增值服务要求等）能及时满足的比率
配送服务	货物及时配送率	按照客户的需求在规定的时间内将货物准确地送达目的地的订单比率
	货物完好送达率	按照客户的需求在规定的时间内将货物安全无损坏地送达目的地的订单比率
	运输信息及时跟踪率	货物配送后，及时向客户反馈配送信息的订单比率

一级指标	二级指标	指标说明
库存管理	库存完好率	仓库货物保存完好的比率
	库存周报表准确率	库存报表的准确比率
	发货准确率	仓库管理人员根据订单发货的准确度
客户服务	客户投诉率	收到客户投诉次数占总计服务次数的比率
	客户投诉处理时间	投诉处理的平均时间

9.3.3　评价指标值的标准化处理

在有多个指标的评价系统中，各个评价指标存在着单位不同、量纲不同、数量级不同的现象，这给综合评价带来了一定的困难，如果评价时直接计算，则将会影响评价的结果，严重时甚至会造成决策的失误。为了统一标准，便于数据处理，必须对原始评价值进行预处理，即对所有的评价指标值进行标准化处理，成为无量纲化、无数量级的标准分，消除指标值间的偏差，然后再进行评价和决策。

所有评价指标从经济角度可分为两类：一类是效益型指标，这类指标的值越大越好，如利润、客户满意率、货物完好率、货物及时配送率等；而另一类是成本型指标，这类指标的值越小越好，如运输成本、货物损耗率、客户抱怨率等。

在一个多指标评价系统中，设有 n 个明细评价指标 $f_j(1 \leqslant j \leqslant n)$、$m$ 个决策方案 a_i $(1 \leqslant i \leqslant m)$，则一个评价决策矩阵 $\boldsymbol{A} = (x_{ij})_{m \times n}$，其中元素 x_{ij} 表示为第 i 个方案 a_i，在第 j 个指标 f_j 上的指标值，而预处理后的评价决策矩阵 $\boldsymbol{R} = (r_{ij})_{m \times n}$。

1. 定量指标的标准化处理

（1）线性比例变换

令 $\hat{f}_j = \max x_{ij} > 0$，$\check{f}_j = \min x_{ij} > 0$　$(0 \leqslant i \leqslant m)$

对于效益型指标，定义：
$$r_{ij} = \frac{x_{ij}}{\hat{f}_j}$$

对于成本型指标，定义：
$$r_{ij} = \frac{\check{f}_j}{x_{ij}}$$

这种标准化处理方法的特点是：对于每一个预处理后的评价值有 $0 \leqslant r_{ij} \leqslant 1$；而且计算方便，并保留相对排序关系。

（2）极差变换

令 $\hat{f}_j = \max x_{ij} > 0$，$\check{f}_j = \min x_{ij} > 0$　$(0 \leqslant i \leqslant m)$

对于效益指标，定义：
$$r_{ij} = \frac{x_{ij} - \check{f}_j}{\hat{f}_j - \check{f}_j}$$

对于成本指标，定义：
$$r_{ij} = \frac{\hat{f}_j - x_{ij}}{\hat{f}_j - \check{f}_j}$$

这种标准化处理方法的特点是：对于每一个预处理后的评价值有 $0 \leqslant r_{ij} \leqslant 1$；并且对于每一个指标，总有一个最优值为 1 和最差值为 0，因此在评价时会对最差值作较大的惩罚。

2.定性模糊指标的量化处理

在物流系统评价和决策过程中，许多评价指标是模糊的指标，只能用定性的方式来描述，例如从业经验好、设施性能高、人员素质一般等。对于定性模糊的指标必须赋值并使其量化。一般把定性模糊指标值分为三档、五档或七档。最好的值可赋值为 10，而最差的值可赋值为 0，当然也可赋予 0 与 1 之间。定性模糊指标也可分为效益型指标与成本型指标两类。对于定性的效益和成本指标，其指标的量化可参照表 9－4 中的量化值进行。

表 9－4　模糊指标的七档量化表

指标状况	最低	很低	低	一般	高	很高	最高
效益指标	0	1	3	5	7	9	10
成本指标	10	9	7	5	3	1	0

【例 9.1】　一个商品贸易企业准备选择一家第三方物流提供商来承担物流外包服务，现有 4 家候选服务提供商，决策者根据自身的需要，考虑了 6 项评价指标。具体指标与 4 家物流服务提供商评价数据如表 9－5 所示。

表 9－5　物流提供商评价指标与评价数据

评价指标 候选服务商	服务差错率 （%）	服务 响应性	公司信誉	资产规模 （万元）	收费标准 （占货值%）	员工素质
A1	0.9	很高（9）	一般（5）	500	4.5	低（3）
A2	0.2	一般（5）	很高（9）	1700	5.5	高（7）
A3	0.5	高（7）	高（7）	800	4.0	一般（5）
A4	0.4	高（7）	很高（9）	1200	5.0	很高（9）

解　对表 9－5 的数据进行标准化处理，首先对指标体系中的服务响应性、公司信誉与员工素质三项定性指标进行定量化处理。这三个指标都是效益型指标，按照定性模糊指标量化方法进行处理，处理结果如表 9－5 所示。下面就利用量化指标的标准化处理方法对物流提供商选择评价指标进行标准化处理。

①采用线性比例变换公式处理，得到的结果如表 9－6 所示。

表 9－6　线性比例变换公式处理结果

评价指标 候选服务商	服务差错率 （%）	服务 响应性	公司信誉	资产规模 （万元）	收费标准 （占货值%）	员工素质
A1	0.2222	1	0.5555	0.2941	0.8889	0.3333
A2	1	0.5556	1	1	0.7273	0.7778
A3	0.4	0.7778	0.7778	0.4706	1	0.5556
A4	0.5	0.7778	1	0.7059	0.8	1

②采用极差变换方式处理,得到的结果如表9-7所示。

表9-7　极差变换公式处理结果

候选服务商	评价指标 服务差错率(%)	服务响应性	公司信誉	资产规模(万元)	收费标准(占货值%)	员工素质
A1	0	1	0	0	0.6667	0
A2	1	0	1	1	0	0.6667
A3	0.5714	0.5	0.5	0.25	1	0.3333
A4	0.7143	0.5	1	0.5833	0.3333	1

3. 统一评价准则法

统一评价准则法是由评价主体(一般为领域专家群体)确定每个指标的评分标准,一般分为三至七档,规定每档得分的条件,这种方法由于采用标准分,得分不受其他方案的得分影响,因此能进行绝对的排序,而不是前两种标准化处理后只能进行相对排序。具体方法参见【例9.2】。

【例9.2】　对【例9.1】的评价数据采用统一评价准则法进行标准化处理。评价准则表如表9-8所示。

表9-8　统一评价准则表

评价指标	得分 5	4	3	2	1
服务差错率(%)	0.1以下	0.1~0.3	0.3~0.6	0.6~1	1及1以上
服务响应性	很高	高	一般	低	很低
公司信誉	很高	高	一般	低	很低
资产规模(万元)	1000以上	800~1000	500~800	100~500	100及100以下
收费标准(占货值%)	3.5以下	3.5~4.5	4.5~5	5~6	6及6以上
员工素质	很高	高	一般	低	很低

解　根据表9-8的统一评价准则的评分标准对表9-5的评价数据进行标准化处理,其结果如表9-9所示。

表9-9　统一评价准则处理结果

候选服务商	评价指标 服务差错率(%)	服务响应性	公司信誉	资产规模(万元)	收费标准(占货值%)	员工素质
A1	2	5	3	2	3	2
A2	4	3	5	5	2	4
A3	3	4	4	4	4	3
A4	3	4	5	5	2	5

9.4　评价的常用方法

9.4.1　评价指标权重系数确定方法

1. 德尔菲法

德尔菲法首先是将要确定权重的评价指标设计成调查问卷,请一组专家分别独立地对问卷进行回答,专家对这些评价指标应赋予的权重提出自己的意见,组织者汇集专家们的问卷,对专家的意见进行统计与分析,如果没有达成共识,组织者根据意见统计结果,形成新的调查问卷;然后再对该组专家重新进行问卷回答;经多次轮番征徇,使专家意见趋于一致,最后得出统一的结论。德尔菲法实质上是利用专家的经验和知识,对那些带有很大模糊性、较复杂的问题,通过多次的轮番征徇意见的调查形式取得测定结论的方法。此方法具有匿名性、统计性、反馈性、收敛性的特点。

2. 逐对比较法

一般来说,决策者比较容易确定两两指标之间的相对重要性程度,因此可利用相对重要性来确定各指标的权重。逐对比较法就是邀请专家对各评价指标进行两两逐对比较,对相对重要的指标赋予较高的得分,如相对重要的得 1 分,而相对不重要的得 0 分,最后根据各评价指标的累计得分进行归一化处理,并计算权重。

层次分析法也是运用指标间的两两比较的方法来确定权重,但计算更为复杂,具体内容参见后面的层次分析法介绍。

【例 9.3】　对【例 9.1】中各指标采用逐对比较法来确定权重,结果如表 9 - 10 所示。

表 9 - 10　用逐对比较法计算权重结果

评价指标	1	2	3	4	5	6	7	8	9	10	11	12	13	14	15	得分	权重
服务差错率(%)	1	1	1	1	1											5	0.33
服务响应性	0					0	1	0	1							2	0.13
公司信誉		0				1				1	0	1				3	0.20
资产规模(万元)			0				0			0			0	1		1	0.07
收费标准(占货值%)				0				1			1		1		1	4	0.27
员工素质					0				0			0		0	0	0	0.0
合计	1	1	1	1	1	1	1	1	1	1	1	1	1	1	1	15	1.0

从结果来看,员工素质这一指标的权重为 0,对评价不起作用,不太合理,这也是逐对比较法的缺陷。

3. 头脑风暴法

头脑风暴法原是一种群体活动的方法,它鼓励与会者自由发表自己的思想,并禁止对任何思想的批评,以促使创新思想的产生。在权重确定中运用头脑风暴的基本做法是:邀请一些相关领域的专家一起开会,请他们对各指标权重系数的确定自由发表意见,对那些有较大偏差或分歧的内容进行充分讨论,以达到对各指标权重有比较一致的认识,如果还不能确定的话,就采用投票的方式确定。这也是在权重确定中常采用的一种简单有效的方法。

9.4.2 线性加权和法

线性加权和法是在已经过预处理的标准化决策评价矩阵 R 的基础上进行的,它先对 n 个标准化的指标构造如下评价函数:

$$U(A) = \sum_{j=1}^{n} \omega_j r_{ij} \quad i = 1, 2, \cdots, m$$

式中:$\omega_j \geqslant 0$,$j = 1, 2, \cdots, n$;

$\sum_{j=1}^{n} \omega_j = 1$ 分别为 n 个指标的权重系数。

然后按如下原则选择满意方案 A^*:

$$A^* = \{A_i \mid \max[U(A_i)]\}, \quad 1 \leqslant i \leqslant m$$

【例 9.4】 继续以【例 9.1】的案例为例,假设这 6 个指标专家评议后分别取权重系数为:0.33,0.13,0.20,0.05,0.25,0.04,下面分别按线性比例方式变换与极差变换得到的标准化矩阵来进行方案评价,其结果如表 9-11 和表 9-12 所示,按线性比例变换公式处理的线性加权和评分结果是选择 A2 物流服务提供商为最优方案,而按极差变换公式处理的线性加权和评分结果是选择 A4 物流服务提供商为最优方案。可见标准化处理的方法不同会对最终评分结果产生影响。

表 9-11 按线性比例变换公式处理的线性加权和评分结果

评价指标 候选服务商	服务差错率(%)	服务响应性	公司信誉	资产规模(万元)	收费标准(占货值%)	员工素质	$U(A)$
	0.33	0.13	0.20	0.05	0.25	0.04	
A1	0.2222	1	0.5556	0.2941	0.8889	0.3333	0.5647
A2	1	0.5556	1	1	0.7273	0.7778	0.8652
A3	0.4	0.7778	0.7778	0.4706	1	0.5556	0.6844
A4	0.5	0.7778	1	0.7059	0.8	1	0.7414

表 9-12 按极差变换公式处理的线性加权和评分结果

评价指标 候选服务商	服务差错率(%)	服务响应性	公司信誉	资产规模(万元)	收费标准(占货值%)	员工素质	$U(A)$
	0.33	0.13	0.20	0.05	0.25	0.04	
A1	0	1	0	0	0.6667	0	0.2967
A2	1	0	1	1	0	0.6667	0.6067
A3	0.5714	0.5	0.5	0.25	0.3333	0.3333	0.6294
A4	0.7143	0.5	1	0.5833	0.3333	1	0.6532

9.4.3　层次分析法

层次分析法(analytical hierarchy process,AHP)是 1973 年由著名运筹学家 T. L. Saaty 提出的定性与定量相结合的评价决策分析法,它是一种处理存在于现代管理中许多复杂、模糊不清的相关关系转化为定量分析问题的有效方法。层次分析法不论在理论研究上还是在实际工作中都得到了极为广泛的应用与发展。

1.层次分析法的基本思路与步骤

(1)建立递价层次结构

用层次分析法进行评价,首先要把问题层次化。通过对面临的问题进行深入分析后,根据问题的性质和需要达到的总目标,将问题分解为不同的组成因素,并按照各因素间的相互关系及从属关系,将因素划分成不同层次,再进行分类组合,形成一个多层次结构的分析模型。这些层次分为目标层、判断层和方案层。目标层表示解决问题的目标,即层次分析法需要达到的总目标。判断层表示采取某一方案来实现预定总目标所涉及的中间环节,它包括准则层与指标层。在分析更为复杂的评价问题时某一个准则因素下还可细分为几个具体的指标,指标也可分为多个层次。方案层表示要选用的解决问题的各种方案、策略与措施。递价层次结构与因素从属关系如图 9-1 所示。关于因素的个数,在理论上层次结构的层数以及同一层次的因素个数,可依据系统的需求定之,不过 Saaty 建议为了避免决策者对准则的相对重要性的判断产生偏差,同一层次的因素个数最好不超过 7 个。

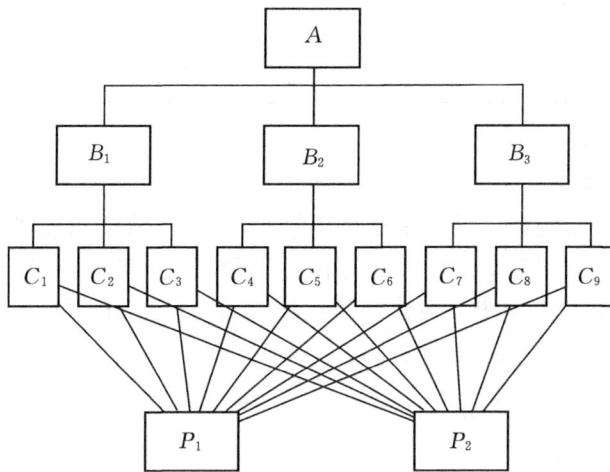

图 9-1　递价层次结构图

(2)构造判断矩阵

建立递价层次结构以后,上下层因素之间的隶属关系就被确定了。判断矩阵表示针对上一层次某个因素、下一层次的几个因素之间进行相对重要性两两比较的结果,一般情况下,请评价专家以头脑风暴法或德尔菲法的方式来比较,为了使决策判断定量化,通常根据其相对重要程度赋予 1~9 的比例标度。比例标度的意义如表 9-13 所示。

表 9-13　判断矩阵比例标度及其含义

标度值	含义
1	表示两个因素相比,一个因索比另一因素的重要程度:同样重要
3	表示两个因素相比,一个因素比另一因素的重要程度:稍微重要
5	表示两个因素相比,一个因素比另一因素的重要程度:明显重要
7	表示两个因素相比,一个因素比另一因素的重要程度:强列重要
9	表示两个因素相比,一个因素比另一因素的重要程度:绝对重要
2,4,6,8	上述两相邻判断的中值
倒数	对角线两边的值显倒数关系

假设因素 B_K 下有 $A_1,A_2,\cdots,A_n$ 个因素与之有关联,则经两两比较得到 B_K 下的判断矩阵如表 9-14 所示。

表 9-14　判断矩阵例表

B_k	A_1	A_2	$\cdots$	A_n
A_1	1	a_{12}	$\cdots$	a_{1n}
A_2	a_{21}	1	$\cdots$	a_{2n}
$\vdots$	$\vdots$	$\vdots$	$\vdots$	$\vdots$
A_n	a_{n1}	a_{n2}	$\cdots$	1

注:表中 $a_{ij}=1/a_{ji}$

(3)单排序权重计算

在层次分析法中采用特征向量法来计算单排序权重,其数学原理如下:

若有 n 个方案要比较,已知它们各自的相对重要性,即权重,它们的重要程度可分别用 $\omega_1,\omega_2,\cdots,\omega_n$ 表示,那么对这 n 个方案作两两比较,得到它们的判断矩阵 A 为

$$A=\begin{bmatrix} \omega_1/\omega_1 & \omega_1/\omega_2 & \cdots & \omega_1/\omega_n \\ \omega_2/\omega_1 & \omega_2/\omega_2 & \cdots & \omega_2/\omega_n \\ \vdots & \vdots & & \vdots \\ \omega_n/\omega_1 & \omega_n/\omega_2 & \cdots & \omega_n/\omega_n \end{bmatrix}=(a_{ij})_{n\times n}$$

对判断矩阵 A 乘权重向量 $W=[\omega_1,\omega_2,\cdots,\omega_n]^T$,其结果为

$$AW=\begin{bmatrix} \omega_1/\omega_1 & \omega_1/\omega_2 & \cdots & \omega_1/\omega_n \\ \omega_2/\omega_1 & \omega_2/\omega_2 & \cdots & \omega_2/\omega_n \\ \vdots & \vdots & & \vdots \\ \omega_n/\omega_1 & \omega_n/\omega_2 & \cdots & \omega_n/\omega_n \end{bmatrix}\begin{bmatrix} n\omega_1 \\ n\omega_2 \\ \vdots \\ n\omega_n \end{bmatrix}=nW$$

从式子 $AW=nW$ 可以看出:权重向量 W 正好是判断矩阵 A 对应于特征根 n 的特征向量。根据矩阵理论可知,n 为判断矩阵 A 的唯一非 0 解,也是最大的特征根,而权重 W 则为最大特征值所对应的特证向量。因此,求权重变为求判断矩阵的最大特征值所对应的特征向量。

在层次分析法中,判断矩阵的特征根与特征向量的求解方法是采用几何平均法或规范平均法。

①几何平均法。

第一步,计算判断矩阵每一行元素的乘积:$M_i = \prod_{j=1}^{n} a_{ij}$,$i = 1,2,\cdots,n$。

第二步,计算 M_i 的 n 次方根 $\overline{W}_i = \sqrt[n]{M_i}$。

第三步,对向量 $\overline{W}_i = [\overline{W}_1, \overline{W}_2, \cdots, \overline{W}_n]^T$ 规范化,则向量的第 i 个元素为:$W_i = \dfrac{\overline{W}_i}{\sum\limits_{i=1}^{n} \overline{W}_i}$,$i = 1,2,\cdots,n$,整理后,得向量 $W_i = [W_1, W_2, \cdots, W_n]^T$,即为所求的特征向量。

第四步,计算判断矩阵的最大特征根 $\lambda_{\max} = \sum\limits_{i=1}^{n} \dfrac{(AW)_i}{nW_i}$,式中的 $(AW)_i$ 表示向量 AW 的第 i 个元素。

②规范列平均法。

第一步,对判断矩阵第一列规范化:$\overline{a}_{ij} = \dfrac{a_{ij}}{\sum\limits_{k=1}^{n} a_{kj}}$。

第二步,求规范列平均值:$W_i = \dfrac{1}{n} \sum\limits_{j=1}^{n} a_{ij}$,则向量 $W = [W_1, W_2, \cdots, W_n]^T$,即为所求的特征向量。

第三步,计算判断矩阵的最大特征根:$\lambda_{\max} = \dfrac{1}{n} \sum\limits_{i=1}^{n} \dfrac{(AW)_i}{W_i}$。

(4)一致性检验

从理论上来说,求出的最大特征值应该为 n,但实际情况往往有偏差,这是判断矩阵的误差造成的。因为对于多个复杂的因素采用两两比较时,不可能做到判断完全一致,形成的判断矩阵可能存在着估计误差,这样就会导致最大特征根和特征计算的偏差,因此,为了保证得到的结论的可靠性,必须对最大特征根作一致性检验。一致性检验的具体步骤如下:

第一步,计算一致性指标 CI,$CI = \dfrac{\lambda_{\max} - n}{n - 1}$。

第二步,计算与平均随机一致性指标的比例 CR,$CR = \dfrac{CI}{RI}$。式中 RI 表示同阶平均随机一致性指标,其值如表 9-15 所示。

表 9-15　同价平均随机一致性指标值

n	1	2	3	4	5	6	7	8	9	10	11
RI	0.00	0	0.58	0.9	1.12	1.24	1.32	1.41	1.45	1.49	1.52

当 $CR < 0.1$ 时,则判断矩阵具有满意的一致性,可使用计算出的权重,否则就需要调整判断矩阵,直到具有满意的一致性为止。

(5)层次总排序权重计算

计算完各层的单排序权重与一致性检验后,就可以计算同一层次所有指标对于上一层次指标的相对重要性的总排序权重。这一过程是由高到低逐层计算权重值,主要采用线性加权和的方法来计算,最后按各方案对于总目标的权重排序,分出各方案的优劣。总排序权重值计算如表 9-16 所示,其中假设在层次结构中,对于某一层次 A 包含 m 个元素 $A_1, A_2, \cdots, A_m$,其层次总排序权重分别为 $a_1, a_2, \cdots, a_m$,层次 A 的下一层 B 包含 n 个元素 $B_1, B_2, \cdots, B_n$,对于 A 层某个元素 A_j 在 B 层中各元素 $B_i(i=1,2,\cdots,n)$ 的单排序权重分别为 $b_{1j}, b_{2j}, \cdots, b_{nj}$(当 B_i 与 A_i 无联系时,$b_{ij}=0$)。

表 9-16　层次 B 的总排序权重值的计算

B 层次 \ A 层次	A_1	A_2	$\cdots$	A_m	层次 B 总排序权重
	a_1	a_2	$\cdots$	a_m	
B_1	b_{11}	b_{12}	$\cdots$	b_{1m}	$\sum\limits_{j=1}^{m} a_j b_{1j}$
B_2	b_{21}	b_{22}	$\cdots$	b_{2m}	$\sum\limits_{j=1}^{m} a_j b_{2j}$
$\vdots$	$\vdots$	$\vdots$	$\vdots$	$\vdots$	$\vdots$
B_n	b_{m1}	b_{m2}	$\cdots$	b_{nn}	$\sum\limits_{j=1}^{m} a_j b_{nj}$

2. 应用 AHP 的注意事项

应用层次分析法时如果所选的要素不合理,其含义混淆不清,或要素间的关系不正确,都会降低 AHP 法的结果质量,甚至导致 AHP 法决策失败。

为保证递阶层次结构的合理性,需把握以下原则:

①分解简化问题时把握主要因素,不漏不多。

②注意相比较因素之间的强度关系,相差太悬殊的因素不能在同一层次比较。

③同一层次的因素个数最好不超过 7 个。

层次分析法是经由群体讨论的方式,汇集专家学者及各层面实际参与决策者的意见,将错综复杂的问题评估系统简化为简明的要素层级系统,以提供给决策者选择适当方案的充分信息,同时减少决策错误的风险。

3. 层次分析法在物流系统评价中的应用

【例 9.5】 某一连锁超市企业选择一家第三方物流提供商外包其部分物流业务,选择的标准是从服务质量、服务能力与服务成本这三个方面来考察,经过一段时间准备,有三家物流服务提供商入围。现考虑应用层次分析法对这三家企业提供的物流方案进行评价和排序,从中选出一家最佳的企业来提供物流外包服务。该评价系统的递创层次结构如图 9-2 所示,其中 G 表示评价系统的总目标,判断层中 C_1 表示服务质量,C_2 表示服务能力,C_3 表示服务成本;P_1、P_2、P_3 分别表示候选的三家物流服务提供商提交的三套方案。

解　(1)构造判断矩阵

根据图 9-2 所示的层次结构,请一组领域专家对各因素两两进行判断与比较,构造判断矩阵。其中判断矩阵 **G-C** 如表 9-17 所示,它是相对于总目标 G,判断层各因素的相对重要

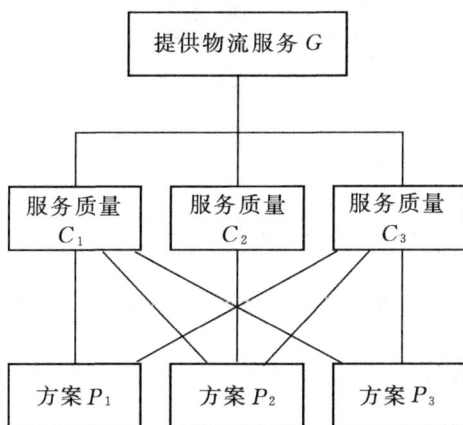

图 9 - 2　递进层次结构图

性比较的判断矩阵；判断矩阵 C_1 - P 如表 9 - 18 所示，它是相对于服务质量 C_1，各方案的相对重要性比较的判断矩阵；判断矩阵 C_2 - P 如表 9 - 19 所示，它是相对于服务能力 C_2，各方案的相对重要性比较的判断矩阵；判断矩阵 C_3 - P 如表 9 - 20 所示，它是相对于服务成本 C_3，各方案的相对重要性比较的判断矩阵。

表 9 - 17　判断矩阵 G - C

G	C_1	C_2	C_3
C_1	1	5	3
C_2	1/5	1	1/2
C_3	1/3	2	1

表 9 - 18　判断矩阵 C_1 - P

C_1	P_1	P_2	P_3
P_1	1	1/7	1/3
P_2	7	1	5
P_3	3	1/5	1

表 9 - 19　判断矩阵 C_2 - P

C_2	P_1	P_2	P_3
P_1	1	1/7	1/2
P_2	5	1	3
P_3	2	1/3	1

表 9-20 判断矩阵 C_3-P

C_3	P_1	P_2	P_3
P_1	1	7	3
P_2	1/7	1	1/5
P_3	1/	5	1

（2）计算各判断矩阵的层次单排序及一致性检验指标

先计算判断矩阵 G-C 的特征根、特征向量与一致性检验。$M_1 = \prod\limits_{j=1}^{n} a_{1j} = 15, \overline{W_1} = \sqrt[3]{M_1} = \sqrt[3]{15} = 2.466$。类似地有：$\overline{W_2} = \sqrt[3]{M_2} = \sqrt[3]{1/10} = 0.464, \overline{W_3} = \sqrt[3]{M_3} = 0.874$。以向量 $\overline{W} = [\overline{W_1}, \overline{W_2}, \cdots, \overline{W_n}]^T$ 规范化，则 $W_1 = \dfrac{\overline{W_1}}{\sum\limits_{i=1}^{n} \overline{W_i}} = \dfrac{2.466}{2.466 + 0.464 + 0.874} = 0.648$，同样可求

得 $W_2 = 0.122, W_3 = 0.230$。这样所求的特征向量为：$W = [0.648, 0.122, 0.230]^T$，

$$AW = \begin{bmatrix} 1 & 5 & 3 \\ 1/5 & 1 & 1/2 \\ 1/3 & 2 & 2 \end{bmatrix} \begin{bmatrix} 0.648 \\ 0.122 \\ 0.230 \end{bmatrix} = \begin{bmatrix} 1.948 \\ 0.367 \\ 0.690 \end{bmatrix}, \quad \lambda_{max} = \sum\limits_{i=1}^{n} \dfrac{(AW)_i}{nW_i} = 3.004$$

计算判断矩阵最大特征根为 3.004。一致检验有：

$$CI = \dfrac{\lambda_{max} - n}{n-1} = \dfrac{3.004 - 3}{3-1} = 0.002, RI = 0.58$$

$$CR = \dfrac{CI}{RI} = 0.003 < 0.1$$

再对判断矩阵 C_1-P 计算特征根、特征向量与一致性检验。类似地有：
$W = [0.081, 0.731, 0.188]^T, \lambda_{max} = 3.065, CR = 0.056 < 0.1$

对判断矩阵 C_2-P 计算特征根、特征向量与一致性检验。类似地有：
$W = [0.122, 0.648, 0.230]^T, \lambda_{max} = 3.004, CR = 0.003 < 0.1$

对判断矩阵 C_3-P 计算特征根、特征向量与一致性检验。类似地有：
$W = [0.649, 0.072, 0.279]^T, \lambda_{max} = 3.065, CR = 0.056 < 0.1$

（3）求层次总排序，并作服务提供商选择决策

在层次单排序的基础上，求层次总排序，如表 9-21 所示。

表 9-21 层次 P 的层次总排序的计算结果

C 层次 P 层次	C_1	C_2	C_3	层次 P 总排序权重
	0.648	0.122	0.230	
P_1	0.081	0.122	0.649	0.217
P_2	0.731	0.648	0.072	0.569
P_3	0.188	0.230	0.279	0.214

由表 9－21 可以看出，三家物流服务提供商的评价顺序为：P_2，P_1，P_3，最后选择提交 P_2 方案的物流服务提供商。

思考题

1. 物流系统评价分哪几个阶段？各阶段的主要目标是什么？
2. 物流系统评价的程序一般要经过哪几个步骤？
3. 如何进行评价指标值的标准化处理？
4. 确定评价指标权重系数的方法有哪几种？
5. 物流系统评价指标体系的内容通常涉及哪几个方面？
6. 在物流系统评价中，应遵循哪些评价原则？
7. 用层次分析法评价物流系统规划方案时应经过哪些步骤？

参考文献

［1］谢金星,薛毅.优化建模与 LINDO/LINGO 软件［M］.北京:清华大学出版社,2005.

［2］陈达强,胡军,物流系统建模与仿真［M］.杭州:浙江大学出版社,2008.

［3］陈国华.生产与运作管理［M］.南京:南京大学出版社,2006.

［4］王鑫.物流系统规划与设计［M］.北京:对外经济贸易大学出版社,2010.

［5］李浩,刘桂云.物流系统规划与设计［M］.杭州:浙江大学出版社,2015.

［6］何炳华.物流系统规划设计与软件应用［M］.北京:清华大学出版社,2012.

［7］黄福华.现代企业物流管理［M］.北京:科学出版社,2010.

［8］姜大立.现代物流系统规划与设计［M］.北京:中国石化出版社,2008.

［9］李承霖.企业物流管理实务［M］.北京:北京理工大学出版社,2008.

［10］李践,冯夕文,辛广茜.区域物流规划与管理［M］.北京:经济科学出版社,2008.

［11］林强.物流工程［M］.北京:北京交通大学出版社,2009.

［12］刘北林.物流配送管理［M］.北京:化学工业出版社,2009.

［13］蔡临宁.物流系统规划建模及实例分析［M］.北京:机械工业出版社,2008.

［14］邓丽明.新编企业物流管理［M］.北京:北京理工大学出版社,2009.

［15］董维忠.物流系统规划与设计［M］.北京:电子工业出版社,2011.

［16］范碧霞.集合覆盖模型在物流中心选址中的应用［J］.决策与信息,2008(9).

［17］方国华.多目标决策理论、方法及其应用［M］.北京:科学出版社,2011.

［18］胡运权.运筹学教程［M］.3 版.北京:清华大学出版社,2007.

［19］毛海军,张永.物流系统规划与设计［M］.南京:东南大学出版社,2009.

［20］平海,等.物流系统设计与分析［M］.北京:清华大学出版社,2010.

［21］施国洪.物流系统规划与设计［M］.重庆:重庆大学出版社,2009.

［22］王凯阳.物流运筹学［M］.北京:清华大学出版社,2009.

［23］郝勇,张丽,黄建伟.物流系统规划与设计［M］.北京:清华大学出版社,2008.

全国高职高专"十四五"物流类专业系列教材

物流管理概论	物流经济地理
物流信息管理	现代物流技术
物流成本管理	物流信息技术
物流企业管理	物流设施设备认知与操作
供应链管理	物流装卸搬运设备与技术
仓储与配送管理	物流系统规划与设计
采购管理实务	物流管理信息系统
第三方物流管理	物流管理软件应用
客户关系管理实务	连锁经营管理
物流中心运营与管理	特许经营实务
物流运输组织与管理	连锁企业促销管理
运输设备与管理	连锁企业采购管理
运输管理实务	连锁企业配送管理
集装箱运输与管理	连锁企业门店营运管理
物流案例教程	连锁企业总部运营管理
物流服务营销	连锁企业财务管理
物流电子商务	连锁企业信息系统管理
物流经济学	连锁企业人力资源管理
物流市场营销	零售管理
物流法律法规	物资采购
物流专业英语	工程物资成本核算与控制
物流应用写作	物流金融业务操作与管理
国际物流与货运代理	

欢迎各位老师联系投稿!

联系人：李逢国
手机：15029259886　　办公电话：029—82664840
电子邮件：1905020073@qq.com　lifeng198066@126.com
QQ：1905020073（加为好友时请注明"教材编写"等字样）